本书是教育部人文社会科学研究一般项目“新兴青年群体利益诉求和政治认同关系研究”（22YJA710041）阶段性成果

新兴青年群体组织认同研究

吴巧慧 邢宇熙 鹿 然 著

北京交通大学出版社
· 北京 ·

内 容 简 介

本书聚焦我国新兴青年群体的组织认同问题，对新社会阶层及新兴青年群体的内涵与范围进行了理论解读，系统梳理了改革开放以来新社会阶层产生的原因、历史背景及人员构成的演变，深入剖析了新兴青年群体的利益诉求、社会认同与组织认同之间的内在逻辑；同时，从群团组织、社会组织、民主党派、城市社区组织等多维度探索新兴青年群体的组织化策略，为增强组织认同提供了切实可行的方法和建议。

本书适用于对新兴青年群体研究感兴趣的高校学者、研究生及群团组织、统战工作领域师生和工作人员等，可作为相关研究与工作的专业参考。

图书在版编目（CIP）数据

新兴青年群体组织认同研究 / 吴巧慧，邢宇熙，鹿然著. -- 北京 ：北京交通大学出版社，2025. 8. -- ISBN 978-7-5121-5613-5

Ⅰ. D432.3

中国国家版本馆 CIP 数据核字第 2025B963L0 号

新兴青年群体组织认同研究
XINXING QINGNIAN QUNTI ZUZHI RENTONG YANJIU

责任编辑：韩素华
出版发行：北京交通大学出版社　　　电话：010-51686414
地　　址：北京市海淀区高梁桥斜街 44 号　　邮编：100044
印 刷 者：北京华宇信诺印刷有限公司
经　　销：全国新华书店
开　　本：170 mm×235 mm　　印张：15.375　　字数：251 千字
版 印 次：2025 年 8 月第 1 版　　2025 年 8 月第 1 次印刷
定　　价：49.00 元

本书如有质量问题，请向北京交通大学出版社质监组反映。
投诉电话：010-51686043，51686008；传真：010-62225406；E-mail：press@bjtu.edu.cn。

前言

新的社会阶层是我国改革开放以后经济体制变革和社会结构变迁的直接产物，该阶层是改革开放的亲历者和受益者，更是社会主义市场经济的培育者、参与者和推动者。如今，新的社会阶层已成为推动我国全面深化改革开放和实现中华民族伟大复兴的一支重要社会力量，是党完全可以信赖的重要的社会生力军。随着我国经济社会改革的全方位深入推进，新的社会阶层的内涵与外延也在持续发展演变，特别是伴随工业 4.0 时代已经到来，在互联网、大数据、云计算、人工智能等新就业形态的从业人员的规模日益壮大，这些新产业、新业态将会催生更多新的职业类型，而投身于这些新兴职业的从业者大多数是青年群体，因此被称为“新兴青年”。新兴青年群体的规模正不断扩张，已然成为新的社会阶层的主流和主体。

从事新就业形态的新兴青年群体具有一定的时代特色，既体现为去雇主化及灵活性的就业形态、工作状态，同时也体现在制度身份上。特别是随着新就业形态从业人员数量和就业种类的不断增加，数字经济与共享经济产业已然成为吸纳就业的“风向标”。2020 年 7 月，在我国政府公布的 3 批共计 38 种新职业名录中，与平台经济相关的职业，如数字化管理师、物联网安装调试员、无人机驾驶员、电子竞技员等占比超过一半。可以说，“新兴青年群体”是一个没有完全定型的概念，始终处在快速的发展变化过程中，它所包含的具体人群类别仍在持续演变、沉淀中。与之相应，新兴青年群体概念的内涵与外延也在不断深化和拓展。

新兴青年群体在经济建设、科技创新、文化艺术和社会民生等各个领域都发挥了重要作用。同时，新兴青年群体也为党在新的历史条件下扩大群众基础、巩固执政基础带来新的机遇和挑战。党的十八大以来，党中央高度重视新兴青年群体工作，习近平总书记曾多次针对新兴青年群体作出重要指示，要求从巩固和扩大党执政青年基础的战略高度做好新兴青年群体工作。习近平总书记在谈到青年新兴群体时指出：里面有很多有本事的人，有的甚至可以一呼百应。对他们的工作做不好，他们可能成为负能量；对他们的工作做好了，他们可以成为正能量。进入中国特色社会主义新时代，新兴青年群体已成长为推动经济社会快速发展和转型升级的一股生力军，为了更好地发挥新兴青年群体的作用，推动社会的进步和发展，必须加强新兴青年的国家认同和社会认同，把他们组织起来并投身到强国建设中，激励他们在诸多领域发挥越来越重要的作用。二十大报告明确提出：到本世纪中叶把我国建成富强民主文明和谐美丽的社会主义现代化强国。为了实现这些伟大的战略目标，中国的改革开放和体制转型已经开始了新征程。

党的二十届三中全会通过的《中共中央关于进一步全面深化改革、推进中国式现代化的决定》（以下简称《决定》）明确指出，“完善大统战工作格局”，“完善党外知识分子和新的社会阶层人士政治引领机制”，“健全促进非公有制经济健康发展、非公有制经济人士健康成长工作机制”。《决定》是指导新征程上进一步全面深化改革的纲领性文件，是实现中华民族伟大复兴、全面建成社会主义现代化强国的制度化保证。将全面深化改革开放进行到底，离不开中国共产党的坚强领导，也离不开包括广大新兴青年群体在内的全体中华儿女的共同参与。因此，如何更好地把新兴青年组织起来、团结凝聚起来，引导他们为实现党的第二个百年奋斗目标、实现中华民族伟大复兴的中国梦而奋斗，已经成为新时代中国青年运动和青年工作必须回答的重大命题和历史使命。

不断加强新兴青年群体的组织认同是中国特色社会主义现代化建设事业的重要组成部分。围绕新兴青年群体的组织认同这一研究领域，尚存诸多实践与理论问题亟须深入探讨。在本书写作期间，中国共产党关于青年工作、统战工作、组织认同等创新理论，各地群团组织等关于开展新兴青年群体统战工作的实践探索，还有本领域专家学者的学术创新与实证研究，皆为此次研究提供了丰富的素材。本书稿由吴巧慧、邢宇熙、鹿然共同完成，撰写分工如下：吴巧慧（北京联合大学）第1、2、3章（约80千字）；邢宇熙（山西大学）第4、5、6章（约88千字）；鹿然（北京联合大学）第7、8章（约83千字）。由于作者能力有限，书中难免存在疏漏和不足，恳请读者批评指正。

著　者

2025年5月

目　录

1 新的社会阶层形成与发展

40 多年来，我国的社会结构由改革开放前“两个阶级一个阶层”的相对简单形态，逐步演变为多元的社会经济差异更为突出的现代工业化社会复杂形态。“两个阶级一个阶层”结构是指由工人阶级、农民阶级和知识分子阶层构成的社会结构。随着改革开放持续推进和社会主义市场经济深入发展，一些新的社会群体从传统的工人阶级、农民阶级和知识分子阶层中分化出来，构成了新的社会阶层，并逐渐成为一支不可忽视的重要经济社会力量。

1.1 新的社会阶层形成

新的社会阶层的产生，是改革开放持续深化、社会主义市场经济蓬勃发展的必然结果，作为中国特色社会主义建设者的重要组成部分，新的社会阶层涌现，不但使原本相对稳定的社会结构发生改变，还对既有的阶层关系产生了极为深刻的影响。

1.1.1 新的社会阶层的内涵与外延

新的社会阶层是一个集合概念，就其政治身份而言，属于社会主义建设者，是知识分子的一部分，在根本利益上与工人、农民和体制内知识分子是一致的，也是社会主义劳动者，是工人阶级的一部分。中共中央统战部八局课题组指出，新的社会阶层人士“是党的阶级基础和群众基础的重要组成部分，是党长期执政必须依靠和团结的重要力量”[①]。社会主义市场经济的快速发展使得新的社会阶层概念始终在不断发展和演变。新的社会阶层具有两个基本意义：其一，伴随现代“管理革命”和“技术革命”而崛起的新的社会群体；其二，在当代中国社会的体制转型过程中形成的在“体制外”部门中存在、以管理人员和专业技术人员为主体的新的社会群体。从新的社会群体到新的社会阶层，核心的问题是如何界定他们相对独立的社会地位和社会性质。新的社会阶层概念的提出，是中国社会现代化和体制转型过程的必然结果。它不仅是新的、重要的统战工作对象，而且是中国社会结构变迁的新的重要标志和重要力量。[②]

1. 新的社会阶层概念界定

有关新的社会阶层的表述最早见于中共中央印发的《中共中央批转中央统战部〈关于工商联若干问题的请示〉的通知》（中发〔1991〕15 号）。在《关于工商联若干问题的请示》中明确提出党关于非公有制经济政策，“对现在的私营企业主，不应和过去的工商业者简单类比和等同，更不是要像 20 世纪 50 年代那样对他们进行社会主义改造”[③]，中央 15 号文件明确对待非公有制经济人士要团结、帮助、引导、教育，通过开展工作，在他们中逐渐培养起一支坚决拥护党的领导的积极分子队伍，这是在中央职能部门文件中首次出现对非公有制经济中新社会阶层人士的政策依据。时隔十年，2001 年 7 月，江泽民同志在庆祝中国共产党成立八十周年大会上发表讲话指出：“改革开放以来，我国的社会阶层构成发生了新的变化，出现了民营科技企业的创业人员和技术人员、受聘于外资企业的管理技术人员、个体户、私营企业主、中介组织的从业人员、自

① 中央统战部八局课题组．开拓新的社会阶层人士统战工作新局面［J］．中央社会主义学院学报，2017（4）：47．

② 李路路．“新社会阶层”：谱系・变革・挑战［J］．统一战线学研究，2017（4）：5–16．

③《中华全国工商业联合会简史》编写组．中华全国工商业联合会简史：1953—2013［M］．北京：中华工商联合出版社，2013：184．

由职业人员等社会阶层。”[①]同时指出：“在党的路线方针政策的指引下，这些新的社会阶层中的广大人员，通过诚实劳动和工作，通过合法经营，为发展社会主义社会的生产力和其他事业作出了贡献。他们与工人、农民、知识分子、干部和解放军指战员团结在一起，他们也是有中国特色社会主义事业的建设者。”[②]该讲话在强调体制外劳动者的管理权限与专业技能特征的同时，并未明确区分其雇主或雇员的就业身份。随着社会主义市场经济的不断完善，“新社会阶层”的内涵与外延也在不断变化。2003 年，中共中央文献研究室对新社会阶层总体的特征做了一个较为详细的界定：新社会阶层是指在中国特色社会主义现代化建设的历史进程中，适应社会生产力和经济发展实际而产生的、以非公有制经济为基础，主要从事民营、私营和个体职业的社会成员，他们因生产要素的拥有量、从事的行业差异、收入分配方式的不同，在社会经济发展中的作用不同而被划分为若干社会阶层。[③]随后，新社会阶层的概念与特征日趋完善。通过梳理党和国家文献中关于新社会阶层的阐释，不难发现，我国正式提出新社会阶层的概念虽然已经有 30 多年了，但其内涵和外延仍在不断发展。

对新的社会阶层作用的认识，经历了一个较长的发展历程，这个过程也是中国特色社会主义建设逐步完善的过程。如前所述，1991 年 7 月，中央统战部《关于工商联若干问题的请示》，2001 年江泽民《在庆祝中国共产党成立八十周年大会上的讲话》，以及 2002 年党的十六大报告，均对新的社会阶层人士的地位和作用进行了阐述。为正确认识和妥善处理社会各阶层关系，2006 年 7 月 10 日，胡锦涛同志在中央统战工作会议上强调：“改革开放后出现的新的社会阶层，主要由非公有制经济人士和自由择业的知识分子组成，集中分布在新经济组织、新社会组织之中。”“新的社会阶层人士工作是党的群众工作的新领域，统一战线要把这项工作作为新的着力点”“正确处理和协调非公有制经济人士等新的社会阶层利益诉求，全面兼顾和实现社会各阶层群众的利益，充分发挥社会各阶层在推动经济社会发展中的作用，努力使整个社会更加生机勃勃、更加

① 中共中央文献研究室．十五大以来重要文献选编：下［M］．北京：中央文献出版社，2011：163．

② 中共中央文献研究室．十五大以来重要文献选编：下［M］．北京：中央文献出版社，2011：163．

③ 李培林．加强对新的社会阶层的研究［J］．中央社会主义学院学报，2021（5）：55-61．

和谐融洽。”[①] 2006年11月28日，《中共中央关于巩固和壮大新世纪新阶段统一战线的意见》指出：“团结新的社会阶层人士是统一战线的重要任务。改革开放以来出现的民营科技企业的创业人员和技术人员、受聘于外资企业的管理技术人员、个体户、私营企业主、中介组织的从业人员、自由职业人员等新的社会阶层，主要由非公有制经济人士和自由择业知识分子组成，集中分布在新经济组织、新社会组织中，呈现快速发展的态势。”[②]2013年，习近平同志指出：“一切非公有制经济人士和其他新的社会阶层人士，要发扬劳动创造精神和创业精神，回馈社会，造福人民，做合格的中国特色社会主义事业的建设者。”[③]2015年颁布的《中国共产党统一战线工作条例（试行）》（以下简称《工作条例（试行）》），首次将“新的社会阶层人士”作为统战工作的12个对象之一，并根据新的形势的变化，明确“新的社会阶层人士”包括以下4个群体：一是私营企业和外资企业的管理人员和技术人员；二是中介组织和社会组织从业人员；三是自由职业人员；四是新媒体从业人员。2015年颁布的《工作条例（试行）》中，新的社会阶层人士构成范围删除了“个体户”和“私营企业主”，使得新的社会阶层概念在使用上有了广义（包括非公有制）和狭义（4个群体）之分。

2016年7月，为进一步强化新社会阶层人士工作，经党中央批准，中央统战部专门成立了八局，全名为“新的社会阶层人士工作局”。这是时隔11年之后，中央统战部再次设立新的正局级部门，也是能够载入中央统战部史册的大事。随着社会经济持续发展，我国统一战线工作的范围也随之做出调整。中央统战部八局的具体职责包括：一是联系和培养新的社会阶层代表人士，了解思想状况，反应意见与建议；二是开展相关领域工作调研并提出政策性意见；三是统筹协调有关单位，联系指导有关人民团体、统战团体、社会组织等开展具体工作；四是承担新的社会阶层人士统战工作联席会议办公室的日常工作。新的社会阶层人士多分布于体制之外，主体为党外知识分子，他们构成了建设中国特色社会主义的重要力量。2021年通过的《中国共产党统一战线工作条例》，

① 中共中央文献研究室．十六大以来重要文献选编：下［M］．北京：中央文献出版社，2011：557-558.

② 中共中央文献研究室．十六大以来重要文献选编：下［M］．北京：中央文献出版社，2011：576.

③ 习近平．在第十二届全国人民代表大会第一次会议上的讲话［N］．人民日报，2013-03-18（1）.

将新的社会阶层人士统战工作单独成章，并作出了全面系统部署，将新的社会阶层人士的统战工作推向了前所未有的高度。

2. 新的社会阶层的构成与分类

随着社会持续发展及互联网技术手段的进步，我国的就业形态越发灵活多样，这促使社会大众对新的社会阶层的构成和划分的认知逐步走向多元化。从学者研究的理论视角而言，学术界针对新的社会阶层的来源与构成所展开的分析，呈现出多样化局面。有学者指出，工业化之前和工业化初期的传统社会的阶层结构主要由有产阶层（如资产阶级和地主阶级）与无产阶层（如工人阶级和农民阶级）所构成，而在向工业化和工业化现代社会转型过程中，在有产者与无产者之间出现了一个新的中间阶层，主要由管理人员、专业人员、技术人员和普通文职人员所构成（所谓的白领），这一群体被称为新中产阶层。[①]也有学者从历史变迁的背景下分析当代中国的新社会阶层问题，认为这些新的社会群体在本质上仍然属于工人阶级，他们是工人阶级内部的新的阶层。社会主义社会的建立，管理者和专业技术人员的相对独立，并没有从本质上改变这种性质。[②]经过梳理，大致有以下两类划分方法。

1）“六类群体”[③]划分法

“六类群体”人员的划分方法最早是在2001年江泽民同志在庆祝中国共产党成立八十周年大会上的讲话中提出的，2002年党的十六大对其进行了明确，涵盖了改革开放以来所有新的社会阶层。具体“六类群体”划分如下。

① 民营科技企业的创业人员和技术人员。民营科技企业的创业人员和技术人员往往合二为一，但有时也分离；他们拥有一定比例的企业股份，掌握企业核心技术，在促进科学技术成果向现实生产力转化方面作用显著。

② 外资企业管理技术人员。外资企业作为我国实行对外开放政策的产物，主要包括中外合资经营企业、中外合作经营企业和外商独资企业。在发

① 李春玲. 如何定义中国中产阶级：划分中国中产阶级的三个标准［J］.学海，2013（3）：62-71.

② 李路路. “新社会阶层”：谱系・改革・挑战［J］.统一战线学研究，2017，1（4）：5-16.

③ 中国共产党统一战线工作条例［EB/OL］（2021-01-05）. http://www.counsellor.gov.cn/2021-01/05/c_1210967078.htm.

展过程中培养了大量管理技术人才，形成了一个重要的群体。

③ 个体户。即个体工商户，指依照《个体工商户条例》向工商行政管理部门登记，从事工商业经营的自然人或家庭。作为独立经营、自负盈亏的市场主体，拥有一定的资金和生产资料，其经营领域主要涵盖饮食业、修理业、商业、服务业和小型工业、建筑业、运输业等。

④ 私营企业主。绝大多数中小私营企业既是投资者，又是经营者和管理者。

⑤ 中介组织的从业人员。中介组织包括行业性中介组织、公正性中介组织和服务性中介组织，是连接政府与企业、企业与企业、企业与消费者的纽带，起服务、沟通、协调、公证、监督的作用。

⑥ 自由职业人员。指不与用人单位建立正式劳动关系，又区别于个体工商户、私营企业主，主要凭借自身专业知识、技能为社会提供合法的服务性劳动并获得劳动报酬的人，如自由作家、自由撰稿人、自由翻译、自由演员、自由音乐人、自由经纪人、个体医生等。

“六类群体”人员的划分方法在2015年颁布的《中国共产党统一战线工作条例（试行）》中不再延续。

2）“四大类群体”划分法

2015年颁布《中国共产党统一战线工作条例（试行）》并于2020年12月21日由中共中央修订后正式发布《中国共产党统一战线工作条例》（以下简称《条例》）。《条例》将新的社会阶层统战工作单独成章，明确新的社会阶层人士主要包括民营企业和外商投资企业技术人员、中介组织和社会组织从业人员、自由职业人员、新媒体从业人员等。至此，新的社会阶层的概念范畴由“六类群体”缩小至“四大类群体”。在特定历史时期，个体户和私营企业主纳入新的社会阶层范围，随着对新的社会阶层概念认知的发展，个体户和私营企业主逐渐从新的社会阶层中剥离。“四大类群体”划分法是对新的社会阶层概念的进一步厘清。按照中共中央统一战线工作部的界定，新的社会阶层人士是一个综合性的社会群体概念，主要包括民营企业和外商投资企业管理技术人员、中介组织和社会组织从业人员、自由职业人员、新媒体从业人员等四大类群体。[①]民营企业和外商投资企业管理技术人员一般是受聘于民营企业或外商投资企业、掌握企业经营管理知识和专门技术、从事经营管理和技术研发应用工作的人员，该群体普遍具有较高的受教育程度，较高的收入水平及较高的社会地位。中介组织和社会组织从业人员是指根据市场经济需求，利用专业知识和专门技能接受委托，在签证、咨询、服务等组织中提供知识性产品或服务的人员。一般认为该职业群体包括但不限于律师、会计师、评估师、税务师、专利代理人等提供知识性产品或服务的专业机构从业人员。自由职业人员一般不供职于任何经济组织、事业单位或政府部门，在国家法律法规、政策允许的范围内，凭借自己的知识、技能和专长，为社会提供某种服务并获取报酬的灵活就业人员。新媒体从业人员是指以新媒体平台或对象，从事或代表特定机构从事投融资、技术研发、内容生产发布及经营管理活动的人员等。包括但不限于金融证券保险业、计算机服务业、新闻出版业、文化艺术业、广播电影电视业等，还包括新媒体企业出资人、经营管理人员、采编人员和技术人员等。2020 年 11 月 30 日，中共中央政治局会议修订《中国共产党统一战线工作条例》将新的社会阶层概述为："新的社会阶层人士主要包括：民营企业和外商投资企业管理技术人员、中介组织和社会组织从业人员、自由职业人员、新媒体从业人员等。"[②]

1.1.2 新兴青年群体的内涵与外延

新兴青年群体，即新的社会阶层人士中的青年部分，构成了新的社会阶层的主体力量。随着新兴青年群体规模持续扩大，学界对这一群体的研究也在不断深入。众多专家学者积极尝试，对新兴青年群体的内涵予以界定。对外经济贸易大学廉思教授团队认为新兴青年群体是新的社会阶层中 40 岁以下的青年

---

① 新时代统战工作面对面［EB/OL］（2023-09-18）. https://www.zytzb.gov.cn/zytzb/2023-09/ 18/article_2023091808252477590.shtml.

② 中国共产党统一战线工作条例［EB/OL］（2021-01-05）. http://www.counsellor.gov.cn/2021-01/05/c_1210967078.htm.

人，包括青年自由职业者、青年网络人士和青年社会组织从业人员。[①]从就业形态来看，这些青年之所以被称为新兴青年群体，是其就业形态及工作方式展现出区别于传统就业形态的显著特征。新兴青年群体这一概念，作为新的社会阶层的下位概念，其内涵与外延会伴随着工业 4.0 时代的来临而持续演变。中国青少年研究中心研究员邓希泉认为新兴青年群体是一个较为庞大且增长迅速的群体，主体是新兴职业青年群体，主要聚集于第三产业尤其是与文化休闲和生活质量相关的服务行业。[②]

学者李春玲将新兴青年分为独立文艺青年、网络文化青年和生活新业态青年。她认为如果从职业和就业角度定义新兴青年群体，那么这一群体就是在新兴经济中从事新兴职业的年轻人，具体可分为三大类：一是网络文化青年。主要依托互联网平台进行文化内容创作，提供线上文化服务的青年群体。例如，网络新媒体从业者、网络主播、网络作家/网络文学写手、电子竞技从业者，等等。二是独立文艺青年。主要指活跃于线下文化领域，独立于传统文化艺术机构，采取灵活组织方式开展文艺创作和服务的青年群体。例如，独立电影人、独立戏剧人、独立音乐人、自由美术创作者、非遗传人/手工艺人、街头文化人，等等。三是生活新业态青年。主要指集中于生活服务业新业态领域，提供专业生活服务的青年群体。例如，依托线上平台提供生活服务的青年群体（网约配送员、网约车司机等）、以提供线下生活服务体验为主的青年群体（健康照护师、宠物医生、收纳师等）。[③]

2019 年底，团中央文件梳理出新兴青年群体大致为 12 类群体，具体包括：网络作家和编剧、自由撰稿人和自媒体写手、独立演员、影视导演和独立制片人、独立音乐人、自由美术工作者、文化创意产业工作者、街舞青年、非遗传

① 廉思．当代中国新兴青年群体发展调研报告［M］//陈光金．中国青年发展报告：No.1 社会融入与社会参与．北京：社会科学文献出版社，2018：151-152．

② 邓希泉．巩固和扩大党执政的青年群众基础［J］．中国党政干部论坛，2019（11）：81-82．

③ 李春玲，刘保中，李闯．新兴青年群体：新的社会阶层中的新力量［J］．中央社会主义学院学报，2021（5）：62-70．

承人、网络主播、快递员、网约车司机。[①]综合上述党和国家文件中及学者对新兴青年的概念及范围界定，这些表述都提到了新兴青年群体在职业上的新特点，但是依然缺乏一个较为清晰的概念界定。

共青团北京市委员会在《北京新兴青年群体状况研究报告》中给新兴青年群体概念做了界定：新兴青年群体是在新兴就业领域中出现的主要从事新型文化生产和生活服务、就业形式灵活多样、具有一定数量规模的青年职业群体。"新兴"具有3层含义：一是新就业形态，即伴随互联网技术发展与大众消费升级出现的去雇主化、平台化的就业模式。"新就业群体"与"新的社会阶层"有一定的交叉和重合。"新就业群体"的提出背景与"新的社会阶层"的提出背景不同，前者更多的是针对网络社会、信息社会、数字社会的到来，这是近几十年来社会结构的一个新变化。二是新型劳动关系，即新就业形态体现出的自主性、个体化、灵活性、兼职兼业的劳动用工特点。三是开放性，即新兴具有一定时期性，随着新兴经济的进一步发展，新兴青年群体未来可能会扩展到除文化生产和生活服务之外的其他领域。本书倾向于采纳共青团北京市委员会关于新兴青年的概念界定。

1.1.3 新的社会阶层的基本特征分析

新的社会阶层是时代变迁的产物，其诞生与发展和我国改革开放的历程深度交织、息息相关。改革开放极大地激活了中国的经济活力，在此进程中，新的社会阶层规模不断发展壮大，同时，这一阶层为改革开放的稳步推进贡献了力量。

1. 属于新的社会群体

新的社会阶层是伴随我国社会经济的转型和现代化进程而出现的，并在21世纪以后有了显著的发展。新的社会阶层作为新的社会群体，具有以下4个特点：一是处于新时期，自党的十一届三中全会以来，我国社会经济结构发生革命性变化，非公有制经济由弱到强。新的社会阶层是改革开放后伴随非公有制

---

① 共青团北京市委员会. 北京青年高质量发展报告：北京共青团和青少年工作课题研究［M］. 北京：中国青年出版社，2022：3.

经济发展而产生的新的社会群体。二是分布于新领域，新的社会阶层主要分布于新经济组织和新社会组织中。三是拥有新身份，新的社会阶层是传统社会阶层结构和传统体制所不能涵括的人群。四是发挥新作用，新的社会阶层知识层次高，思想活跃，影响面广，在互联网领域具有较大话语权，在意识形态方面具有较大的影响力。

2. 属于“体制外”群体

新的社会阶层是传统单位体制外的“社会人”“自由人”，主要分布于非公有制经济组织和新经济组织、新社会组织等“两新”组织之中。在改革开放的进程中，社会长期存在“体制内”与“体制外”的区分，由此形成“体制间”的分化现象。有学者指出，在当下中国社会，这一群体之所以被称为新的社会阶层，并非主要由于他们是现代化进程催生的新产物，而是基于体制转型所形成的“新”部门。从其体制的特征而言，从无到有，称其为“新”社会阶层并不为过。①从生产过程来看，他们在中国改革开放之前传统的社会主义社会中基本上不存在，例如，在高度集中的中央计划经济体制之外，中国社会基本上不存在个体、私营经济，也基本上不存在什么社会组织、中介组织等。随着社会主义市场经济体制不断健全完善，社会阶层结构持续处于分层分化之中。新的社会阶层的内涵及外延，也必然会随之不断演变发展。尤其是新兴产业与新业态不断涌现，将使得新的社会阶层分布的行业和领域更加广泛。

3. 属于新的社会力量

新的社会阶层是改革开放后中国社会结构巨大变迁的产物，是改革开放催生的全新社会群体和社会力量。2018 年 11 月 1 日，习近平总书记指出，“40 年来，我国民营经济已经成为推动我国发展不可或缺的力量，成为创业就业的主要领域、技术创新的重要主体、国家税收的重要来源，为我国社会主义市场经济发展、政府职能转变、农村富余劳动力转移、国际市场开拓等发挥了重要作用”②。这一群体规模大、观念新、人才多，特别是在第三产业中占据了重要地位。同时，他们在社会产业结构升级、经济社会高质量发展中将会起到积

① 李路路．“新社会阶层”：谱系・变革・挑战［J］．统一战线学研究，2017（4）：15．

② 十九大以来重要文献选编（上）［M］．北京：中央文献出版社，2019：673．

极的助推作用。新的社会阶层人士是新时代统一战线的重要工作对象，是促进我国阶层关系和谐稳定的关键群体，是构建社会治理共同体的重要力量。新的社会阶层是经济社会转型的发展动力，他们具有适应市场经济环境的知识储备、专业优势和竞争意识，是推动产业转型升级、拉动消费、拉动就业与内需的重要力量。同时，由于这一群体是有独立生存、自主发展的特征，其对党政部门的依附性、依赖性较低。这种相对独立性构成了中国共产党团结引导工作面临的挑战。

1.2 新的社会阶层历史发展阶段

在改革开放 40 余载的社会巨变中，我国社会阶层结构发生了翻天覆地的深刻变革，与此同时，中国共产党执政的阶级基础和群众基础也经历了深刻变迁。新的社会阶层正是我国经济体制变革与社会结构转型的产物。从新的社会阶层构成人员的演变历程中可以看出，其每次发展变化都与我国经济发展紧密相关。新的社会阶层在身份认定、社会地位彰显及社会作用发挥等方面，走过了一段漫长的发展之路。以时间线进行系统梳理，我国新的社会阶层发展大致经历了以下 4 个阶段。

1.2.1 新的社会阶层的初步形成（1978—1992 年）

新的社会阶层是伴随着非公有制经济发展而兴起的新兴社会群体。党的十一届三中全会作出改革开放的重大决策后，为了推动经济快速发展、切实改善人民生活，我国亟需调动广大劳动者的生产积极性，由此开启了经济体制市场化的征程，打破了以往公有制独大的格局。在此背景下，非公有制经济迎来快速发展的契机。率先登上历史舞台的是个体经营者。紧接着，我国社会步入快速转型阶段，社会结构发生深刻变革，大批个体户、私营企业主等非公有制经济人士如雨后春笋般涌现。在对外开放的过程中，外资企业开始慢慢进入中国。1980 年 4 月 10 日，中国第一家中外合资企业——北京航空食品有限公司被批准成立。公司的成立和运行结束了中国民航没有航空配餐企业的历史，同时也实现了中国中外合资企业“零的突破”。[①] 1985 年，全国约有私营企业 11.7 万户。到了 20 世纪 80 年代中后期，对于私营企业的发展，国家的政策取向也开始由“看一看”“等一等”逐渐转为承认其合法地位并支持鼓励，私营企业主作为新的社会阶层的重要组成部分，初步登上历史舞台。民营企业、中外合资经营企业、中外合作经营企业、外商独资经营企业的发展和众多民生领域国有企业的改制，新兴的个体户和私营企业主，以及一大批在非公有制企业从事知识、技术、管理等智力劳动的中高级管理人员和技术人员发展起来，并拥有了广泛的社会影响力。他们作为新的社会阶层和社会群体受到社会的普遍关注，他们的阶级属性、政治态度、社会角色也引起学界广泛关注。新的社会阶层是改革开放以后新出现的社会群体和社会力量，是改革开放以前阶级阶层里没有的，也是 20 世纪 50 年代中期社会主义改造以后阶级分析中没有的。党和政府如何看待这一新生事物？1987 年 10 月 25 日，党的十三大召开，党的十三大报告进一步指出“实践证明，私营经济一定程度的发展，有利于促进生产，活跃市场，扩大就业，更好地满足人民多方面的生活需求，是公有制经济必要和有益的补充。必须尽快制定有关私营经济的政策和法律，保护它们的合法利益，加强对它们的引导、监督和管理。”“中外合资企业、合作经营企业和外商独资企业，也是我国社会主义经济必要的和有益的补充。应当切实保护国外投资者的合法权益，进一步改善投资环境”。[②]1991 年 7 月，中央在批转的中央统战部《关于工商联若干问题的请示》中指出，现在的私营企业主不应和过去的工商业者简单类比和等同，更不要像 20 世纪 50 年代那样对他们进行社会主义改造。正式将非公有制经济人士纳入统战对象范围，由统战部门负责对非公有制经济人士工作。

综上所述，1978 年至 1991 年期间，我国个体私营经济处于发展的初始阶段，与此同时，个体工商户、私营企业主等新的社会阶层也在这一阶段开始萌

① 宋华忠. 新社会阶层的兴起与中国共产党领导权实现路径［M］. 上海：上海人民出版社，2014：41.

② 中共中央文献研究室. 十三大以来重要文献选编：上［M］. 北京：中央文献出版社，2011：27-28.

芽，并呈现出缓慢起步的态势。在这一阶段，我国经历了从传统农业社会向现代工业社会的转型，也实现了从计划经济向社会主义市场经济体制的转轨。在这种社会转型与经济转轨的进程中，我国的社会阶层构成发生了史无前例的新变化，“社会主义建设者”的提出和定位就是鲜明的体现。“社会主义建设者”这一概念脱胎于工人、农民和知识分子的分化，是我国社会发展和体制转轨的必然。“社会主义建设者”是对改革开放以来出现的新的社会阶层的一个理论概括，是中国共产党对中国社会阶层变化的深刻把握与科学认识，是新世纪中国共产党统战理论的新发展。①

1.2.2 新的社会阶层内涵与外延逐渐丰富（1992—2002 年）

改革开放后，新的社会阶层人士在经济领域崭露头角，为国家发展注入新活力。然而，其社会属性与政治身份在相当长时间内处于模糊状态。直到 1992 年 1—2 月，邓小平同志发表著名的南方谈话。他指出：“没有一点闯的精神，没有一点‘冒’的精神，……没有一股气呀，劲呀，就走不出一条好路，走不出一条新路。”② 1992 年 10 月召开党的十四大明确了建立社会主义市场经济体制的改革目标。南方谈话和党的十四大极大地激发了人们的创业热情，促进了非公有制经济的大发展。到了党的十五大，进一步指出“非公有制经济是我国社会主义市场经济的重要组成部分。对个体、私营等非公有制经济要继续鼓励引导，使之健康发展。”③ 20 世纪 90 年代，“自由择业知识分子”作为一个独立的职业群体已经逐渐成形。

2000 年 12 月，第 19 次中央统战工作会议及会后下发的《关于加强统一战线工作的决定》明确“将自由择业的知识分子纳入统战工作范围”，意味着这一群体受到了中共中央正式关注并纳入统战视野，从而进一步扩大了“新的社会阶层”的内涵与外延。不难看出，“新的社会阶层”还不是具有特定内涵和外延的专用名词，是在没有完全把握其本质特征的情况下采用的一种统称。

---

① 李俊，蔡宇宏．新时期统一战线制度研究［M］．北京：华文出版社，2008：122.

② 中共中央文献研究室．邓小平年谱（1975—1997）：下［M］．北京：中央文献出版社，2004：1342.

③ 江泽民文选：第二卷［M］．北京：人民出版社，2006：20.

2001 年 7 月，江泽民同志在庆祝中国共产党成立八十周年大会上的讲话（以下称“七一”讲话）中指出：“改革开放以来，我国的社会阶层构成发生了新的变化，出现了民营科技企业的创业人员和技术人员、受聘于外资企业的管理技术人员、个体户、私营企业主、中介组织的从业人员、自由职业人员等社会阶层。”[①]这次讲话首次对新的社会阶层涵盖的主要对象和政治属性进行了阐述，专指这六类人员，并且明确了他们的政治属性是社会主义建设者。“七一”讲话强调指出：“这些新的社会阶层中的广大人员，通过诚实劳动和工作，通过合法经营，为发展社会主义社会的生产力和其他事业作出了贡献，他们与工人、农民、知识分子、干部和解放军指战员团结在一起，他们也是有中国特色社会主义事业的建设者。”[②] 2001 年 12 月，中国正式加入了世界贸易组织，主动投身经济全球化浪潮，推动了中国贸易投资便利化的进程，进一步加速了科技、资本与人才在中国的流动与发展。随着中国积极融入世界经济体系、社会化大生产、行业的扩展和职业的细分，社会分工的精细化促使众多新领域、新行业、新职业大量涌现，这些都为新职业群体的崛起及新的社会阶层的发展壮大创造了更为有利的外部条件。主要表现为 5 类人群快速发展：一是个体经营者、私营企业主群体持续快速发展。根据国家市场监督管理总局的统计数据，1992 年，全国私营企业户数是 1.3 万户，到了 2001 年就增长到 202 万户。二是经营者、私营企业主的构成发生变化，知识分子、干部和工人的比重迅速增加。邓小平同志南方谈话后，一大批处于体制内的社会成员纷纷“下海”，或从事个体经营，或经商办企业，其中相当一部分是体制内知识分子和党政机关干部。改革开放初期，从事个体私营的城市干部和知识分子只占少数。到了 20 世纪 90 年代以后，随着改革开放的持续深入，“下海”开始成为他们中间的一部分人的主动选择。据国家人事部门统计，1992 年，辞职“下海”的国家工作人员有 12 万人，到 1996 年达到 19 万人。[③]三是民营科技企业的创业人员和技术人员群体迅速增加。

① 江泽民文选：第三卷［M］. 北京：人民出版社，2006：286.

② 同①.

③ 吴波. 现阶段中国社会阶级阶层分析［M］. 北京：清华大学出版社，2004：59.

1993 年 6 月，国家科委、国家体改委联合发布《关于大力发展民营科技型企业若干问题的决定》，首次提出民营科技企业的概念。鼓励更多的科技人员走向社会，创办民营科技型企业，鼓励民营科技型企业发展高科技，逐步成为新兴产业的生长点。该决定的发布，推动了我国民营科技企业进入快速发展的新时期，根据科技部的统计数据，民营科技企业数从 1992 年的 2.6 万家，增加到 2000 年的 8.6 万家。民营科技企业从业人员也从 1992 年的 56 万人，增加到 2000 年的 560 万人。四是受聘于外资企业的管理技术人员群体的快速形成。随着我国对外开放的地域不断扩大，外商在华投资呈现飞跃式增长。在三资企业就职的员工中，除了一线工人，管理技术人员也占有相当比例。由此，受聘于外资企业的管理技术人员作为一个崭新的职业群体开始登上历史舞台，成为改革开放后新的社会阶层的重要组成部分。五是中介组织的从业人员和自由职业者群体初具规模。这里的中介组织主要是指营利性的中介组织，具体包括律师事务所、会计师事务所、资产评估机构、资信评级机构、代理中介组织、经济中介组织、咨询中介组织等。随着社会对市场中介组织的服务需求不断增大，相关法律的健全完善，促进了其从业人数的逐年增加。同时，在市场经济条件下，出现了凭借自己的专业知识、技能为社会提供服务并获取报酬的自由职业者群体，主要包括自由音乐人、自由作家、自由制片人、自由演员、个体医生、自由经纪人、自由代理人、个体模特等。这些群体在北上广深等一线城市发展迅速。综上所述，邓小平同志南方谈话和中共十四大、十五大的创新理论，对我国社会结构的分化调整、新的社会阶层内涵与外延的形成、发展提供了重要的理论和政策支撑。

1.2.3 新的社会阶层力量不断发展壮大（2002—2012 年）

2002 年，江泽民同志在党的十六大报告中明确指出，在社会变革中出现的民营科技企业的创业人员和技术人员、受聘于外资企业的管理技术人员、个体户、私营企业主、中介组织的从业人员、自由职业人员等社会阶层，都是中国特色社会主义事业的建设者。

党的十六大召开后，党和国家进一步以中央文件的形式，正式确定了新的社会阶层政治属性，肯定了他们作为中国特色社会主义事业建设者的重要作用。这些新的社会阶层成员“与工人、农民、知识分子、干部和解放军指战员团结在一起，他们也是中国特色社会主义事业的建设者”[①]论断，科学界定了私营企业主等新的社会阶层社会属性和政治地位，回答了长期以来社会各界普遍关注，同时也是社会主义现代化建设中亟需解决的一个重大理论和实践问题。这一科学论断的形成，为正确认识和对待私营企业主等新的社会阶层提供了科学依据，对于统一全党、全社会的思想认识，团结新的社会阶层共同致力于社会主义现代化建设，巩固党的阶级基础和扩大党的群众基础，巩固和发展新世纪最广泛的爱国统一战线，具有重要的理论、政策和实践意义。

2003 年，中共中央文献研究室对新的社会阶层做了一个比较全面的界定。这是自“新的社会阶层”概念提出以来首次进行的权威界定。2004 年，《中华人民共和国宪法修正案》将新的社会阶层作为社会主义事业的建设者写入了宪法。此举对中国社会结构的调整变化继续产生持续深刻影响。

2005 年 2 月，国务院颁发了《关于鼓励支持和引导个体私营等非公有制经济发展的若干意见》，标志着非公有制经济主体与公有制经济主体站在同一起跑线，成为社会主义市场经济的平等竞争主体。随着新的社会阶层社会影响力和社会参与度的不断增强，党和国家对新的社会阶层越来越重视。第二十次中央统战工作会议于 2006 年 7 月 10—12 日在北京召开。随后发布的《中共中央关于巩固和壮大新世纪新阶段统一战线的意见》（以下简称《意见》）中指出“改革开放以后出现的民营科技企业的创业人员和技术人员、受聘于外资企业的管理技术人员、自由职业人员等新的社会阶层，主要由非公有制经济人士和自由择业知识分子组成，集中分布在新经济组织、新社会组织中，呈现出快速发展态势”。[②]《意见》对新的社会阶层人士工作的理论和政策进行全面系统的阐述，阶层关系成为统战工作要妥善处理的五大关系之一。同时，在“新的社会阶层”概念界定中没有单独提及个体户和私营企业主。《意见》的发布显示了党和国家

① 江泽民文选：第三卷［M］. 北京：人民出版社，2006：286.

② 中共中央文献研究室. 十六大以来重要文献选编：下［M］. 北京：中央文献出版社，2011：576.

的高度重视，提出“新的社会阶层人士是统一战线工作新的着力点，最大限度地把他们团结起来，充分发挥他们的作用，不断为实现中华民族伟大复兴凝聚力量”。①这次会议把凝聚新的社会阶层人士提升到战略的高度。

2007 年 10 月，党的十七大报告强调要鼓励新社会阶层人士积极投身中国特色社会主义建设。当时国家并没有公布全国新的社会阶层规模的权威数字，据推算，全国新社会阶层六类人员数量总计在 8 000 万左右，其中个体户近 4 000 万，私营企业主投资者 1 300 多万，私营企业管理技术人员 1 000 多万，自由职业人员 1 000 万，民营科技企业创业及技术人员约 500 万，外资企业管理技术人员约 500 万，其他人员几百万。新的社会阶层发展离不开国际和国内两个市场的深刻变化。就国际市场而言，第三次科技革命带来的技术发展使资本和技术得以在全球范围内快速流动，加快了世界经济全球化的进程。这一时期，非公有制经济人士中个体户、私营企业主仍属于新的社会阶层的组成部分，构成了广义的新的社会阶层。随着非公有制经济在经济社会发展全局中的作用越来越重要，非公有制经济人士作为党执政的群众基础和社会基础的地位越来越突出，党和政府高度重视工商联工作。2010 年 9 月 16 日，中共中央、国务院颁发了《关于加强和改进新形势下工商联工作的意见》（中发〔2010〕16 号）。明确提出“工商联工作是党的统一战线工作和经济工作的重要内容。”②文件把促进非公有制经济健康发展和非公有制经济人士健康成长作为一切工作的出发点和落脚点，并且明确将“两个健康”作为工商联工作主题，充分发挥党和政府联系非公有制经济人士的桥梁纽带作用、政府管理和服务非公有制经济的助手作用。这是党中央、国务院着眼我国经济社会发展和统一战线工作全局，为加强和改进新形势下工商联工作、促进非公有制经济健康发展和非公有制经济人士健康成长作出的重大举措，在我国统一战线和工商联事业发展中具有里程碑意义。

---

① 中共中央文献研究室．十六大以来重要文献选编：下［M］．北京：中央文献出版社，2011：576.

② 本书编写组．中华全国工商业联合会简史（1953—2013）［M］．北京：中华工商联合出版社，2013：292.

1.2.4 新的社会阶层的快速发展阶段（2012 年至今）

党的十八大以来，中国共产党适应社会阶层不断变化的新趋势，着力拓宽统一战线工作领域，扩大统战工作范畴。2013 年初，习近平总书记在第十二届全国人民代表大会第一次会议上的讲话中指出:“一切非公有制经济人士和其他新的社会阶层人士，要发扬劳动创造精神和创业精神，回馈社会，造福人民，做合格的中国特色社会主义事业的建设者。”①将“非公有制经济人士”和“其他新的社会阶层人士”并列提出。之所以将二者并列提出，是“因为两者在群体构成、职业特征、作用发挥等方面存在较大差别”②。“其他新的社会阶层人士”与“自由择业知识分子”基本一致。至此，“新的社会阶层”专指自由择业知识分子，私营企业主、个体工商户等非公有制经济人士已不再划归“新的社会阶层”，但仍然是工商联统战的对象。2015 年 9 月 22 日颁布的《中国共产党统一战线工作条例（试行）》（以下简称《工作条例（试行）》），公布了统战工作范围：民主党派；无党派人士；党外知识分子；宗教界人士；非公有制经济人士；新的社会阶层；出国和归国留学人员；香港同胞、澳门同胞、台湾同胞及其在大陆的亲属。《工作条例（试行）》正式将“新的社会阶层人士”作为统战工作 12 个对象之一，将“新的社会阶层人士”与“非公有制经济人士”并列作为统战工作对象。《工作条例（试行）》关于新的社会阶层人员范围发生了一点变化，即明确“新的社会阶层人士”构成范围中删除了“个体户”和“私营企业主”，后者成为全国工商联的工作对象。2016 年，经中央批准，中央统战部专门成立了“八局”——新的社会阶层人士工作局，是负责新的社会阶层人士工作的职能部门。新的社会阶层人士工作局是对新形势下新兴青年群体涌现的政策因应。近年来共青团中央组建了专门面向这一群体的工作部门即社会联络部。目前，部分省级团委已经设立了专门的社会联络部或类似的职能部门。2020 年 6 月 29 日，《教育部办公厅关于严格核查 2020 届高校毕业生就业数据

---

① 中共中央文献研究室. 十八大以来重要文献选编：上［M］. 北京：中央文献出版社，2014：236.

②“新阶层”的长成［EB/OL］［2018-12-18］. http://www.rmzxb.com.cn/c/2018-12-18/2244442.shtml.

的通知》（教学厅函〔2020〕19号）发布，新增互联网营销工作者、公众号博主、电子竞技工作者等自由职业者作为高校毕业生就业统计指标。

2020年12月，由中共中央修订后的《中国共产党统一战线工作条例》（以下简称《工作条例》）正式发布。《工作条例》将新的社会阶层统战工作单独成章，明确新的社会阶层人士主要包括民营企业和外商投资企业技术人员、中介组织和社会组织从业人员、自由职业人员、新媒体从业人员等。并对新社会阶层的统战工作作出了全面系统部署，将新社会阶层的统战工作推向了前所未有的高度。《工作条例》第三十二条明确规定“坚持信任尊重、团结引导、组织起来、发挥作用的思路，运用社会化、网络化的方法，通过实践创新基地、联谊组织等形式，分类分众施策，强化思想引领，凝聚政治共识，发挥新的社会阶层在建设中国特色社会主义事业中的重要作用”。新的社会阶层已逐步成长为建设中国特色社会主义的关键力量之一。步入中国特色社会主义新时代，针对新的社会阶层人士开展的统战工作已经成为统战工作新的增长点。《工作条例》从法律的层面出发，为新的社会阶层明确了社会主义建设者的身份，使这些新型职业得到了法律和政策的认可。这充分说明新的社会阶层人士是建设中国特色社会主义的重要力量之一，同时也充分体现新时代加强新的社会阶层人士的统战工作意义重大。

党的二十大报告对新经济组织、新社会组织、新就业群体加强党的建设提出了明确要求，指出要加强党外知识分子思想政治工作，做好新的社会阶层人士工作，强化共同奋斗的政治引领。通过增强党组织政治功能和组织功能，发挥基层组织优势，把党的路线方针政策和党中央决策部署贯彻落实好，把各领域广大群众组织凝聚好。坚持大抓基层的鲜明导向，抓党建促乡村振兴，加强城市社区党建工作，推进以党建引领基层治理。强调加强混合所有制企业、非公有制企业党建工作，理顺行业协会、学会、商会党建工作管理体制。①

回顾新的社会阶层的形成与发展轨迹，能够在一定程度上洞察其发展规律，这对于总结改革开放以来国家各项政策方针的具体实施成效具有重要意义。在此基础上，深入探究党和国家应如何在制度层面给予新社会阶层关怀与

① 习近平. 高举中国特色社会主义伟大旗帜　为全面建设社会主义现代化国家而团结奋斗：在中国共产党第二十次全国代表大会上的报告［N］. 人民日报，2022-10-26（01）.

保障，无论是对于和谐社会的构建，还是助力中国梦的实现，均有不容忽视的理论价值与现实意义。

1.3 新的社会阶层发展趋势及组织化的重要意义

新的社会阶层在社会经济发展、科技创新、文化艺术繁荣和社会民生改善等诸多领域，具有重要的地位与作用。党和国家高度重视新的社会阶层工作，团结凝聚新的社会阶层，既是巩固党的群众基础的需要，也是巩固和拓展新阶段统一战线的现实需要，更是构建社会主义和谐社会的题中之义。

新的社会阶层是改革开放后中国社会结构深刻变迁的产物，正日益成长为推动社会进步与经济发展的重要力量。一方面，在经济的全球化和信息技术的快速发展的时代背景下，新的社会阶层将迎来更多的机遇和挑战；另一方面，随着中国式现代化的持续深入推进，新的社会阶层自身特征也必将经历深刻变革。

1.3.1 新的社会阶层职业发展趋势

新的社会阶层职业发展趋势将更加多元化和复杂化。面对新时代全面深化改革的新局面和构建高水平社会主义市场经济体制的背景下，新的社会阶层在社会经济发展中的重要地位和作用日益凸显，准确把握和预测其未来发展趋势具有重要的理论意义和政策价值。

1. 基于互联网平台的新的社会阶层总体规模和重要作用将显著增强

2020 年，中国人民大学国家发展与战略研究院发布的《灵工时代抖音平台促进就业研究报告》指出：2019 年 8 月至 2020 年 8 月仅一年的数据测算结果显示，共有 2 097 万人通过抖音平台从事创作、直播、电商等工作而直接获得收入，其中许多都是从事互联网营销师和直播销售员的新职业。围绕主播而形成的创业团队，衍生出运营管理、直播服务、视频服务、直播电商、辅助后勤等5大类20余种职业，包括策划、助播、场控、品控、客户服务等多种新兴就业形态。综合测算，抖音平台共计创造了3 561万个直接就业岗位。与此同时，手机、相机、话筒、三脚架、打光机、直播间布景等直播设备的生产制造，间接带动了关联产业的就业。仅以上述一年为时限计算抖音平台间接带动的相关就业，与直播设备制造产业相关的数量就达到了56万个。近年来，随着从业人员数量和就业种类的不断增加，数字经济与共享经济产业俨然成为吸纳就业的“风向标”。在我国政府公布的3批共计38种新职业名录中，“与平台经济相关的职业如数字化管理师、物联网安装调试员、无人机驾驶员、电子竞技员等占比超过一半”。2019年至今，人社部已向社会发布了4批56个新职业，包括“人工智能工程技术人员”“电子竞技员”“互联网营销师”“调饮师”“食品安全管理师”。互联网营销师包括选品员、直播销售员、视频创推员与平台管理员。新兴职业体现了多元个性和职业发展，越来越多的80后、90后、00后将自己的技术特长甚至兴趣发展为职业。自由职业既提供了多样化、个性化的职业选择，也逐渐成为提升经济发展的新动能。2020年，人社部联合国家市场监督管理总局、国家统计局将包括互联网营销师在内的9个新职业（其他8个新职业为“区块链工程技术人员”“城市管理网格员”“信息安全测试员”“区块链应用操作员”“在线学习服务师”“社群健康助理员”“老年人能力评估师”“增材制造设备操作员”）纳入最新版的《中华人民共和国职业分类大典》中。尽管如此，目前仍有大量新兴领域的新职业尚未获得社会广泛认同和官方认可，相关部门亟待加快推进我国职业体系建设的现代化进程，以契合新经济形态下新职业的发展演变，为新兴职业创新提供制度基础。

党的二十届三中全会通过了《中共中央关于进一步全面深化改革、推进中国式现代化的决定》（以下简称《决定》）提出7个聚焦：聚焦构建高水平社会主义市场经济体制、聚焦发展全过程人民民主、聚焦建设社会主义文化强国、聚焦提高人民生活品质、聚焦建设美丽中国、聚焦建设更高水平平安中国、聚焦提高党的领导水平和长期执政能力。[①]《决定》中提出的“全面深化改革”“聚

① 中共中央关于进一步全面深化改革　推进中国式现代化的决定［N］．人民日报，2024-7-19（01）．

焦构建高水平社会主义市场经济体制、聚焦发展全过程人民民主”为新的社会阶层规模的不断扩大提供了政策环境。根据《电商平台大学生就业创业研究报告 2022》测算数据显示，淘宝店主中，有 5.1%是高校应届毕业生，一家淘宝店铺平均招聘大学生人数达 3.7 人，不仅提升了年轻一代在淘宝的创业概率，还推动淘宝实现了直播购物、短视频、AR 试妆等，满足了年轻人对于新鲜、有趣的购物体验的需求，催生了小程序开发师等新就业岗位的诞生。新就业形态创造了更多的市场需求，使新兴青年群体能够在未来很长一段时间保持数量和规模的稳步增长。互联网时代新知识经济的蓬勃发展，有力推动知识与技能的有偿分享模式，为新的社会阶层开拓了广阔的生存与发展空间。当新就业形态人员在数量和种类上达到一定规模，便会自然而然地促进相关产业迈向新的发展阶段，实现转型升级。以抖音平台为例，其用户规模于 2023 年达到 7.23 亿，同年，抖音相继出台各类管理规定，针对户外直播、电商创作、健康管理、剧情演绎及主播行为等多个关键领域，展开全面且细致的规范，旨在营造一个健康有序、安全可靠的平台生态环境。抖音平台如此吸引顾客群体的原因在于其让亿万用户在消费者和生产者、受众与创作者之间随时转化，让人人都可能因为创意而实现劳动所得，获得相应的薪酬。在当下，类似抖音这样的新兴产业不在少数，它们凭借生产资料运用、生产流程设计等方面的创新性，对青年群体形成了强大的吸引力。青年群体对新兴产业的接受程度，在很大程度上能够左右未来产业的发展方向与进程。

2. 新的社会阶层成为经济创新与社会变革的重要力量

随着新时代市场化改革的全面深化，市场对社会资源的合理配置和生产要素的高效组合，各类新经济组织、新经济业态、新产业模式不断涌现，给新的社会阶层提供了更多施展才华的“舞台”。党的二十届三中全会提出“进一步全面深化改革的总目标是继续完善和发展中国特色社会主义制度，推进国家治理体系和治理能力现代化”。全会立足于新的历史方位，科学谋划了围绕中国式现代化进一步全面深化改革的总体部署，以经济体制改革为牵引，全面部署各领域各方面的改革。今后，随着我国政治民主和政治文明程度的继续提高，新的社会阶层政治参与的环境仍将不断得到改善。在这个过程中，不断完善的社会保障制度建设，为新的社会阶层的发展解决了后顾之忧。新的社会阶层政治参与的积极性将不断提高，党和政府将会开辟更多的政治参与渠道，引导新社会阶层积极参加民主政治建设。同时，社会公众对新的社会阶层的态度已悄然发生了变化，人们对于新的社会阶层接受度和认同度不断提高。作为市场经济的生力军，新的社会阶层能够克服种种旧体制因素的束缚，敢于承担市场发展的不确定性所带来的风险，最大限度地投身到各种市场经济活动中，按照市场经济的逻辑和原则合理配置和使用资源，推动生产要素的高效组合，形成各种各样的新型经济组织，在推动新产业、新业态、新技术、新型经济模式等的发展方面起了极大的引领作用。①

3. 新的社会阶层组织化倾向和成为社会治理共同体的趋势日益明显

新的社会阶层正经历由原先的“原子化”状态逐步向适度“组织化”的方向转变。鉴于其职业性质，这一阶层大多游离于体制外，长期处于“原子化”分散状态。随着市场经济的发展，新的社会阶层与其他群体界限日益明显，他们对自身权利的认知不断深化，表达权利诉求、维护既得权益的意愿愈发强烈。这种变化促使新社会阶层寻求更为有效的整合方式，更好地维护自身利益，适度“组织化”发展趋势由此显现。实现可控的、低烈度的再组织化，避免无序的再组织化和原子化可能带来的混乱，是当下国家治理的组织化体系创新的大问题。首先应该面对的是阶层分化，特别是新的社会阶层的形成。所谓将不同利益群体整合在一起，题中应有之义就是将新的社会阶层纳入国家治理的组织化体系之中。②社会治理是国家治理的重要方面。国家为了实现长久稳定与持续发展，必须按制度化方式将不同利益群体进行有效整合。同时，新的社会阶层也有利益集中和表达的强烈愿望，从而有助于社会的再组织。但是，新的社会阶层参与社会治理的强烈愿望与现有社会治理体制下缺乏有效的制度化参与渠道之间仍然存在结构性矛盾。对此，党和政府进行了不懈的探索。党的十八届三中全会第一次明确提出创新社会治理，完善社会治理体制。其核心是以社会治理取代社会管理，实现党委领导、政府负责、社会协同、公众参与、法治

---

① 张海东，对新时代新的社会阶层重要作用的几点思考［J］. 中央社会主义学院学报，2021（5）：84-90.

② 李路路，冯泽鲲，唐丽娜. 阶层结构变革与国家治理体系创新［J］. 社会学评论，2020，8（3）：63-71.

保障的社会治理体制。党的十九大提出，打造共建共治共享的社会治理格局，十九届四中全会强调坚持和完善共建共治共享的社会治理制度，建设人人有责、人人尽责、人人享有的社会治理共同体。党的二十大报告强调完善社会治理体系。2024 年 11 月 5—6 日召开的中央社会工作会议上，传达了习近平总书记对社会工作的重要指示："当前我国社会结构正在发生深刻变化，尤其是新兴领域迅速发展，新经济组织、新社会组织大量涌现，新就业群体规模持续扩大，社会工作面临新形势新任务，必须展现新担当新作为。"①

1.3.2 新的社会阶层组织化的重要意义

加强新的社会阶层工作，对于巩固和扩大党的执政基础、促进经济社会发展、维护意识形态安全和国家安全、推动社会治理创新及实现社会和谐稳定等方面都具有重要价值和深远意义。

1. 是实现中国共产党长期执政的必然要求

新的社会阶层有利于扩大和巩固党的执政基础。执政基础是执政党执政地位赖以维持和巩固的基本条件。一般来说，一个执政党的执政基础是由多方面的因素构成的，最核心的是人民这个基础。办好中国的事情，关键在党，关键在人。中国新的社会阶层，作为新兴知识分子与新兴职业群体的关键构成，是党的阶级基础、群众基础及社会基础不可或缺的部分，更是新时代背景下，党巩固长期执政地位的重要推动力量。首先，新的社会阶层是改革开放后伴随社会主义市场经济发展而逐步成长起来的新的社会群体，他们与党的阶级基础、群众基础紧密相联。加强新的社会阶层工作，有助于增强党与这一群体的联系，了解他们的思想动态、利益诉求和发展需求，从而更好地为他们服务，增强党的凝聚力和向心力。其次，新的社会阶层人士是改革开放和社会主义现代化建设的积极参与者与贡献者，他们中的许多人都是各行各业的佼佼者，具有较高的社会声望和影响力。加强新的社会阶层工作，有助于进一步巩固党长期执政

① 习近平对新会工作作出重要指示强调：坚定不移走中国特色社会主义社会治理之路推动新时代社会工作高质量发展［N］. 人民日报，2024-11-7（01）.

的阶级基础和群众基础，确保党的执政地位稳固。最后，随着新的社会阶层的崛起，他们的利益诉求和价值观念日益多元化，对党的执政能力提出了新的挑战。加强新的社会阶层工作，有助于引导新的社会阶层人士树立正确的价值观念，积极投身改革开放和社会主义现代化建设事业，为党的执政能力建设提供有力支持。

2. 是巩固发展新时代爱国统一战线的必然要求

新的社会阶层也是社会主义事业的建设者，是党能够团结和联合的社会力量，党的统战工作必须及时适应这种变化。把新的社会阶层组织起来是当前实现党的统一战线面临的新课题和新挑战。第一，组织化是对新阶层人士政治吸纳的必要条件。把他们组织起来并从中培养代表人士，是开展政治吸纳工作的当务之急。中央统战工作会议明确提出要把新的社会阶层代表人士的培养、选拔纳入整个党外代表人士队伍的建设规划。第二，维护意识形态安全和国家安全，加强对新的社会阶层人士的思想引领。新的社会阶层人士中有很多是知识分子和青年，他们的思想活跃、观念新颖，在社会的价值观念和意识形态方面更容易受到西方敌对势力的渗透。一方面，加强新的社会阶层的思想引领，引导他们树立正确的价值观念，积极传播正能量，维护社会主流思想舆论。另一方面，鼓励自由职业人员和新媒体从业人员利用先进的现代网络技术，向世界展示中国优秀的传统文化，不仅有助于优秀传统文化的传承，也有助于优秀传统文化走向世界，树立文化自信。第三，加强新的社会阶层人士的媒体素养。新的社会阶层人士中不乏网络大V（网络用语中对具有影响力公众人物的称呼），他们具有较强的舆论影响力。加强新的社会阶层工作，有助于防范和抵御网络空间的风险挑战，维护网络空间的清朗和稳定。通过加强对网络新媒体从业人员的培训和管理，增强他们的媒介素养和责任意识，引导他们积极传播正能量，抵制不良信息，维护网络空间的健康有序。第四，树立国家安全意识。新的社会阶层人士作为社会发展的重要力量，他们的稳定和发展对于国家的安全与社会稳定具有重要意义。帮助解决他们面临的困难和问题，提高他们的获得感、幸福感和安全感，从而维护社会的和谐稳定。同时，也有助于防范和打击敌对势力的渗透和破坏活动，维护国家的安全和稳定。

3. 是推进国家治理现代化的必然要求

随着新社会阶层迅速发展壮大，社会治理共同体结构发生显著变化，迫切需要建立起与当前社会结构相适应的社会治理体系和治理机制。党的十九大报告首次明确规划了国家治理现代化的时间表和路线图。新的社会阶层的崛起为社会治理方式的转变带来契机，这一点可以从两个方面进行分析：一方面是社会治理结构情况，包括社会治理体制变革；另一方面是新的社会阶层自身参与社会治理的情况。新的社会阶层具有较强的参与能力和参与意愿，但在传统社会治理体制框架下，缺乏有效的制度化参与途径，在传统的社会治理格局中，仍处于相对边缘化的状态。党的十九届四中全会首次明确提出创新社会治理理念，以“社会治理”代替“社会管理”，着重突出多元共治共享的思路。近年来，新社会阶层在组织化方面取得了重要进展，实现了多元有序参与社会治理。可以说，新社会阶层已成为社会治理中最有活力的重要主体之一，是推动社会治理不可或缺的参与者。新的社会阶层人士具有流动性强、思想活跃等特点，这些特质对于社会治理的创新具有积极作用。加强新的社会阶层工作，有助于将其纳入社会治理体系，发挥他们的专业优势和创新精神，助力推进社会治理体系和治理能力现代化。为充分发挥新社会阶层在社会治理中的作用，需要建立健全相应的参与机制，如建立新的社会阶层代表人士参与社会事务的协商机制、参与社会服务的激励机制等。通过建立和完善这些机制，能够进一步激发新的社会阶层人士参与社会治理的积极性和创造性。新社会阶层人士具有较强的创新精神和实践能力，他们的积极参与可以为社会治理方式的创新提供有力支撑。加强新社会阶层工作，有助于推动社会治理方式创新，探索契合新时代要求的社会治理新模式与新路径。

4. 是实现社会和谐稳定的必然要求

新的社会阶层为社会经济发展注入了全新活力。他们凭借自身扎实的专业知识和技能，创办企业、开展业务，创造了大量的社会财富，还提供了众多就业机会。与此同时，他们主动参与国际竞争，在全球经济舞台上展现中国力量，有力促进了中国经济与世界经济的深度融合。这些都有助于充实社会的物质基础，为实现社会和谐稳定筑牢了坚实的物质保障。新的社会阶层中的高收入群体，凭借自身经济实力，丰富了社会收入分配格局，有助于优化收入分配结构，缩小贫富差距。不仅如此，他们中的不少人还积极参与社会公益事业，为弱势群体提供帮助和支持，维护社会公平正义。从根源上减少社会矛盾与冲突，成为维护社会稳定的重要力量。以律师、会计师为代表的专业人士通过提供专业服务，深度参与社会治理。他们运用专业知识和丰富经验，为政府决策提供咨询和建议，推动政府决策的科学化和民主化。同时，他们积极履行社会监督职责，对政府的行政行为进行监督和评估，有力促进政府依法行政、廉洁从政。显著提升社会治理效能，为实现社会和谐稳定提供有力的制度保障。新的社会阶层中的各群体，具有不同的文化理念和价值观念，使得社会文化更加多元和包容。这种多元文化的交融和碰撞，促进了不同文化之间的交流和融合，推动社会文化的创新和发展。同时，其中部分人士积极参与文化活动和文化事业建设，推动文化产业蓬勃发展。丰富了社会文化内涵，提升了社会文明程度，为实现社会和谐稳定提供有力的文化支撑。新的社会阶层通过自主创业和灵活就业，为社会创造了大量就业岗位。这些岗位有助于缓解就业压力，减少因就业问题引发的社会矛盾。这些岗位切实提高人们的收入水平与生活质量，增强社会的凝聚力和向心力，全方位促进社会和谐稳定发展。

2 组织认同概述及组织化的理论阐释

当今社会组织化程度持续加深，各类组织广泛存在于世界各地。在这种情况下，几乎所有关于组织的研究都难以避开组织认同这一关键问题。相关研究范畴既涵盖具有普遍适用性的一般性组织认同研究，也包括针对各种具体类型组织的认同分析，像企业组织认同、社会组织、事业组织、非政府组织及政府组织认同等，本章将重点聚焦于新兴青年的组织认同，深入剖析其基本概念，并进行全面的理论阐释。

2.1 核心概念及其特征

研究新兴青年的组织认同，首要任务是要厘清组织、认同、组织认同及职业认同、社会认同等相关核心概念。通过对组织认同等关键概念的界定，进而深入研究新兴青年群体在组织认同层面的理论逻辑与历史逻辑。

2.1.1 相关概念辨析

1. 组织的概念

在当代社会中，组织堪称最为基础的社会结构单位，也是个人与社会之间最具有实质意义的实体。社会中的人们只有成为组织的一员，方能使自身一系列社会需求得到满足，诸如社会利益的获取、社会身份的明确及社会价值的实现等。

究竟何为“组织”？从词汇本身的意义来看，“组织”蕴含两种截然不同的含义，即作为名词的“组织”和作为动词的“组织”。当“组织”作为动词使用时，它向我们展现出不同要素之间演化的过程，意味着事物从无序状态走向有序，从有序程度低向有序程度高的方向转变，象征着组织结构从无到有或是从破到立的过程，这种变化往往伴随组织层次的提升或是组织复杂性的增加。而当“组织”作为名词使用时，它表示一种稳定的社会系统，该系统依据特定规则，将不同的个体和信息进行有效整合，对外呈现出一种稳定的结构，蕴含特定的文化或显示某种功能。同时，组织是一个相对抽象的概念，具体指具有一定的共性使其有别于其他社会形式。组织无处不在。如果没有组织只有人，个体成员之间仍会有社会交往，这种交往与合作之所以发生，一方面源于个体的自由意志、动机或目的，另一方面源于每个人在能力、经验或资源上所受到的限制。于是，便有了合作的必要性。在人的生存和发展过程中，人的需要在一定程度上构成了人的本质规定性。

人的任何意向性的东西都必须有一个外在对象的存在才能得以实现，而且这种对象越具体、越实在，就越容易让人得以实现。换言之，对个人而言，社会认同必须通过某个具体的中介才能得以实现，即社会认同太过抽象，导致个体对社会的认同无法得以具体的落实，必须通过某个具体的中介发生作用，这个中介就是“组织”。[①]

2. 认同的概念

认同是个体对自我及组织、社会的一种关系确认。“认同”一词起源于拉丁文 idem，认同的概念最早是由西格蒙德·弗洛伊德使用的，认同是一种心理上潜意识中对他人的模仿，也是一种普遍的心理过程。《辞海》对认同的解释为：“认同在心理学上指认识与感情的一致性。认为经过认同，形成人的自我概念。

① 王彦斌．中国组织认同［M］．北京：社会科学文献出版社，2012：79．

在社会学上泛指个人与他人有共同的想法。在人们交往活动过程中，为他人的感情和经验所同化，或者自己的感情和经验足以同化他人，彼此产生内心的默契。分为有意和无意两种。”

现代意义上的“认同”概念最早由弗洛伊德提出，在弗洛伊德那里，“认同”是指代个体无意识地模仿他人，在心理上与群体价值和规范上追求“相同”的过程。后来，埃里克森发展了弗洛伊德的“认同”理论，并将“自我认同”引入心理社会发展理论当中，借以分析个体意识的形成和发展过程。他认为，自我认同是个体在过去、现在、未来等不同时空条件下，对自己内在一致性和连续性的主观认知与体验。任何个人的成长都无法逃离现实的社会背景，社会环境对自我认同起着重要的影响作用，认同是连接个人和社会的关键纽带。

有学者把认同“看作是一个心理过程，是个人向另一个人或团体的价值、规范与面貌去模仿、内化并形成自己的行为模式的过程，认同是个体与他人有情感联系的原初形式”。美国著名心理学家艾略特·阿伦森（Elliot Aronson）认为，认同是一种对社会影响的反击，做出这种反应，是由于个人希望自己成为与施加影响者一样的人。由于在认同过程中个体接受了自己与所认同的个人或团体的关系，因而采取了与他人相同的行动。如果一个人认为某个团体或个人在某一方面对自己很有吸引力和感染力，他就会由于喜欢该团体或该人而倾向于接受其影响，采取与其类似的准则或态度，从而成为与施加影响者一样的人。

国内学者在认同问题研究中，不同学者的理解不尽相同却各有千秋。从心理学上讲，认同是一种心理机制，是个体对角色的反思和内省，是主体客体化的呈现。心理学认为认同是人格与社会文化之间互动而维系个体人格统一性和一贯性的内在力量。从社会学上讲，认同是群体在个体上的映射，是表征群体特征的符号。社会学认为认同是比较和辨识的过程，驱动认同的力量是外生的，其目的在于获得自己身份后对群体的寻找，人们明确了自己的身份和角色，意识到自我的价值，从而明确“我是谁”的社会含义。国内学者王彦斌认为，人的认同实际上是一个从个体认同到社会认同的连续性，其间存在一个从个体逐渐发展到整个社会的过程。无论从社会学抑或心理学角度，都认为认同是一种过程，不仅是内化的过程，也是辨识的过程。在“我是谁”和“我们是谁”的角色确认与群体区分过程中，自我认同也与社会认同实现着个体与群体的持续互动。认同必须关注人的自我存在意义与自我身份，不能忽视价值认同、身份认同和角色认同。[①]

3. 职业认同

职业认同也称为职业同一性，与个人职业方面的决策、选择等息息相关，是在认同理论上发展而来的概念。[②]职业认同是对自己在职业世界中将要扮演的角色进行澄清，是个体同一性发展过程中的重要部分。不同学者对职业认同的概念存在认知差异。Holland 等认为，职业认同是指个体对自己的职业兴趣、天赋和目标等方面认识的稳定和清晰程度，是相对稳定的状态，是个体认识自我和职业环境后的一种结果，是个体认为自己的职业角色是重要的、有吸引力的、与其他角色是融洽的程度。Meijers 从心理学角度出发，认为职业认同是心理发展过程中逐渐构建和成熟的概念，将个体的兴趣、能力和价值观与可接受的职业目标联系起来，伴随着社会学习过程而发生改变。职业认同是自我对外界环境的响应，是由内而外的变化过程。虽然对职业认同的看法不一，但是普遍共识认为职业认同是个体与职业环境的互动过程中对自我的再认识，从工作期望的角度形成了“我是谁”的构念。职业认同是一个变化的过程。变化的职业认同是自我的不断丰富和对外环境的系统联系，进而影响自我的形成。职业认同是自我在职业世界中的折射和定位，这种定位是逐渐形成的，是动态的发展过程，不同的发展阶段个体职业认同清晰度也不同。大部分个体特定时期进入到某个职业角色，不同的外在环境下扮演不同的角色意义，此时员工的职业认同更多地是从事某种职业的价值感。

4. 社会认同

社会认同是社会学研究的核心概念之一。传统社会学中的社会认同包括自我认同、归属认同或地位认同。有学者指出，社会认同存在广义和狭义之分。

---

① 滕飞. 组织社会化策略对员工组织认同的影响机制研究［M］. 北京：首都经济贸易大学出版社，2018：17.

② 同①：18.

广义的“社会认同”是指在社会层面上展开的认同，与狭义的“认同”基本等同。而狭义的“社会认同”则指个体自我认同相对应的群体性、社会性的认同类型，是指全体社会成员共同拥有的对于社会整体的认知和意识，同时还体现了社会成员对社会的归属程度。由于个人对于社会的归属程度主要是由群体作为中介来联系的，因此群体认同也属于社会认同，尤其是当这个群体的规模逐渐扩展到整个社会时，那么该群体的群体认同实质上便成了社会认同。[①]如前文所述，组织是当代社会中一种最为基础的社会结构单位，也是当代社会中个人与社会连接最为基础的实体。因此，这里的“群体认同”也可以称为“组织认同”，换言之，组织认同属于社会认同的一种。

2.1.2 组织认同及核心要素

1. 组织认同

何谓“组织认同”？就一般意义而言，组织认同是社会认同的一种，然而，二者之间存在不容忽视的本质差异：社会认同在多数情形下是自然形成的，毕竟个体的生活与国家、民族等存在天然的关联。而组织认同则不同，由于组织建立具有非自然性，组织和个人都有各自的选择权与决定权。研究者认为，个人之所以要加入组织，是因为利益因素在其中起到了作用。March 和 Simon 于 1958 年在组织理论研究框架中明确提出了组织认同。后续学者（Mael 与 Tetrick）研究认为组织认同的概念应该来源于认同的传统定义和认同理论。还有研究者认为组织认同是建立在社会认知心理基础上的。认知过程中既有理性的成分，也存在着情感等非理智的因素，但理性是主导的成分。科尔曼（Coleman）认为：“联接客体自我和行动自我的是利益（interest），对客体自我而言，利益指向某些事件的结果或对某些资源的控制所带来的不同程度的满足；对行动自我而言，利益指向不同数量的资源，这些资源将用于获得对事件的控制，利益因

① 张荣．互联网时代的社会认同整合机制研究［M］．北京：人民出版社，2018：40．

而成为行动的推动力。”[①]科尔曼的理论把组织成员对组织的认同，视作一种资源投入与控制的过程与结果，在个体自我扩展进程中，伴随某种能带来利益的期望与满足感。组织认同所蕴含的理性，是一种由源于个体的行动理性，其衡量标准是个体根据自身的需求，以个体在与组织进行交换的过程中，能够获取和拥有资源的最优化满足。凡是组织对个体有所需求的皆为个体可用于和组织进行交换的资源。Riketta 于 2005 年总结了组织认同的 3 类定义：① 从认知角度出发，Ashforth 将组织认同定义为个体对组织成员感、归属感的认知过程，它体现了个体与组织在价值观上的一致；② 从情感角度出发，O’Reilly 将组织认同定义为成员出于组织吸引和预期，进而保持在情感上的某种自我定义；③ 从社会学角度出发，Tajfel 把组织认同定义为个体由于具有组织成员身份从而产生的一种自我定义，由于这种成员身份产生了价值观上的一致和情感上的归属。[②]

通常来说，组织认同和组织认同感属于同一个概念。西方学界在对组织认同或组织认同感研究时发现，它是组织成员在与组织中各类具体因素相互作用后产生的一种现实而具体的感受。个体对组织的认同感越强，越有可能持有组织的观点和采取对组织有利的行动。组织认同感是社会认同的一种特别的形式，是个体通过组织寻求自我提高的一种扩张。在组织中，工作群体认同感比组织认同感更强。从积极的角度讲，群体认同感强烈的组织成员会更高地评估他们的工作群体和组织成员资格，因此更不愿意离开他们的工作群体和组织，进而在工作群体和组织行为中形成加倍努力的愿望。[③]

2. 组织支持感

组织支持感是一个重要的概念，它反映了员工对组织如何看待其贡献并关心其利益的总体知觉和信念，简言之，是员工所感受到的来自组织方面的支持。

---

① COLEMAN. Foundations of social theory[M]. Cambridge：The Belknap press of Harvard university press，1990：509.

② 魏钧．组织契合与认同研究：中国传统文化对现代组织的影响［M］．北京：北京大学出版社，2008：115.

③ 王彦斌．中国组织认同［M］．北京：社会科学文献出版社，2012：3.

组织支持感源于社会交换理论。社会交换理论认为，员工与组织之间是互惠的关系，只有当组织给予员工关心、支持与帮助时，员工才会为组织贡献足够的力量。美国社会心理学家艾森伯格（Eisenberger）关于企业员工的激励机制研究不同于以往学者从需要、动机等角度出发来探讨员工激励。20 世纪 80 年代中期，他发现当员工感受到来自组织方面的支持（如感觉到组织对其关心、支持、认同）时会受到鼓舞和激励，从而在工作中就会有好的表现。在进行了系列研究以后，艾森伯格提出了组织支持感理论（perceived organizational support，POS）。①根据社会交换理论，艾森伯格等率先提出组织支持理论，他认为：员工进入组织后，会通过能否为其提供良好的工作环境、在其遇到困难时是否给予帮助、观察组织对其利益的关心程度等方面去形成对组织的认知。其核心观点在于，如果员工能明确感知到组织的支持与关怀，会促使员工产生一种回报组织的心理压力，员工在工作中才会表现出更好的绩效，帮助组织实现其目标。较高的组织支持感会让员工增强自己是组织的重要成员的身份认同感，从而有效减少离职行为；较低的组织支持感，可能会使员工萌发另谋他职的想法，有时也想表露出离职倾向以威胁雇主，从而得到更多支持。MeMillin 认为组织支持感除了亲密和尊重支持，组织支持感还应包括工具性支持。Allen 认为组织支持感的三维结构包含工具性支持、情感支持和上级支持。凌文辁、杨海军认为组织支持感的三维结构包括工作支持、员工价值认同和关注员工利益。

组织支持感包含两个核心要素：一个是员工对组织是否重视其贡献的感受，这涉及员工对自己在组织中价值和角色的认知，以及组织是否给予员工足够的认可和奖励；另一个是员工对组织是否关注其福利的感受，这包括组织是否关心员工的福祉、提供合理的薪酬和福利、关注员工的生活和工作平衡等方面。同样，组织角色行为对于组织认同来讲是必不可少的，是一种重要的认同影响因素，在某种程度上甚至也可以把它看成组织认同的一个构成部分，但是从组织认同的深层次而言，组织认同的行为主要是组织公民行为，因为，只有

① EISENBERGER R，HUNTINGTON R，HUTCHISON S，et al．Perceived organizational support［J］．Journal of Applied Psychology，1986（71）：500-507．

组织公民行为才是一种组织成员与组织真正契合、对组织达到真正认同的具体表现。如果个体从积极的心态对自身所在的组织产生内在的认同感，他必然会在组织中展现出由组织正式规定的规范性行为。

总之，组织支持感是个体对组织支持的感知，组织支持感强的员工往往更多表现出对组织的积极反馈，这有利于组织认同的建立。

3. 组织承诺的概念

组织承诺（organizationl commitment）是指组织成员对组织的心理与行为方面的承诺。部分中国学者把组织承诺的概念译为“组织归属感”。组织支持感是前因变量，而组织承诺则是后果变量。关于组织支持感对组织和员工的作用研究最多的是关于组织支持感对员工组织承诺的影响。根据互惠原则，组织支持感会使员工产生一种关心组织利益的义务感、归属感及情感需求的满足，从而增加员工对组织的感情承诺。换言之，组织支持感理论是以社会交换理论和互惠原则为基础的。即当员工感受到来自组织方面的关心、支持和认同时，将会受到激励并以努力工作和忠诚来作为交换。根据互惠原则，当一个人善待另一方时，他也期望得到另一方的善待。这一原则用在员工与组织关系上就是组织承诺。但是组织支持感和组织承诺并不完全一致，组织承诺是双向的，并且还包括给对方的回报，而组织支持感仅指员工方对组织的期望。当员工未能感受到组织支持时，则会引起员工的消极行为。国内学者凌文辁等认为组织支持感是员工知觉到组织对他们工作上的支持、对他们利益的关心和对他们价值的认同。

在激励理论中，公平感是影响人的积极性的重要因素。研究文献表明，公平对组织支持感的影响最强，特别是程序公平。凌文辁等学者研究结果证实了程序公平对组织支持感的 3 个因子都具有显著影响。在影响组织支持感的因素方面，根据以往大多数研究结果表明，4 种主要因素会增强员工的组织支持感。它们是公平、领导支持、组织奖赏和良好的工作条件。这一多维结构正是员工工作动机的反映：即物质生活的保障、被组织认可并受到尊重、在工作中做出成就而实现自我价值。作为对组织支持的回报，员工将积极努力工作，表现出更多的利组织行为和对组织的忠诚。[①] 基于上述研究不难得出这样的结论：在加强新兴青年群体组织化过程中，组织支持感在新兴青年群体组织认同中是关键要素，而公平在组织支持感中影响最强，由此可以认为，在组织化过程中加强新兴青年群体的组织认同的核心要义依次是：体现公平、领导支持、组织奖励和良好的工作条件。

2.1.3 组织认同的特征与类型

1. 组织认同的特征

组织认同是员工与组织之间建立的一种深层次的心理联系，它体现了员工对组织的归属感和忠诚度。随着管理理论的不断发展，组织认同作为组织行为学中的一个重要概念，具有以下 3 个特征。

1）组织认同具有过程性

组织认同是受个体多方面内部因素影响并在“某种权衡下”导致的结果。组织认同一般指组织成员在心理与行为方面对组织所表现出来的一致性倾向。就组织内部而言，组织成员对于组织的认同情况如何，对组织的生存与发展是非常重要的。组织与个体成员之间存在着利益关系和利益结构。这一认同是个体寻求自我提高与自我归类的结果，组织认同是个体运用自己所拥有的资源与组织进行交换使自己得到满足的过程。同时也是个体获取更广泛的社会资源使自我得到增强和扩张的过程，因此，组织认同可以使个体比较容易获得自尊和自我满足，换言之，从更深层次来讲，人们参加组织后，通过组织生活的方式增强自我。组织认同中一个重要的特征是参与组织活动。如果要把自己对组织的认同归属倾向完全地表现出来，没有参与组织活动的行为是不完整的，组织认同表现在对组织有所承诺，并愿意参加组织的群体活动，是一种组织心理和行为的综合表现过程。

2）组织认同具有层次性

在组织认同的形成过程中，大致可以分为 3 个层次。首先，是依存状态。

---

① 凌文辁，杨海军，方俐洛. 企业员工的组织支持感［J］. 心理学报，2006（2）：281-287.

在这一阶段，个体可能因客体能够为其带来利益或提供保障而表现出对组织的认同。然而，这种认同往往具有功利性，其基础在于个体对利益的需要或对物质的依赖，个体在公众面前或特定场景中所表达的对组织的承诺，可能与其内心的真实意愿截然不同。尽管表面上看似服从，但内心可能持有完全相反的看法。

其次，是认可状态。这一阶段的个体不再仅仅出于利益驱动，而是开始将自己视为组织的一部分，对自身在组织生活中的关系地位具有保持稳固的意愿。他们往往认为自己作为组织成员，有责任和义务，这种认同相对稳定。

最后，是内化的状态。这是组织认同的最高层次，个体开始深入探索组织及其活动所蕴含的文化、价值和思想，并自觉地将自己与组织的价值主张和规范趋同一致。在这个过程中，个体对组织的归属感逐渐增强，这种归属感不仅与个体对组织的信任和依赖有关，也是组织长期培育的结果，更是成员在组织中与组织及其他成员不断互动的产物。

3）组织认同具有利益互动性

组织认同不是完全自发产生的，而是在复杂的社会利益互动中，认同主体通过自我对照和组织规范的学习而逐渐形成的。只有通过与组织的互动联系，才能对自己及与他人的关系有一种较为明确的定位，进而产生个人在组织内的地位、形象、角色及与他人关系的认同。此外，认同也是一个动态过程，认同不是凝固不变的，而是处于不断变化的过程之中。认同的变化是对组织内外环境变化的反映，也是组织内人们之间相互关系不断调整的结果。一般来说，组织认同在本质上是一种趋同的过程，包括在价值观念和行为方式上的趋同及思想上和行为上的趋同。组织的核心价值观是组织文化的核心和灵魂，它反映了组织的基本信仰和追求。组织认同的另一个重要特征就是员工对组织核心价值观的认同和践行。员工通过理解、认同和践行组织的核心价值观，将其转化为自己的行动准则和决策依据，从而在思想上和行为上与组织保持一致。这种价值认同有助于增强员工的责任感和使命感，激发员工的工作积极性和创造力。从理论和经验的逻辑上，一个组织里的个体只要具有了强烈的认同心理，必然不仅仅表现出组织要求的规范性行为，还会表现出较高的组织公民行为，这种积极的组织公民行为是对组织达到真正认同的具体表现。

2. 组织认同的类型

关于组织认同的类型，本书倾向于学者王彦斌的观点①，他认为组织认同从心理的角度可以分为由生存需要引起的生存性组织认同、因情感和交往需要而产生的归属性组织同及源于个体自我发展需要在社会中追求发展与成功的成功性组织认同。

1）生存性组织认同

生存性组织认同是指个体为了基本生存需要的动机参与组织生活。换言之，当生存需要是人的第一需要的时候，参与组织生活是人作为生命体的基本的动机。生活在社会中的人，为了维持生命，过正常社会生活所不可或缺的基本物质和精神生活是最基本的需要。而在现代社会中，以组织作为个体人生存的基本形式已经成为一种基本的个体生存形式。因此，个体在组织中寻求认同的首要动机应该是由生存的需要所引发的。这类组织认同心理，是组织成员觉得自己的生存必须依赖于自己的组织提供的物质性支持。可以说是一种依附性认同。对于个体来讲，组织成员对这类组织认同心理更多地表现为希望获取经济利益的给予。如果组织成员在寻求“生存”的过程中寻到了更为优越的条件，他们就会立即取消这种组织认同心理。因此，这种生存性组织认同主要是建立在单纯的交换基础之上，虽然非常不稳定，但对于组织来讲，组织成员对组织的这种依赖性认同却是组织能够吸引个体参与组织活动的基础。

2）归属性组织认同

归属性组织认同是个体在特定的组织中寻求与自己类似的人，谋求具有组织成员资格，需要他人支持和确认一种认同形式。归属性组织认同涉及作为组织人的情感交流需要、社会交往需要及各种与组织内其他人建立与维持友好关

---

① 王彦斌. 管理中的组织认同：理论建构对转型期中国国有企业的实证分析［M］. 北京：人民出版社，2004：112-118.

系需求的满足。一方面，即便是加入组织，人们也会寻求与自己类似的人以满足自己情感沟通的需要。另一方面，通过加入组织，获得组织的成员资格后，可以使个体在社会中取得相应的社会身份，以实现自己自我扩展、自我增强的感受，当然，更多的是追求组织身份的认同。一般而言，人都有与他人交往的意愿。人们的归属欲求如果能得到满足，就会觉得自己有所归属、有所支持依靠。如果得不到满足，就会对自己欲归属的群体产生疏离感。归属性组织认同其实就是“抱团取暖”，从心理上需要他人的支持和确认，需要一群和自己相近、相同的人，需要一群接受自己的人，希望把自己作为群体中的一员。在这种情况下形成的组织归属认同，个人与组织的生存和发展必然密不可分。可以说，归属性组织认同是在一种社会性需求的动机上形成的。与生存性组织认同相比，归属性认同对组织有相对积极的作用；如果成员对所归属的组织有一种自豪感，他们就会自觉维护组织的形象，促进组织的发展。这种归属性组织认同通常是从组织中的群体认同开始的，如果组织的领导者还是一个具有人格魅力的人，能够对组织成员具有较强的感召力，那么，组织成员对组织的认同就会很强。综上，在归属性组织认同中，成员对组织的归属感的强弱，与成员对组织的信任和依赖有关，同时也是组织进行培育的结果，是成员在组织中与组织及其他成员之间不断展开的互动过程中得以形成的。

3）成功性组织认同

成功性组织认同指个人通过组织提供的社会性支持资源实现了自我设定的自我发展目标，是寻求组织支持自己发展的一种认同。戴维·麦克兰德（David C. McCleland）认为，有些人具有获得成功的强烈动机，他们追求的是个人成就而不是成功的报酬本身。他发现，高成就需要的人与其他人的区别之处在于他们想把事情做得更好。这种需要对于人们的组织生活是一种更为重要的内在动力。学者王彦斌认为这种力图通过组织生活谋求自我增强和自我发展，在组织中看到自己的发展目标和价值观与组织具有一致性，认为这种认同属于成功性组织认同。成功性组织认同心理总是在组织内的相应工作岗位从事自己的组织工作中产生，这首先涉及他们对自己当前的职业角色地位的认同，也与他们对自己的职业发展的愿景认同有关。在当今社会中，个体的发展需要借助组织的发展。

成功性组织的认同心理，既与社会背景的变化有关，也同组织成员个体独立的发展相连。成功性组织认同心理从组织的角度，给个体提供的不仅仅局限于生存的满足、也不只是情感的归属和依托，更为重要的是为个体提供发展的机会和条件。此时，个体会把组织看作是自己发展的平台，在自己发展的过程中也就促进了组织的发展。

本书认为学者王彦斌对组织类型的分类有助于理解和把握新兴青年群体的组织认同的核心要义与本质特征。这 3 种类型之间不存在依次递进的关系。生存性组织认同体现在个体对组织提供的薪酬福利、工作环境等实体要素的依赖，具有显著的工具理性特征。归属性组织认同主要由人际关系网络驱动，其核心在于组织成员间的互动质量。当个体在组织中建立起稳定的人际纽带并获得情感支持时，会产生强烈的组织归属感和情感依附。成功性组织认同呈现更强的理性决策特征，源于个体对组织发展前景与个人职业规划的匹配度评估。这种认同既包含对组织当前实力的判断，也涉及对个人未来发展的预期。

2.2　组织认同的本质

组织认同不是自然形成的，它既是心理过程，也是外显行为的表现，一般是指组织成员在心理与行为方面对组织所表现出来的一致性倾向。组织认同来源于社会认同，是社会认同在组织领域的发展，同时也是组织行为领域中的重要课题之一，对组织未来发展方向和组织管理者日常管理有着深刻的影响。社会认同理论是亨利·塔菲尔、约翰·特纳等人提出并加以完善的。塔菲尔将社会认同定义为：个体认识到她（或他）属于特定的社会群体，同时也认识到作为群体成员带给他的情感和价值意义。[①]从社会认同到个人产生认同，首先经过个人的身份确定，尤其是社会身份特征的确认，然后由这种身份特征与其所在的群体的身份特征相比较，产生了一致性的感觉，这种感觉就是“认同”。

① TAJFEL H. Differentiation between social groups：studies in the social psychology of intergroup relations [M]. London：Academic Press，1978.

2.2.1　组织文化与组织价值观

一个组织的核心是组织文化，而组织文化的核心是价值观，组织价值观是组织文化的主要载体。因此，文化的其他表现方面都可以由价值观加以解释，都可以视为价值观的表现形式，个体对组织的认同主要来源于组织的价值观，价值观是联系组织文化与组织认同的纽带，认同了组织价值观就是对组织的认同。在这个过程中，组织文化通过以价值观为核心的组织认同过程影响个人的行为，而组织认同的过程也是个人从对价值观的初步认知到达成一致，再到情感依附的价值观内化过程。组织价值观作为组织文化的核心，具有可测量性。对于价值观的定义，学者们的见解仁者见仁、智者见智。Robbins 认为价值观是了解个人态度、知觉、动机及特质的基础，在很多情况下，价值观可以解释人的行为。Enz 将组织的价值观定义为个人或群体共同持有的信念，此信念是有关公司运作、专业行为与目标的偏好，或为建立组织目标所需确定的手段。[①] 郑博壎把组织价值观界定为：组织成员所共有的、内化的规范性信念，可以引导整个组织内部的成员行为与管理作风，解释了组织价值观对于组织的意义。费孝通认为，社会化是个体学习知识、技能和规范，发展自己社会性的过程。总之，不论是社会学还是心理学，都认为社会化是个体与社会互动的过程，即个体通过学习获得多种信息，通过调整工作态度、价值观念和工作行为来适应组织的价值体系。

组织价值观是组织文化的核心体现。它如同组织的灵魂，贯穿于组织的方方面面。每个人都有自己的价值观，个人价值观的形成与本人的生活经历和自我认知有很密切的关系，通常在一个人加入组织之前，就形成了较为稳定的是非观念和行为准则，这种思维模式在很大程度上塑造了他们对事物的判断和选择。在组织生活中，价值观始终在发挥作用。人们如何看待自己的组织生活，以及以何种价值标准来衡量工作中的满足感，都与个人的工作价值观紧密相连，

① 魏钧．组织契合与认同研究：中国传统文化对现代组织的影响［M］．北京：北京大学出版社，2008：15．

并在很大程度上受到其影响。在组织化过程中，个体的心理和行为经历了由浅入深的转变，这一过程可以分为 3 个层次。首先，个体在对组织及价值观的认知和了解之后，逐渐形成了对组织身份特征的清晰认知，这种认知不断拉近个人与组织之间的距离。个体对于自己属于组织的认知程度，会随着价值观的融入而加深，由此，形成了组织化过程的第一个层面，在融入的过程中形成了初步的组织认同。其次，个人与组织的价值观一致性构成了组织认同的第二个层面。这一过程不仅是个体特征与个体需求在组织中得到满足的过程，也是个体价值观不断深化过程。在这一阶段，个人与组织的价值观具有相似性，个人与组织在价值观上达成了一致性，同时，组织价值观对个人产生积极影响。最后，在价值观认知和价值观一致的基础上，个人逐渐对组织产生了情感上的依赖，这是组织化过程的第三个层面。社会学观点认为，文化是一种通过学习而形成的产物，随着环境的变化和新经验的积累，尤其是在这些新经验与个人切身利益密切相关的情况下，文化的内容与价值观都会发生改变。尽管组织中的成员不可能拥有完全一致的价值观，但是任何组织都会在一些基本的问题上形成最基本的价值共识。换言之，当个人加入一个组织后，会经历一个形成基本价值观共识的过程，也是组织价值观和个人价值观不断融合的过程。但是，组织文化是自然而然形成的、不能勉强的价值观体系。如果组织简单地定下很多“规定”，不仅无法得到成员的认可，也无法成为组织文化的一部分。如果从文化的层面和组织成员共享价值观的角度对个体进行整合，那么在基本价值观上与组织存在有较大差异的人，可能难以成为组织成员。同时，个体如果要成为某个组织的成员，也必须自觉地完成一个内化组织基本价值观的过程，使自己在价值观方面实现和组织价值观的一致性。总的来说，组织文化认同可以表现为 3 个方面：在认知层面，个体了解组织文化的内涵、价值观、典型人物和事迹；在情感层面，个体喜爱组织的文化价值观、工作氛围和组织形象等；在行为层面，个体愿意主动参与文化建设和宣传，并积极维护组织的声誉。

2.2.2 组织社会化

Schein 首次提出了组织社会化的概念，将其定义为新进员工在组织中掌握有效表现的诀窍（涉及组织价值观、规范和行为模式等内容）的过程。通常认为，组织社会化是个体与组织之间的双向互动过程。个体通过学习获得多种信息，调整自身的工作态度、价值观念和工作行为，以适应组织的价值体系，认同组织的目标和行为规范，并有效融入组织；组织则通过策略推动个体对组织文化的学习与认同过程，以及角色互动与调整过程，期望个体最终接纳组织。早期组织社会化研究主要聚焦于新进员工，但组织社会化具有连续性和终身性的特点，其研究目的在于实现员工和组织的相容性，因此，这种考察应贯穿于员工的整个职业生涯。多数学者认为，在组织社会化策略的研究中，不应仅仅关注组织目标，也应重视员工目标的实现。

组织社会化策略的核心功能在于促进认同的交互。个体通过学习获得多种信息，继而通过员工认同组织与被组织认同而有效融入组织，最终被组织接纳，真正成为组织的“内部人”，实现组织与员工相互接纳。个体通过对组织角色内涵的学习，明确自身在组织中角色的定位；通过个体与组织角色互动与调整，最终形成对组织认同。在这一过程中，个人与组织之间的认同相互确认、相互融合，从而实现有效的组织社会化。研究表明，较高的组织社会化水平可能会促使个人发生改变，表现为更高的工作满足、更高的组织承诺、更高的组织认同及低离职意愿（Van Maanen 与 Schein，以及 Cooper-Thomas 与 Anderson）。通过对组织社会化相关文献梳理可以发现，组织社会化能够有效加强组织内员工的各项认同，从而起到强化组织认同的根本目的。因此，组织社会化可以促进职业认同、团队认同、组织文化认同。

本书倾向于学者腾飞的观点，即组织社会化是员工进入组织并学习如何融入组织、被组织灌输和培训的过程，是学习组织价值观、规则和行为规范的过程，是组织与员工互动的过程。组织社会化策略则是实现上述过程良好效果的具体方式、方法。[①]

组织社会化和组织文化密切相关，认同组织目标和行为规范并有效融入组织属于组织文化的范畴，而组织通过策略推动个体对组织文化的学习与认同过

① 滕飞．组织社会化策略对员工组织认同的影响机制研究［M］．北京：首都经济贸易大学出版社，2018：4．

程及角色互动与调整过程，期望组织最终被个体接纳，则属于组织社会化范畴。组织社会化是一个涉及员工从“组织外部人”转变为“组织内部人”的过程，其核心在于员工为适应所在组织和角色的要求而不断调适自己的认知、技能、态度和行为。这个过程在人力资源管理和组织行为学中具有重要意义，因为它不仅影响员工的个人发展，还直接关系到组织的整体效能。组织社会化是个人与社会的互动。多数学者认为社会化是一个过程。莫顿（Morton）指出，社会化指个体从他所处的群体或他希望加入的群体中，有选择地获取价值、态度、兴趣及知识技能的过程。组织社会化可以帮助他们更好地适应组织、融入团队、提高工作满意度和忠诚度；对于组织来说，组织社会化可以降低管理成本、提高管理效能、增强组织凝聚力和竞争力。

组织社会化策略实质是从情境因素、内容因素、社会因素三个方面，围绕组织身份开展的组织内认同的策略，促使员工成为组织所期望的角色。在这一过程中，必须要实现组织社会化策略与职业身份认同、团队身份认同、文化身份认同的协同。因此，组织社会化策略是员工组织内认同发展的条件，而组织内职业认同、团队认同、组织文化认同是实现组织认同的手段。研究显示，组织社会化策略对组织文化认同的作用较为明显，通过开展培训及通过对工作中遇到的问题提供帮助等，帮助新加入组织的成员充分发挥潜能，为他提供特殊帮助、奖励其额外劳动与主动付出，照顾其切身利益，都会对他融入组织文化具有促进作用。不仅可以减少角色冲突、角色模糊和工作压力，还可以进一步促进新成员学习、熟悉、信赖组织文化，形成较为稳定的组织文化认同。组织通过营造符合组织期望的情境，促使新进入组织的成员对组织形成宏观印象，通过系统的培训，组织期望员工掌握的组织规范等内容逐步深化到员工的意识、行为中，他们的价值观念与组织趋同，使得个体在组织层面上的意识和行为的同一性更强。通过组织社会化形成的良好的人际互动有利于新加入组织的成员适应组织环境，认同组织文化，增强职业认同和团队认同，进一步稳固组织认同。

综上，组织社会化可以促使个体组织认同感的增强。

2.3 中国共产党关于组织化的理论阐释及时代价值

马克思认为“只有在共同体中，个人才能获得全面发展其才能的手段，也就是说，只有在共同体中才可能有个人自由。”[①]中国共产党高度重视组织建设，将它视为党的生命力和战斗力的重要源泉。党的组织化理论强调通过严密的组织体系、科学的组织制度和严格的组织纪律，确保党的统一领导和高效执行。习近平总书记指出：“党的力量来自组织，组织能使力量倍增”。这一理论是马克思主义建党学说在中国的具体实践。

2.3.1 统一战线理论中关于组织化的重要表述

统一战线是党的三大法宝之一。随着时代的发展，中国共产党从未丢掉这一法宝。在经济社会发展如此迅速的今天，如何顺应时代要求，有效发挥法宝作用，最大程度地凝聚人心，最大幅度地协调各方利益，是统一战线理论研究的重要内容。新的社会阶层人士，作为新的时代背景下的产物，更是中国共产党团结和争取的重要力量。

新中国成立 70 多年来，中国共产党统一战线理论在中华民族站起来、富起来、强起来的民族复兴伟大历史进程中，依据社会主要矛盾、阶级阶层结构、党所处的历史方位和中心任务的变化而不断发展创新，从社会主义过渡时期人民民主统一战线理论的跨越式发展到中国特色社会主义建设时期爱国统一战线理论的创立和发展，再到中国特色社会主义新时代习近平总书记关于加强和改进统一战线工作的重要思想的创立与发展，经历了三大重要发展阶段。

社会组织方式在改革开放前后经历了 3 次大的变化。在毛泽东看来，旧中

① 中共中央马克思恩格斯列宁斯大林著作编译局．马克思恩格斯选集：第一卷［M］．北京：人民出版社，2012：199．

国积贫积弱、任人宰割的主要原因是中国人一盘散沙，组织化程度低。1943 年 11 月 29 日，毛泽东在中共中央招待陕甘宁边区劳动英雄大会上的讲话中指出：“把群众的力量组织起来，这是一种方针。”[①]新中国成立后，为了配合建立高度集中的计划经济体制，从农村到城市逐步建立起高度组织化的社会组织形式。社会组织方式从一盘散沙走向高度组织化。关于民主党派的作用，毛泽东指出，民主党派是“一根头发的功劳”、一根头发拔不拔去都一样的说法是不对的。从它们背后联系的人们看，就不是一根头发，而是一把头发，不可藐视。[②]

1978 年，党的十一届三中全会后，在解放思想、实事求是思想路线的指引下，从农村到城市，中国社会组织方式进入了改革创新的新时期。改革开放实践首先也是最有效的去组织化举措。表现为冲破传统计划经济体制及由此带来的单一僵化的社会组织方式，给人们以适当的自由空间和灵活参与多种组织的权利。随着改革开放的全面深化，开始探索新的社会组织形式，成为再组织化，在去组织化中重新组织起来是社会发展客观规律的必然要求，也是中国特色社会主义发展的内在要求。在改革开放和社会主义现代化建设新时期，邓小平根据国际形势的发展、国内阶级关系的根本变化和党的工作重点的战略转移，对新时期统一战线的性质、地位、任务、对象、作用等一系列基本理论问题和各领域工作的方针原则进行了系统阐述，形成了新时期统一战线理论。邓小平指出：“在新的历史时期，统一战线仍然是一个重要法宝，不是可以削弱，而是应该加强，不是可以缩小，而是应该扩大。”[③]

党的十八大以来，中国特色社会主义进入新时代。以习近平同志为核心的党中央进一步加强对统一战线工作的集中统一领导。这个时期，习近平总书记关于统一战线工作，发表了许多重要论述，习近平总书记在庆祝中国人民政治协商会议成立 65 周年大会上的讲话中指出：“大团结大联合是统一战线的本质

---

① 毛泽东选集：第三卷［M］. 北京：人民出版社，1991：930.

② 中共中央统战部研究室. 历次全国统战工作会议概况和文献［M］. 北京：档案出版社，1988：6.

③ 邓小平文选：第二卷［M］. 北京：人民出版社，1994：203.

要求，是人民政协组织的重要特征。人民政协要坚持在热爱中华人民共和国、拥护中国共产党的领导、拥护社会主义事业、共同致力于实现中华民族伟大复兴的政治基础上，最大限度调动一切积极因素，团结一切可以团结的人，汇聚起共襄伟业的强大力量。”①习近平总书记在中央统战工作会议上提出：“党外知识分子工作，是统一战线的基础性、战略性工作……要高度重视和做好新经济组织、新社会组织中的知识分子工作，引导他们发挥积极作用。”②习近平总书记在《完整、准确、全面贯彻落实关于做好新时代党的统一战线工作的重要思想》中强调指出：必须做好党外知识分子和新的社会阶层人士统战工作。做好党外知识分子工作，充分尊重是前提，加强引导是关键，发挥作用是目的。新的社会阶层人士是中国特色社会主义事业的建设者，要把他们组织起来，加强引导、发挥作用。③

2023 年，中共中央、国务院组建中央社会工作部，统筹推进党的群众工作、社会工作和社会治理，这是适应我国社会深刻变化所做出的一个重要决定。组建的社会工作部的重要职能之一，就是指导新经济组织、新社会组织、新就业群体党建工作。④可见，把新经济组织、新社会组织、新就业群体中的新兴青年组织起来是推进国家治理体系和治理能力现代化的一项重要任务，是打造共治共享社会治理格局的时代要求。

2024 年 7 月 18 日，党的二十届三中全会审议通过的《中共中央关于进一步全面深化改革、推进中国式现代化的决定》是指导新征程上进一步全面深化改革的纲领性文件，是实现中华民族伟大复兴、全面建成社会主义现代化强国的制度化保证。将全面改革开放进行到底，离不开中国共产党的坚强领导，也离不开包括广大新兴青年群体在内的全体中华儿女的共同参与。因此，如何更

---

① 习近平. 在庆祝中国人民政治协商会议成立 65 周年大会上的讲话［N］. 人民日报，2014-09-22（2）.

② 习近平. 巩固发展最广泛的爱国统一战线 为实现中国梦提供广泛力量支持［J］. 统一论坛，2015（3）：3-4.

③ 习近平. 完整、准确、全面贯彻落实关于做好新时代党的统一战线工作的重要思想［J］. 求是，2024（2）：7.

④ 中共中央国务院印发《党和国家机构改革方案》［N］. 人民日报，2023-03-17（1）.

好地把新兴青年组织起来、凝聚起来，引导他们为实现党的第二个百年奋斗目标、实现中华民族伟大复兴的中国梦而奋斗，已经成为新时代中国青年运动和青年工作必须回答的重大课题。

2024 年 11 月，中央社会工作会议召开。习近平总书记作出重要指示："坚定不移走中国特色社会主义治理之路，健全社会工作体制机制，突出抓好新经济组织、新社会组织、新就业群体党的建设，不断增强党在新兴领域的号召力凝聚力影响力；抓好党建引领基层治理和基层政权建设；抓好凝聚服务群众工作，推动新时代社会工作高质量发展。"①

2.3.2 新时代加强新兴青年群体组织化的时代价值

随着社会的快速发展和时代的进步，新兴青年群体逐渐崭露头角，他们以其独特的思维方式、价值观念和生活方式，成为推动社会发展的重要力量。然而，这一群体的分散性、多元化及个体化特点，也使得他们在面对社会问题时显得力量单薄。实现组织化对于提升新兴青年群体的整体影响力、促进个人成长、推动社会进步等方面十分必要。

1. 社会治理共同体建设需要把新兴青年群体组织起来

1）社会治理是国家治理的重要方面

将分化的各社会群体（尤其是不同的利益群体）按照制度化的方式有效整合起来是国家治理的重要内容。党的十九届四中全会提出"建设人人有责、人人参与、人人享有的社会治理共同体"。新兴青年群体是中国式现代化建设的重要建设者和参与者，必然要成为社会治理共同体中新的社会阶层类型共同体的重要组成。社会治理强调的是价值和利益的一致性，追求的是有机团结。新兴青年原子化现象比较突出，人与人之间的距离有拉大的倾向，原先传统的熟人社会越来越向陌生人社会方向发展，由于社会变迁带来的社会疏离感，是影响和谐稳定的重要因素，当前，我国社会关系需要重建，社会结构需要调适，社

① 习近平对社会工作作出重要指示强调：坚定不移走中国特色社会主义社会治理之路 推动新时代社会工作高质量发展［N］. 人民日报，2024-11-7（01）.

会治理理念和方式需要重构，“建设人人有责、人人参与、人人享有的社会治理共同体”便是对这种变化要求的政策因应。

2）有助于促进社会创新和发展

新兴青年群体通常富有创新精神和实践能力。实现组织化可以进一步激发他们的创造力和想象力，为社会创新和发展提供源源不断的动力。在组织中，他们可以相互启发、相互激励，共同探索新的领域和机会。例如，一些新兴青年通过组织化的方式成立了创业公司或创新团队，开发出了一系列具有颠覆性的产品或服务。这些创新不仅为社会带来了巨大的经济价值，还推动了相关行业的发展和进步。同时，他们的成功也激发了更多年轻人的创新热情和创业梦想。

3）有助于国家的和谐稳定与发展

通过组织化引导新兴青年了解国家的发展需求，可以为国家的现代化建设贡献自己的力量。他们可以参与到国家重大项目的研发和实施中，为国家的科技进步和产业升级作出贡献。组织化还能增强青年的公民素养和法治意识。在组织中，他们可以接触到更多的法律知识和社会责任教育，从而更好地履行公民义务和责任。这种公民素养的提升有助于维护社会的稳定和和谐。新兴青年群体的组织化还有助于国家储备人才资源。在组织中，国家可以发现和培养更多的优秀人才，为国家的长远发展提供坚实的人才保障。

2. 新兴青年的自身发展需要组织起来

1）有助于新兴青年群体个人成长

对于新兴青年群体而言，组织化首先意味着一个更为广阔的学习和交流平台。在这个平台上，他们可以接触到来自不同领域、不同背景的青年才俊，从而拓宽自己的视野，汲取更多的知识和经验。组织内部定期或不定期的培训、讲座、研讨会等活动，更是为他们提供了系统学习和提升自我的机会。这些活动不仅有助于提升他们的专业技能，还能培养他们的团队协作能力和领导能力。此外，组织化还为新兴青年群体提供了展示自我和实现价值的舞台。在组织中，他们可以参与到各种项目、活动的策划和执行中，通过实践来锻炼自己的能力，实现自我价值。这种实践经历不仅能提升他们的自信心和成就感，还能为他们的职业发展打下坚实的基础。

2）有助于培养新兴青年社会责任感

加强组织化对于培养新兴青年的社会责任感也具有重要意义。在组织中，他们可以更直观地了解到社会问题和需求，从而激发出内在的社会责任感和使命感。通过参与组织的公益活动、志愿服务等，他们可以亲身感受到自己为社会作出的贡献，进一步加深对社会责任的理解。同时，组织化还能帮助新兴青年树立正确的价值观念。在组织中，他们可以接触到各种先进的思想和理念，通过与同龄人的交流和碰撞，逐渐形成自己的价值观念。这种价值观念不仅会影响他们的个人行为，还会对他们的职业发展和社会参与产生积极的影响。

3）有助于拓展新兴青年人际关系网络

人际关系是现代社会中不可或缺的资源之一。对于新兴青年群体而言，加强组织化意味着能够结识更多志同道合的朋友和合作伙伴。在组织中，他们可以通过各种活动、项目等机会与不同背景、不同领域的人建立联系，从而拓展自己的人际关系网络。这种人际关系的拓展不仅有助于他们的职业发展，还能为他们的生活带来更多的可能性和机会。例如，通过与不同领域的人交流，他们可以了解到更多的行业信息和职业机会；通过与志同道合的朋友合作，他们可以共同创办企业、开展公益活动等。

3 新兴青年群体利益诉求与社会认同关系研究

编者在调研的基础上并结合社会公开数据，包括但不限于：2021 年中国社会状况综合调查（Chinese Social Survey，CSS）横断面数据（截至 2025 年 7 月最新数据）、2022 年共青团北京市委员会发布的《北京青年高质量发展报告》及麦可思研究院的 2022 年、2023 年、2024 年《中国本科生就业报告》，莫容等发布的就业蓝皮书《中国就业发展报告》（2022/2023/2024）等。

根据最新的 2021 年中国社会状况综合调查（Chinese Social Survey，CSS）（见附录 A）横断面数据，采用 SPSSPRO 进行实证检验。该项调查由中国人民大学中国调查与数据中心于 2003 年发起，是中国最早的全国性、综合性、连续性学术调查项目。该调查涵盖了 19 个省、自治区、直辖市，数据范围较广泛，具有一定的权威性和代表性，采用的是多阶分层抽样（PPS）方法，问卷面访时又随机分为 A 卷和 B 卷。2021 年调查完成有效问卷 8 148 份。研究对象的平均年龄为 51.64 岁；男性 3 679 人，女性 4 469 人。由于本研究的研究对象是新兴青年群体，根据前文对该群体的定义，对年龄和职业进行筛选，并去掉了答案包含负数的无效样本，最终获得了不便分类的其他劳动者包含 1 489 个基础观测值的样本，其中男性 687 人，女性 802 人；职业包含自由职业者、电子竞技员等职业类型。由于被调查者只回答 A、B 卷其中一卷，A、B 卷的数据在分析前将被合并，所有原始数据均经过标准化处理后再进行分析。

3.1 新兴青年群体特点及利益诉求现状分析

3.1.1 新兴青年群体特点分析

1. 新兴青年群体在数字经济及共享经济就业的规模将持续扩大

随着移动互联网、大数据、云计算等以数字技术匹配劳动力供需两端的平台出现以后，平台组织逐渐兴起，这是从大工业时代到信息时代组织形式演化的必然结果。互联网络平台（以下简称“平台”）就业形态劳动者主要包括：①依托平台，与平台企业不完全符合确立劳动关系情形，根据平台规则完成工作和接受劳动管理，获取劳动报酬的劳动者（以下简称“平台网约劳动者”）。②依托平台，依法从事个体经营或个人自主利用自己的体力、专业技能等依法从事劳务、咨询、设计等活动，并取得劳动报酬的劳动者（以下简称“平台个人灵活就业人员”）。③与平台企业或加盟、代理、外包平台业务的合作企业、劳务派遣企业（以下统称“企业”）建立劳动关系或形成事实劳动关系，完成平台企业、平台、平台内经营者等所赋予工作任务的劳动者（以下简称“平台单位就业员工”）。随着网络平台成为关键节点，今天新的社会阶层成长在日益同步的全球背景下，构成其认同基础的，不再仅仅是家族传统、地区习俗、民族特征，现代传播营造的软环境和现代工业打造的硬环境正迅速成为引导新的社会阶层的决定性力量。①

在新经济发展中，以工业互联网、电子商务平台为代表的各类互联网平台成为数字社会的重要基础设施，对经济和社会的发展产生深刻影响。在 Web 1.0 阶段，信息往往以静态呈现，信息加工由互联网网站完成，例如，电子邮件、新闻服务、即时通信等。互联网进入 Web 2.0 时代，互联网内容的创作由用户

① 廉思，卢垚，冯丹. 新的社会阶层面临的挑战、发展的趋势以及对策思考［J］. 青年学报，2017（1）：45-51.

完成，由此促进了用户的联结，催生了知识分享平台、视频分享平台、社交网络平台等，在这一进程中，新的业务形态出现了，这就是在信息技术带动下出现的业务新模式。例如，对于近年兴起的网约车和直播行业平台来说，网约车司机、直播从业者与平台之间的劳动关系也与传统雇佣关系截然不同，其收入方式也有了较大改变。由此，新业态催生了新职业。由于社会治理模式、产业格局、业务流程的变革，一些新的岗位应运而生。例如，网格员就是在改进社会治理方式、创新社会治理体制，以网格化管理、社会化服务为方向的指导思想下逐渐成为一个固定的职业。随后，随着大数据的兴起，出现了专门处理大数据的工程师；随着电子竞技产业的兴起，电子竞技员这一职业中，除了职业选手外，还涌现了游戏陪练师、代练师等新职业，总之，新的职业总是随着新的经济和社会发展需求而出现的。第一部《中华人民共和国职业分类大典》颁布于 1999 年，共收录了 1 838 个职业。由于经济社会的不断发展，我国社会职业构成发生了很大变化。为了适应发展的需要，2015 年，《中华人民共和国职业分类大典》进行了修订。与 1999 年的第一版相比，这次增加了 347 个职业，同时取消了 894 个职业。①2019 年 4 月，《中华人民共和国职业分类大典》再次修订，增加了 13 个新职业，包括人工智能工程技术人员、物联网工程技术人员、大数据工程技术人员、云计算工程技术人员、数字化管理师、建筑信息模型技术员、电子竞技运营师、电子竞技员、无人机驾驶员、农业经理人、物联网安装调试员、工业机器人系统操作员、工业机器人系统运维员等。2020 年 2 月，发布了 16 个新职业，包括智能制造工程技术人员、工业互联网工程技术人员、虚拟现实工程技术人员、连锁经营管理师等。2020 年 7 月，发布了 9 个新职业，包括区块链工程技术人员、城市管理网格员、互联网营销师等，其中在互联网营销师职业下增设“直播销售员”，意味着网络主播成为正式职业种类。

2. 新兴青年群体职业多集中在第三产业文化生活服务行业

随着我国产业结构的调整和升级，特别是以信息化、数字化和平台化为特征的新经济业态、新产业模式，催生出形式多样的新就业形态，新的社会阶层

① 人社部：新版职业分类增 347 个职业　含快递员等［EB/OL］［2015-08-04］. http://www.xinhuanet.com/politics/2015-08/04/c_128092610.htm.

的规模将持续扩大。中华全国总工会2023年发布的第九次全国职工队伍状况调查显示，目前全国职工总数为4.02亿人左右，新就业形态劳动者有8400万人，农民工有2.93亿人；职工平均年龄为38.3岁，平均受教育年限为13.8年。①从数量上看，新的社会阶层已经成为中国社会结构中一支不可忽视的力量，而且存在明显的规模不断扩大的趋势。一方面，随着城市化进程的加速和人口流动的增加，越来越多的年轻人选择进入城市，成为新的社会阶层的一员；另一方面，随着科技的发展和信息时代的到来，新兴产业和领域不断涌现，为新的社会阶层提供了更多的发展机会和空间。新职业群体、新的社会阶层的成长壮大是新经济业态、新产业结构生成发展的必然结果。社会主义市场经济体系的确立使中国的产业体系和市场结构不断完善，在这一过程中，劳动力市场、金融市场、技术市场、房地产市场和信息市场的建立为新的社会阶层提供了从业条件。而产业结构升级带来的不仅仅是农民身份向工人身份的转变，同时也催生了大量与现代服务业相关的职业群体，例如，金融、保险、房地产等行业中介组织从业人员，以及自由职业人员等。由此，集中于第三产业的新的社会阶层的总体规模还会不断扩大。

新兴青年群体主要就业于文化领域和生活服务行业，以线上或线下方式从事文化生产或提供生活服务。第九次全国职工队伍状况调查结果显示，新就业形态劳动者成为职工队伍重要组成部分，产业工人队伍发展壮大。新就业形态劳动者主要是货车司机、网约车司机、快递员、外卖配送员等群体，以男性青壮年为主，农业户籍人员比例较高。②

3. 新兴青年群体职业具有无门槛和专业化要求并存的特征

以知识和信息为核心生产要素的新知识经济的快速发展，给拥有垂直领域知识技能的青年带来了独立的就业机会。互联网知识咨询的自由检索与提取、知识生产模式的变迁及海量信息的全方位与无障碍流动，为青年涉足多个领域、

① 易舒冉，张丹峰. 全国新就业形态劳动者达8 400万人（新数据新看点）[N]. 人民日报，2023-03-27（1）.

② 为奋进新征程凝聚共识汇聚力量：新的社会阶层人士统战工作实现创新发展呈现崭新局面[N]. 光明日报，2022-7-26（02）.

挖掘不同消费需求提供了有利条件。新兴青年往往掌握着一项或者多项可以变现的知识技能，如写作、绘画、短视频剪辑等，他们可以通过互联网平台完成知识的生产、分配、交换与使用，将之转化为大众所需的文化产品和服务。在新兴青年从事的比较主流的新职业中，有些职业对从业者没有特别的要求，例如，网约配送员、网约车司机、网络主播和民宿房东等基本属于无门槛的新职业，这些职业进入渠道较为容易，只要潜在从业者具有主观意愿和客观条件，都能够较为顺利地进入相关职业。但是，有些新职业需要一些特殊技能，例如，电竞行业的从业者，特别是从事赛事服务和技术服务类岗位的青年，他们需要具备电竞相关的专业知识和技能，有些职高开设了电竞专业之后，2019 年，电竞专业也出现在某大学招生目录中，由此可见该职业需要专业化的培养，该职业对于从业者的进入具有相应的门槛，不具备相关技能的青年难以进入该职业的核心领域。

4. 新兴青年群体的职业价值观倾向于个性、自由和创新，但仍有组织归属的需求

新兴青年群体与体制内青年成长背景与环境都是成长于全球化、信息化和网络化的环境中，他们经历了经济、社会、文化的快速变革，对新技术、新思想、新文化的接受度更高。但在职业与社会交往方面存在显著的区别，主要体现在以下几个方面：一是职业选择与发展方面，新兴青年群体往往更倾向于选择非全日制、临时性和弹性工作等新就业形态，如网络文化青年、独立文艺青年等。他们追求个性、自由和创新，对职业的选择更加多元化和灵活化。而体制内青年则更倾向于选择稳定的职业，如公务员、教师、医生等，他们注重职业的稳定性和社会地位。二是价值观与生活方式方面，新兴青年群体更加注重个人价值和自我实现，他们追求独立、自由、平等和开放的生活方式。他们关注社会问题，具有高度的社会责任感和爱国情怀，但同时也更加注重个人利益和个性表达。而体制内青年则更注重家庭、社会和国家的整体利益，他们的价值观和生活方式更加传统和保守。三是社交与沟通方式方面，新兴青年群体更加擅长利用社交媒体和网络平台进行社交与沟通，他们的人际交往更加广泛和多元化。他们善于通过网络表达自己的观点和看法，也更容易受到网络舆论的影响。而体制内青年则更注重面对面的交流和沟通，他们的人际关系更加紧密和稳定。四是兴趣爱好与消费观念方面，新兴青年群体在兴趣爱好和消费观念上更加多元化和个性化。他们追求独特的文化体验和消费方式，注重品质和个性。而体制内青年则更注重实用性和性价比，他们的消费观念更加保守和传统。

由于新经济业态的不断发展，互联网的新就业形态已经势不可挡，越来越多的依托互联网的职业类型随之出现，这些新的职业成为新兴青年群体的主要工作来源，目前这个领域由于缺乏规范的统计，还很难准确把握其总体人数规模和发展态势。新的社会阶层中有一部分属于富裕人群，如部分网络主播。但绝大多数属于中间或中上收入群体，也有一部分属于中下收入群体。

随着市场经济的迅猛发展，经济社会体制机制发生变化，社会运行机制、社会组织机制均发生变化，体制外的单位越来越多，产生了大量的传统体制难以涵括的人群。这些新的社会阶层最初多处于“原子化”状态和职业选择趋于“非组织化”状态，这种趋势在增强新的社会阶层自主性和自治性的同时，也增加了社会的复杂性和异质性，原有组织的动员力、凝聚力下降，为社会整合带来多重阻力。在体制松绑、市场经济发展及新技术应用等多种因素的叠加作用下，越来越多的社会成员成为“自己决定自己命运”的“社会人”，社会结构呈现多元化、松散化的趋势。但是，随着新的社会阶层人士在事业发展到一定阶段时，便具有较强的组织归属感。他们有的选择加入中国共产党，有的选择加入民主党派，有的选择加入行业协会、商会等社会组织。一般而言，新的社会阶层实现自身的理想追求是他们加入政党和社会组织的动因。

3.1.2 新兴青年利益诉求现状

1. 工作流动快且收入不稳定

新兴青年群体总体处于收入水平不稳定且收入分化明显。2021 年，共青团北京市委员会与百度公司共同开展了“新业态、新就业青年群体网络信息搜索行为及舆情分析研究”，基础数据为 2021 年 7 月 1 日 0 时 0 分至 2021 年 10 月

30日24时0分时间区间的网络信息搜索数据。该数据显示：北京地区新业态、新就业青年群体月收入在8 000元以下的占比最高，为60.11%；月收入在8 000元到2万元区间水平的占比33.09%，月收入在20 000元及以上的占比6.8%。在全国范围，月收入在8 000元以下的占比74.55%，北京、上海、广东、浙江四地及全国范围8 000元到2万元区间的月收入占比20%～40%不等，可见新就业形态、新就业青年群体具备获得较高收入的机会。[①]他们经常换工作，生活节奏快，能够在不同的行业和领域中快速适应和融入。这种职业流动性既体现了新的社会阶层人士的灵活性和创新能力，也反映了他们面临的职业压力和竞争压力。然而，过度的职业流动性也可能带来一些问题。例如，频繁地更换工作可能导致新的社会阶层人士难以积累足够的职业经验和技能，从而影响他们的职业发展；同时，过度的职业流动性也可能导致他们缺乏归属感和稳定性，增加社会的不稳定因素。新兴青年群体中70.2%的人没有自有住房，普遍是无房族。离开北京最主要的原因是房价太高、生活压力大。据北京市总工会调查，“收入不稳定”和“客户不稳定”是目前网约工从事该工作最担心的前两个问题。

2. 生活作息不规律且社会交往缺失

新兴青年群体因生活作息不规律，普遍存在亚健康状态，存在一定的精神状态不佳、生活焦虑等健康危机。最新数据显示34.9%的新兴青年表示希望相关部门提供心理辅导服务。62.8%的人存在腰、颈痛和关节酸痛，28.2%的人经常感到疲劳、精神不佳。在该群体中，50%左右的人经常头痛，存在消化不良和肠胃不适等身体症状。33.3%的新兴青年表示基本不锻炼。在社会交往上，基于职业圈、兴趣圈等形成认同度较高的小圈子，群团组织的活动参与并不多。23%的新兴青年表示从未曾参加过任何社团或组织，但他们在访谈中表示存在强烈的社交渴望，尤其是在发展婚恋对象上，在未婚人群中24.8%的新兴青年表示需要相关部门提供婚恋交友服务。

3. 职业规划不清晰且社会保障有效服务缺乏

新兴青年群体打破了传统的劳动用工关系，不具备现行法律法规规定的劳

① 共青团北京市委员会. 北京青年高质量发展报告：北京共青团和青少年工作课题研究［M］. 北京：中国青年出版社，2022：109.

动关系特征，行业成熟程度较低，职业技能培训体系不健全、职业成长路径不清晰。新兴青年群体渴望专业化的职业技能培训，提高专业技术水平，但市场上普遍缺乏针对新兴领域的、成熟的职业技能培训体系，很多新兴青年的职业发展充满了不确定性和清晰的规划。新兴领域青年最关心和最感兴趣的是自身的职业发展，这是当下做好服务工作的重要切入点。调查显示，在青年音乐人和网络作家两类群体中，数据显示，有95%的人希望由政府搭建平台，在行业交流、社会参与、权益维护上给予支持。现有的社会保障制度不够健全，缺少对新的社会阶层的针对性设计，其中大多数政策是面向更广泛的社会群体，没有充分考虑新的社会阶层的特殊需求，导致青年群体在享受社会保障时面临诸多不便，覆盖范围不足。新兴青年群体如自由职业者、新媒体从业人员等，由于工作性质的特殊性，往往难以被传统的社会保障体系所覆盖。特别是青年创业者和自主就业者可能面临更高的风险，但在社会保障方面却得不到足够的支持。新兴青年群体经常面临失业风险，他们以个人身份参加社保的基本要求未得到有效满足。目前由于缺乏相应政策的支持，许多新兴青年只能以灵活就业者的身份缴纳城镇职工养老医疗等社会保险，但工伤保险无法参加，工作中出现事故后难以得到保障。新的社会阶层具有鲜明的时代特征。他们成长于信息化、全球化的背景下，思维活跃，接受新事物的能力强。与此同时，他们追求个性化，注重自我价值的实现，对传统组织形式的认同感逐渐减弱。

3.2 新兴青年群体利益满足与社会认同的理论阐释

对于个人和群体而言，自我归类的对象不同，其内容自然会出现各种差别。今天我们所说的“国家认同”“身份认同”“组织认同”“阶层认同”“职业认同”，实质上都是“社会认同”，是对某一具体的社会形态的认同，是对自己“归属于何种社会范畴或者组织”的思考。①同时，任何群体社会认同的形成前提是个

① 李友梅，肖瑛，黄晓春．社会认同：一种结构视野的分析：以美、德、日三国为例［M］．上海：上海人民出版社，2007：7.

体或集体的生活和工作利益得到满足，进而使该群体在社会保障、社会宽容、社会公平和社会安全等方面的感知得到提升，这是产生社会认同心理的基础。

3.2.1 利益满足与社会认同的逻辑关系

1. 利益满足带来社会感知的提升是产生社会认同心理的基础

马克思主义认为“利益”蕴含于社会生产关系的基本矛盾之中，是任何活动最根本的动因。列宁曾指出“特别注意那些涉及广大人民群众的经济利益的措施和提案……这些问题是人民生活中最敏感的神经”。①由此，利益既是社会发展的前提和动力因素，也是产生阶级斗争的物质性根源。当生活利益和工作利益得到满足时，人们会产生对于利益提供者的感激和信任，社会感知不断提升，形成一种心理上的依赖和情感上的亲近，这便是社会认同的重要心理基础。从社会感知视角看，新兴青年群体的利益满足程度决定了他们对于自身利益状况的感知和评价，以及他们对于利益提供者的满意程度。新兴青年群体面临着不同的利益诉求，如收入增长、职业发展、社会保障、文化教育、环境保护等，当这些利益诉求得到满足时，他们就会对社会发展现状感到满意，对社会发展的前景充满希望，更容易对国家施政方针和政治价值产生认同感，从而形成社会认同心理。一般来说，当新兴青年群体对于社会感知评价较高时，对于利益提供者的满意程度就较高，从而更容易形成社会认同心理；反之，当新兴青年群体对于自身利益状况的感知评价较低时，对于利益提供者的满意程度也较低，从而更难形成社会认同心理。

2. 利益变化导致社会感知波动是影响社会认同信念的核心

社会认同不仅是一种心理和情感，还是一种信念和态度，更是个体或集体在认知上对社会存在的判断和评价。按照历史唯物主义的理解，社会认同是相对的、具体的、历史的，是一个不断发展的动态过程。利益的变化影响人们对于利益提供者的态度的变化。当根本利益、整体利益、长远利益得到满足时，

① 中共中央马克思恩格斯列宁斯大林著作编译局．列宁全集：第十六卷：1907 年 6 月—1908 年 3 月［M］．北京：人民出版社，2017：136．

社会感知相对持久，就会形成稳固的社会认同信念；当局部利益、个体利益、眼前利益得到满足时，社会感知相对短暂，社会认同信念的稳固程度相对较弱并且容易随着利益变化而导致社会感知变化；当整体利益与局部利益、长远利益与眼前利益发生冲突时，社会认同信念的稳定性会遭受冲击，除非其已形成一定的价值认同，因为价值认同是社会认同的最高层次，一旦形成则不易改变。新兴青年群体作为社会的活跃力量，面临不断的利益变化，也面临个人利益和集体利益的不同程度的冲突，当利益变化对其有利、个人利益和集体利益趋于一致时，他们就会对维护或增进利益的社会实体或价值产生认可和支持，形成积极的社会认同信念。新兴青年群体的利益变化决定了他们对于社会发展现实的实际感受。例如，新兴青年群体在收入方面的利益诉求变化，不仅取决于他们的实际收入的增减，还取决于他们对于收入的期望、工作机会和公平感的变化，这些都是受到社会结构和个人属性的影响。因此，宏观和微观环境的变化都会带来新兴青年群体的利益变化，进而导致他们的社会感知随之波动，从而产生社会认同的差异性。当新兴青年群体在社会发展中能够明显地感受到利益增长时，这种主观的社会感知心理会使其对利益提供者产生感恩和忠诚，从而形成正向的社会认同信念。

3. 高利益层次带来的高社会感知是社会认同理性行为的关键

社会认同是一种行为和表达。数据显示，新兴青年群体存在一定程度的利益层次分化。他们作为社会的创新力量，面临不同的利益层次，如生存利益、发展利益、自我实现利益等。当利益层次达到高水平时，其自身的社会属性、社会地位和自我价值感会随之提升，产生高社会感知，从而会积极参与社会性、公共性活动并作出贡献，表达出积极的社会认同行为。实践证明，新兴青年群体中具有较高社会地位和教育水准的人一般更加积极、较多地参与社会性活动，这是因为他们对自己利益实现的预期较高，对自我价值实现的需求也较高，参与社会治理可能性也会越大；而处于较低社会地位的新兴青年，参与社会治理的可能性也就越低。作为新的社会阶层，尤其是被组织吸纳的新兴青年更多倾向于政治利益的满足，希望拓宽其参与基层治理的渠道；相对离组织较远的新兴青年则更希望获得生活利益的满足，对参与社会治理不感兴趣。可见，利益层次越高，主动参与社会治理的需求和预期就越高且稳定，其参与也越为理性、持久，对政策制定的影响越大；反之，利益需求层次越低，其对政策制定的影响相对较小。

3.2.2 新兴青年利益满足和社会认同的中介变量

1.“利益满足”涉及“生活满意度”和“工作满意度”两个维度

总体上看，新兴青年群体的社会感知主要来源于生活和工作两个方面，因此选取社会调查中的“生活满意度”和“工作满意度”两个指标作为衡量利益满足程度的维度。生活满意度：CSS 问卷随机 A 卷题项：“是否同意‘总的来说，我是一个幸福的人’这一说法”，该题项采用李克特四点计分法，“1、2、3、4”分别代表“很不同意、不太同意、比较同意、非常同意”。随机 B 卷对应题项：“总体来说，您对生活的满意度”，该题项采用李克特十点计分法（1～10），分数越高代表生活满意度越高。工作满意度：CSS 问卷要求被调查者对“总体工作满意度”进行评分，采用李克特十点计分法（1～10），分数越高代表工作满意度越高。

2.“社会认同”涉及“家国意识、制度自信、社会治理”3 个维度

本书将社会认同划分为家国意识、制度自信和社会治理 3 个维度。一是家国意识，CSS 问卷随机 A 卷题项：“以下说法多大程度上与您的实际情况相符：‘即使可以选择世界上任何国家，我也更愿意做中国公民’‘当别人批评中国人的时候，我觉得像在批评自己’‘我经常为国家取得的成就而感到自豪’”，该题项采用李克特四点计分法，“1、2、3、4”分别代表“很不符合、不太符合、比较符合、非常符合”。随机 B 卷对应题项：“您在多大程度上同意以下说法：‘即使可以选择世界上任何国家，我也更愿意做中国公民’‘别人批评中国时，就像在批评我自己’‘我为自己是个中国人感到自豪’”，该题项采用李克特四点计分法，“1、2、3、4”分别代表“很不同意、不太同意、比较同意、非常同意”，分数越高代表家国意识越强。二是制度自信，CSS 问卷要求被调查者分别对中央政府、区县政府、乡镇政府、工青妇等群团组织的信任度进行评分，采用李克特四点计分法，“1、2、3、4”分别代表“很不信任、不太信任、比较信任、非常信任”，分数越高代表制度自信越高。三是社会治理，选取 CSS 问卷题项：“是否同意以下说法：‘在村（居）委会选举中，选民的投票对最后的选举结果没有影响’‘村（居）委会根本不在乎和我一样的普通村（居）民的想法’‘国家大事有政府来管，老百姓不必过多考虑’‘老百姓应该听从政府的，下级应该听从上级的’”，被访问者的回答选项分别为“很不同意、不太同意、比较同意、非常同意”，依据李克特量表分别赋值为“1、2、3、4”。社会治理维度数据对原始数据进行了反向处理，分数越高代表参与社会治理的意愿越大。

3.“社会感知”涉及“社会保障、社会宽容、社会公平、社会安全”4 个维度

社会感知属于社会学概念。本书采用社会感知的视角透视利益满足与社会认同的关系，大致将其划分为以下 4 个维度：一是社会保障，选取 CSS 问卷题项：“总体来说的社会保障状况”。该题项采用李克特十点计分法（1～10），分数越高代表评价越好。二是社会宽容，选取 CSS 问卷题项：“现在的社会宽容程度”。该题项采用李克特十点计分法（1～10），分数越高代表被调查者觉得社会越宽容。三是社会公平，选取 CSS 问卷题项：“总体来说，您对现在社会总体公平公正情况的评价”。该题项采用李克特十点计分法（1～10），分数越高代表被调查者觉得社会越公平公正。四是社会安全，选取 CSS 问卷题项：“总体上的社会安全状况”。该题项采用李克特四点计分法（1～4），分数越高代表被调查者觉得社会越安全。

3.3 新兴青年群体利益满足与社会认同及中介变量间的影响因素分析

根据中国社会状况综合调查（CSS）2021 年的数据分析得出，性别、政治面貌等与社会认同的部分维度有显著差异性，具有统计学意义。同时，通过对利益满足、社会感知与社会认同各维度得分做回归分析发现，社会感知作为利益满足和社会认同的中介变量得到了进一步的验证。

3.3.1　性别在社会认同方面存在显著差异，女性的工作满意度和社会治理意愿高于男性

本书对选取样本分性别进行独立样本 t 检验，得到表 3–1。

表 3–1　不同性别的利益满足、社会感知和社会认同各维度得分

维度	男（n=687）	女（n=802）	t	P
工作满意度	0.847±0.131	0.862±0.14	−2.005	0.045*
生活满意度	0.772±0.204	0.786±0.194	−1.409	0.159
社会保障	0.723±0.218	0.719±0.209	0.337	0.736
社会宽容	0.672±0.198	0.675±0.185	−0.258	0.797
社会公平	0.659±0.211	0.669±0.184	−1.013	0.311
社会安全	0.825±0.117	0.806±0.111	3.262	0.001**
制度自信	0.812±0.145	0.791±0.172	2.477	0.013*
社会治理	0.330±0.138	0.353±0.14	−3.187	0.001**
家国意识	0.935±0.099	0.930±0.106	0.852	0.395

注：***、**、*分别代表 $p<0.001$、0.01、0.05，下同。

表 3–1 显示，男性个体的工作、生活满意度数值均低于女性个体水平，且在工作满意度上存在显著差异（$p<0.05$），说明在工作满意度上，男性低于女性不是偶然现象，从统计学意义上是很可能真实存在的，而生活满意度差异并不显著，说明很可能是偶然现象。这可能是由于东方文化背景下男性承担更多的养家糊口的责任，有更大的压力，因此男性的工作满意度和生活满意度低于女性。社会感知方面，女性的社会保障和社会安全数值低于男性，但社会宽容和社会公平数值高于男性，且社会安全维度不同性别间存在显著差异，即统计学意义上女性的社会安全感比男性低是很可能真实存在的。社会认同方面，女

性的制度自信和家国意识数值均低于男性，但社会治理数值（参与意愿）高于男性。制度自信和社会治理均存在性别间显著差异，从统计学意义来说这3个维度的得分男女差别是真实存在的，可见，性别是影响社会治理的重要因素之一，男性在社会治理上具有绝对优势，但同时也说明随着现代女性社会地位的不断提高，女性参与社会治理意愿也在不断加强。

3.3.2 新兴青年群体组织化水平越高，社会认同度越高

在政治面貌的占比上，群众占比最高，其次是共青团员和党员，最少的是民主党派。对选取样本分政治面貌进行事后多重比较，得到表3–2。

表3–2 不同政治面貌的利益满足、社会认同与社会感知得分比较

维度	政治面貌	*n*	平均值	标准差	*F*	*P*
工作满意度	中共党员	125	0.883	0.115	2.664	0.047*
	共青团员	182	0.856	0.135		
	民主党派	3	0.963	0.064		
	群众	1 179	0.852	0.139		
生活满意度	中共党员	125	0.843	0.141	1.771	0.151
	共青团员	182	0.805	0.17		
	民主党派	3	0.778	0.222		
	群众	1 179	0.769	0.206		
社会治理	中共党员	125	0.389	0.122	6.479	0.000***
	共青团员	182	0.353	0.107		
	民主党派	3	0.35	0.444		
	群众	1 179	0.335	0.143		
家国意识	中共党员	125	0.943	0.088	9.502	0.000***
	共青团员	182	0.944	0.082		
	民主党派	3	0.933	0.115		
	群众	1 179	0.93	0.107		

续表

维度	政治面貌	n	平均值	标准差	F	P
制度自信	中共党员	125	0.846	0.144	1.242	0.293
	共青团员	182	0.839	0.118		
	民主党派	3	0.767	0.104		
	群众	1 179	0.79	0.166		
社会保障	中共党员	125	0.785	0.171	8.760	0.000***
	共青团员	182	0.772	0.171		
	民主党派	3	0.697	0.052		
	群众	1 179	0.706	0.221		
社会公平	中共党员	125	0.721	0.152	1.623	0.182
	共青团员	182	0.682	0.162		
	民主党派	3	0.519	0.231		
	群众	1 179	0.656	0.205		
社会安全	中共党员	125	0.827	0.086	6.056	0.000***
	共青团员	182	0.825	0.089		
	民主党派	3	0.733	0.115		
	群众	1 179	0.812	0.12		
社会宽容	中共党员	125	0.697	0.174	1.511	0.210
	共青团员	182	0.681	0.175		
	民主党派	3	0.556	0.111		
	群众	1 179	0.67	0.195		

由表 3-2 可知，在利益满足、社会感知、社会认同 3 个方面，党、团员各维度数值均高于群众，且工作满意度、社会保障、社会安全、社会治理、家国意识等方面存在显著差异，即对以上几个维度而言，从统计学上来说党团员的平均值高于群众，这可能是由于具有党团员身份的新兴青年具有较为稳定的价值观，价值观一经形成，就渗透在人们的思维和行为中且不易改变。民主党派在样本数中占比极少，在社会治理、家国意识方面，民主党派平均值略高于群

众，虽然这一点可参考性不强，但是说明民主党派吸纳新兴青年群体还存在较大上升空间。表 3–2 数据还显示，新兴青年群体在政治组织和群团组织中的参与度较低，更多的自由职业者更倾向于追求个人的自由与个性，参与“组织”的类型主要目的多为满足个人的兴趣爱好与实现自身价值。例如，青年自由职业者有五分之一左右（21%）参加了兴趣类社会组织，15.8%为实现个人价值参加了行业组织，15.4%为更好地服务社会而参加了公益志愿组织。①由（CSS）2021 年的数据不难看出，凡是参加党团组织及民主党派的新兴青年群体，其社会认同度更高。

3.3.3 社会感知在利益满足和社会认同之间起完全中介作用

对利益满足、社会感知与社会认同各维度得分做皮尔逊相关分析，结果见表 3–3。可以发现，社会保障和社会公平、社会宽容和社会公平两组维度间相关系数显著且大于 0.5，说明这两组维度间存在较强相关度。生活满意度、社会安全、制度自信、家国意识几个维度和社会治理间相关系数不显著，说明社会治理只和少部分因素相关。而对于利益满足、社会感知与社会认同其他各维度之间均存在显著正相关，可以做三者之间的中介分析。

表 3–3　利益满足、社会感知与社会认同各维度相关分析

	1	2	3	4	5	6	7	8
1. 工作满意度	1							
2. 生活满意度	0.251***	1						
3. 社会保障	0.284***	0.36***	1					
4. 社会宽容	0.28***	0.307***	0.423***	1				
5. 社会公平	0.278***	0.396***	0.526***	0.619***	1			
6. 社会安全	0.112***	0.22***	0.272***	0.254***	0.286***	1		

① 陈光金．中国青年发展报告：No.1 社会融入与社会参与［M］．北京：社会科学文献出版社，2018：159．

续表

	1	2	3	4	5	6	7	8
7. 制度自信	0.157***	0.213***	0.418***	0.223***	0.356***	0.303***	1	
8. 社会治理	0.068***	0.04	0.089***	0.075***	0.121***	−0.045	0.023	1
9. 家国意识	0.068***	0.105***	0.2***	0.148***	0.161***	0.207***	0.243***	0.022

采用潜变量结构方程模型考察利益满足、社会感知与社会认同之间的关系。在结构方程模型中，利益满足、社会感知与社会认同均为潜变量，观测指标如前文所述。综合样本数量和各拟合指数进行考虑，虽然也计算了 x^2，但其值对样本量高度敏感，因此在评价模型拟合时不考虑其值，结果见表 3-4，说明模型结果拟合良好，具体模型如图 3-1 所示。

表 3-4 结构方程模型拟合指数

统计检验量	拟合标准	检验结果	是否合理
CFI	＞0.9	0.921	是
NFI	＞0.9	0.912	是
GFI	＞0.9	0.912	是
RMSEA	0.08＜	0.074	是
RMR	0.05＜	0.001	是

如图 3-1 所示，根据结构方程模型分析结果可见，利益满足正向预测社会感知 β=0.851（p＜0.001），社会感知正向预测社会认同 β=0.862（p＜0.001）。间接效应检验结果显示 $a \cdot b$=0.734，直接效应 c'=−0.182，由于 a、b 在 0.001 水平上显著，c'不显著，故社会感知在利益满足和社会认同之间起完全中介作用，即利益满足无法直接对社会认同起作用，只能通过影响社会感知，社会感知对社会认同起作用，最终实现利益满足对社会认同的影响。这说明满足新兴青年群体的合法利益有助于提升新兴青年群体的社会感知，即对社会保障、社会宽

容、社会公平、社会安全都有较高的认可度和接受度，社会感知得到提升对新兴青年群体的社会认同具有促进作用，可以进一步增强制度自信、扩大社会治理参与，升华家国意识。

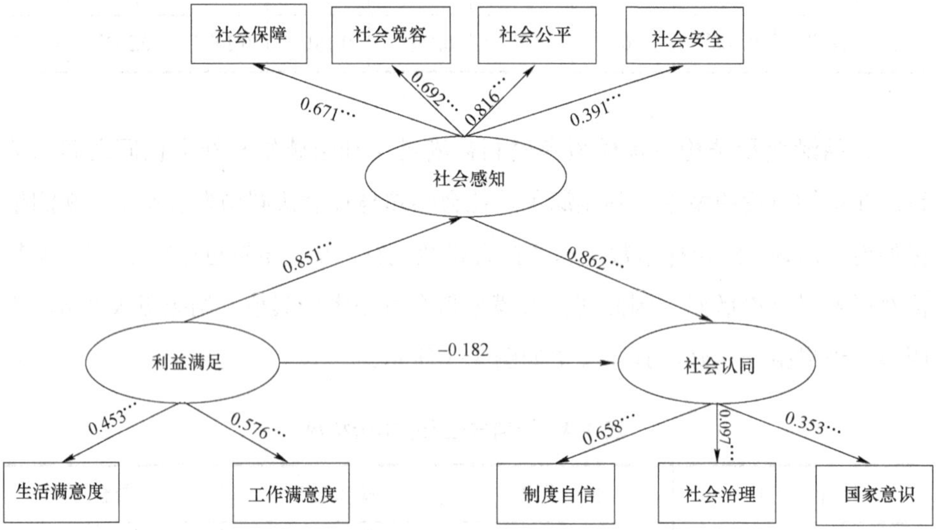

图 3–1　利益满足与社会感知、社会认同的关系模型

3.4　新兴青年群体组织化的实现路径

从社会组织发展的趋势上讲，未来的新兴青年群体由于其自身利益诉求也将越来越多元化，必将进入组织化程度不断提升的纵深化发展阶段。面对新时代社会治理的新思路、新要求，如何将新的社会阶层中的新兴青年组织起来参与社会治理共同体建设是一个重要的时代课题。新兴青年群体较难形成稳定的组织结构和成员关系，主要原因在于他们往往具有较高的流动性和不确定性。他们可能因为工作、学习、生活等原因频繁更换居住地和工作单位。新的社会阶层统战工作是战略性的布局，不是一般性的任务。做好新的社会阶层的工作既涉及统战部门、群团组织，又涉及民主党派、社会组织，还涉及行业协会和为数众多的民间组织。由此，做好新的社会阶层的工作必须实现各部门、各单位、各行业、各组织的联系沟通，协作配合。通过政策扶持与群体自身的再组织化，提升其在市场竞争和劳动权益维护中的议价能力，扩展其在资源配置中的权力地位及话语权，避免因碎片化而陷入更加边缘的处境；有序稳妥地释放并扩充新兴青年群体的诉求表达及政治参与空间，在协调和平衡的基础上获取更多阶层资源；与此同时，也要畅通新兴青年群体的上升流动渠道，破除限制新兴青年社会流动和公平参与的制度障碍，尤其是在优化政策环境方面发力，提供更为公平的就业机会、可持续性的能力提升机制。

3.4.1 加强政府整合功能，共享社会治理成果

1. 构建新兴青年群体的利益协调机制，让他们拥有更多实实在在的利益“获得感”

当新兴青年群体缺乏有效表达和维护自身权益的能力时，需要政府作为第三方介入和干预，通过劳动关系中各利益主体充分协商来寻求共同利益基础，不断提升新兴青年群体利益表达的系统性并获得更为公正合理的资源配置份额，充分保障该群体的劳动权益和市场收益。与此同时，让新兴青年群体在经济发展、民生改善之中有更多利益“获得感”，在当前新兴青年群体最关心的就业稳定、劳动权益保障、制度认可、发展晋升、知识产权保护及均等化享受公共服务等现实利益问题上出台更加精准的举措，不断回应青年群体的利益诉求与发展权益。

2. 拓宽职业发展路径，动态完善职业目录和职称评审目录

2024 年 7 月 31 日，人力资源和社会保障部向社会发布：云网智能运维员、生成式人工智能系统应用员、用户增长运营师等 19 个新职业，以及直播招聘师等 28 个新工种纳入国家职业分类大典。这次发布的 19 个新职业，半数以上与新质生产力密切相关。如紧跟前沿技术的“数”“智”职业：生成式人工智能系统应用员、智能网联汽车测试员、智能制造系统运维员、工业互联网运维员等；

数字经济孕育的全新岗位：网络主播、用户增长运营师等。[①]不断拓宽职业发展路径，使符合条件的新兴青年可按照规定的程序，实现个人职业发展，增强职业认同。新兴青年群体风险来自职业发展和社会融入。有学者分析为内部风险和外部风险，内部风险主要表现为职业发展路径不清晰，职业未来预期不明确，职业生涯规划缺乏抓手与平台，职业发展的不确定风险比传统行业或已成熟行业要大。外部风险主要表现为职业身份和社会身份的社会认同有待深化，与社会结构的有机联系有待强化，社会融入和社会参与的社会有色眼镜、社会偏见、社会误解有待进一步减少、消除，进一步营造公平正义的发展环境。[②]新兴青年群体认为自己处于社会结构的边缘地位，对自身的职业声望和社会地位满意度相对较低。新兴青年的新兴职业身份和社会属性，尚未得到社会普遍认可和接纳。调查显示，仅有近三成满意自己的职业声望，只有近两成满意自己的社会地位。

3. 完善社会保障体系，给予更多政策支持

不同的新兴青年群体在劳动权益保障、制度身份认可、行业标准规范、知识产权保护、交流平台搭建、网络空间监管等方面的诉求也不尽相同，因此需要进行分类施策、分众引导，在确定不同的整合目标、工作方式及有效载体的基础上，精准开展政策服务与社会整合。[③]规范就业群体用工管理，健全法律援助和争议调处机制，发挥产业工会作用，维护新兴青年群体劳动经济权益。依托人大代表、政协委员“面对面”活动，积极反映新兴青年群体的普遍诉求。健全新就业形态社会保障制度，完善灵活就业社会保险制度，例如，“平台网约劳动者”和“平台个人灵活就业人员”可自愿参加本市职工基本养老、基本医疗和失业保险。明确平台企业保障从业者的劳动权益的主体责任，大力推动新业态、新就业从业者的社会基本保障全覆盖。加快开发适合新业态、新就业从业者的商业保险产品。规范平台企业调整算法，优化调度，给从业者留出弹性

① 19 个新职业“入编”！网络主播在列［EB/OL］［2024-07-31］.https://m.gmw.cn/2024-07/31/content_1303807957.htm.

② 邓希泉. 巩固和扩大党执政的青年群众基础［J］. 中国党政干部论坛，2019（11）：81-82.

③ 秦广强. 拓展新兴青年群体社会整合思路［N］. 中国社会科学报，2022-2-23（A05）.

时间；提高对平台企业的监督力度。面向新业态、新就业青年群体开展普法培训，健全劳动仲裁、法律援助和争议调处机制，为新业态、新就业从业者提供低价优质法律服务。提供保障廉租房缓解低收入新兴青年群体的住房困难，加强兜底保障，为新兴青年群体解决实际生活困难。

3.4.2 发挥组织凝聚功能，加强思想政治引领

1. 坚持党的领导，不断强化政治认同

党的领导是核心，政治认同是前提。国内各类组织的首要职能是帮助新兴青年群体树立正确的世界观、人生观、价值观，增进对党和国家的政治认同，增强党在新兴青年群体中的号召力、凝聚力、影响力。调查显示，新兴青年对社会主流价值观认同度较高，人生态度积极向上，80.5%的新兴青年赞同奋斗成就人生的理念，并认为身体健康、婚姻美满是生活幸福的重要标准。77.2%的新兴青年同意人生的价值在于奉献，有 80.1%的人表示当别人需要的时候会主动伸出援助之手。新兴青年群体是改革开放全面深化和市场经济快速发展的参与者与见证者，他们对党的领导、国家制度表现出强烈的信任感，拥有较高文化自信。调查还显示，新兴青年对共产党执政能力有较高的信心，国家认同感较高。有 84.2%的人认为共产党一定能带领中国走向强大，有 85.5%的人认为中国梦一定能实现，有 82.6%的人认同中国制度优势，有 88.8%的人认为中国文化博大精深。把握新的社会阶层中各群体的政治诉求，分类引导，分众工作，创造有序政治参与条件。做好新兴青年群体的工作应与发展社会主义协商民主相契合。相关部门要加强主动的政治引导，使新兴青年群体稳妥、渐进、有序地参与到国家政治生活中来。

2. 创新组织工作方式和载体，不断扩大组织覆盖

研究显示，被试样本中没有参加任何组织的人占比 45.82%。在组织化过程中，为了适应新兴青年群体的特点，党、群团等各类组织需要创新工作方式和载体，加大组织吸纳和组织覆盖，旨在引导新兴青年树立正确的世界观、人生观和价值观，增强他们对主流意识形态的认同感和归属感。同时，要注重发挥

新兴群体中党员的先锋模范作用，以身边人、身边事教育和影响新兴青年。新兴青年群体具有多样性和复杂性的特点，部分人对于传统的思想政治教育存在逆反心理的问题，因此需要创新组织方式，以适应新时代新兴青年的心理和行为特点。为了更好地满足新兴青年的需求，各类组织可以通过市场调研、问卷调查等方式，深入了解新兴青年的兴趣、爱好、需求和困惑，不断调整组织的服务内容和方式，以保持与新兴青年群体的紧密联系。在调查研究的基础上，通过开展丰富多彩的活动，注重线上、线下的互动，增强活动的趣味性和互动性。不同组织可以按照行业分类、兴趣爱好、区域分布等形式，创新性拓宽新兴领域的组织覆盖和工作覆盖。有权威数据显示：在基本需求得到满足后，流动性和不确定性让年轻人更看重“交友氛围”和“文化活力”。2024 年，青年夜校正在多个城市兴起，与传统夜校不同，新时代的青年夜校兼具“充电”与社交功能，青年通过夜校解锁新技能，如摄影、视频剪辑，还可以通过电影鉴赏、手碟和空灵鼓课等放松心情，为新兴青年提供更多的交流机会和互动空间。各类组织只有不断创新组织形式、加强新兴青年群体的合作与交流才能充分发挥新兴青年群体的潜力，为社会的进步和发展注入新的活力。

3. 发挥组织平台优势，不断提升新兴青年群体身份认同

通过各类培训加大对新兴青年群体骨干联系培养，提高新兴青年群体代表在新联会、青联中比例，推动人大、政协扩大对新兴青年群体代表的吸纳力度。开展新的社会阶层代表人士培训，吸引凝聚一批新兴青年群体中的优秀人才。近年来，各大外卖平台和快递平台纷纷设立外送骑手的专属节日，例如，美团外卖在第四届“717 骑士节”来临之际成立了骑手服务部，通过发放智能安全头盔、提供折扣餐等提升骑手体验，保障骑手权益。顺丰同城急送除了每年的“917 骑士节”外，每个月还会举办不同主题的骑手感谢日，如为优秀骑手颁奖、表彰做公益和好人好事的骑手等；达达快送“927 骑士节”集中对优秀骑士予以表彰、发放骑士福利……在线网络平台也大力举办平台年会和各类评奖，将线上原子化、分散的创意劳动者线下聚集起来，借助具有仪式感的节日活动，提升劳动者对平台的归属感，增强组织内部凝聚力。[①]

3.4.3 强化组织服务职能，拓展参政议政渠道

1. 新兴青年群体在参政议政态度上呈现出明显异质性

新兴青年群体是一个来源广泛、构成复杂、利益诉求差异较大的群体。有关调查结果显示，与生活新业态青年相比，平台经济从业青年（如送餐员、快递员、专车司机等）在国家认同、政治评价等方面表现相对消极和低迷，网络文艺青年在言论表达方面更趋自由活跃，独立创业青年对于政府官员的认知评价偏低，甚至一些政治性色彩过强的工作方法容易引起他们的逆反心理，这些都与他们各自的现实处境尤其是工作状况密切相关。面对新兴青年群体，更多地要将其视为体制外衍生的一股重要政治力量，以体制化渠道来加强组织联系并开展政治整合。从整合效果来看，政治整合虽能发挥较好的作用，但也存在一定的局限性。例如，这些手段覆盖到的主要是该群体中的部分优秀分子，对于新兴青年群体的个体化利益、差异化诉求和功利性动机满足度不够，与新兴青年群体新潮多元的表达参与方式契合度不高，更为重要的是，这种建立在制度分割基础之上的政治整合手段已不适应社会结构与利益关系分化所带来的新形势、新挑战。在新形势下，面向新兴青年群体的社会整合思路及举措，需要在发挥已有的政治整合手段（如组织联系、组织吸纳、价值引领、参政议政、意识形态管理等）优势的基础上，进一步在阶层与利益整合上做出拓展。为新兴青年提供更多必要的支持和资源，帮助他们更好地融入组织并实现个人价值。此外，还要加强与社会各界的合作，新兴青年群体可以通过积极参与社会公益事业和志愿服务等方式增强社会认同和影响力。

2. 充分调动党政群体、社团组织等各方积极性，形成各方参与的大统战运行模式

充分调动党政群体、社团组织等各方积极性，形成目标明确、工作责任清

---

① 张海东，王星．中国新社会阶层发展研究报告：No.1 结构化、组织化与实践创新［M］．北京：社会科学文献出版社，2023：157．

晰、运行有序的大统战运行模式，共同参与到新的社会阶层统战工作中来，是较为有效的工作方法。党政群体、社团组织等为组织化进程创造更加有利的环境。例如，依托互联网平台工作的新兴青年更加注重个人才能的发挥、社会科技的进步及个人利益的满足，也更加了解一个地区缺乏哪些方面的专业技术人才，哪些技术领域存在短板，但他们参与政治活动的意愿相对较弱。如果能够通过工商联、商会、工信等部门，为他们搭建起行业商会、专题论坛等沟通交流的平台，聚集起不同行业领域的人才，开展座谈交流，不仅能让他们有兴趣参加活动，在活动中找到合作机遇，更能够为地区发展、招才引智等提供有益建议。例如，社会组织从业人员分布在各个领域，因为行业需要、兴趣等走到一起，对基层民生、社会治理等方面存在的问题感受比较真切，但他们往往缺乏与政府沟通的有效渠道。若通过基层党组织建立起与他们之间的联系，为他们开展活动提供一定便利，不仅能够为他们反馈问题提供渠道，帮助党委政府发现社会治理中存在的一些漏洞，而且能够激发他们的积极性和自觉性，发挥他们在社会治理中的作用，解决一些政府部门难以插手的治理问题。再如新媒体从业人员，他们对网络的熟悉程度较其他群体更高，其中的一些代表人士还有较大的粉丝群体，在网络舆论导向上具有一定的影响力，但这部分人的思想动态难以确定，极易受网络思潮的影响。对于这部分人，需要统战、网信部门合作，邀请影响力大、经验丰富、与政府部门配合较好的网络人士开展教育培训，正确引导他们的思想方向，将其转化为能够帮助党委政府正向引导舆论方向、化解网上舆情矛盾的社会力量。

3.4.4 提高社会感知，构建利益协调机制

社会感知的提升有助于新兴青年群体的社会认同的提升，应将利益满足作为社会认同的核心，通过构建制度化的利益公平机制、构建渠道畅通的利益表达机制、构建统筹兼顾的利益协调机制等提升新兴青年群体的社会感知，从而强化其社会认同。

1. 是构建制度化的利益公平机制，拓展社会治理参与渠道

中共中央、国务院2017年4月13日印发的《中长期青年发展规划（2016—2025年）》明确提出，要“引领青年有序参与政治生活和公共事务”，要“进一步丰富和畅通青年社会参与的渠道和方式”。新兴青年群体是新时代青年的重要构成，具有较强的公共生活参与能力和参与意愿，但在传统社会治理格局中仍处于边缘化状态。加强对新兴青年参与社会治理的规章制度建设，完善相应的法律法规，是拓宽新兴青年群体社会治理参与渠道、有序推进社会治理的必要保障。首先，提升新兴青年群体的整体社会感知，缓和社会矛盾，拓展社会治理参与渠道，有利于从根本上使新兴青年群体的需求和利益诉求表达出来，通过重视新兴青年群体的制度自信、家国意识，将群体性事件的发生遏制在萌芽状态，从而促进社会和谐，强化社会认同。其次，进一步提升女性新兴青年群体现有工作、生活满意度，通过制度化的利益共享机制，保护她们较高的社会治理参与积极性。通过提升社会对女性的包容度，扩大新兴青年群体中女性社会治理的范围，保护新兴青年群体中女性较强的社会治理参与意愿。2021年CSS数据分析得出，女性的制度自信和家国意识数值均低于男性，但社会治理数值（社会治理意愿）高于男性，这也与党的二十大报告中“重视女干部培养选拔工作”“发挥女干部重要作用”的导向相一致。最后，体现社会公平，通过建立制度化的利益公平机制，扩大新兴青年群体社会参与渠道，形成共享共治的社会治理格局，提升新兴青年群体的社会治理融入感，把他们的利益诉求有效地纳入社会基层治理体制中来，帮助他们中的优秀代表人士进入各级政府、人大和政协，把他们的政治诉求纳入到国家政治体系之中，并在国家体制内得以实现，使这一群体的社会保障、社会宽容、社会公平和社会安全得到充分保障。缘由在于，新兴青年群体的社会认同不是简单、被动地服从，而是社会成员与社会体系的利益之间相互影响、相互作用的过程。只有通过不断整合自身的认知、情感和行为，才能在社会治理中逐渐形成与社会体系相统一的一体化的认同结构。

2. 构建渠道畅通的利益表达机制，扩大政治吸纳的覆盖面

习近平总书记在庆祝中国共产主义青年团成立100周年大会上强调：“在新的征程上，如何更好把青年团结起来、组织起来、动员起来，为实现第二个百年奋斗目标、实现中华民族伟大复兴的中国梦而奋斗，是新时代中国青年运动和青年工作必须回答的重大课题。”[①]相对于已经得到组织机构认同的传统行业，新兴领域更需要组织资源的支持。新兴青年群体维护自身权利和既定利益的意愿尤为强烈。CSS 数据显示，党、团员的利益满足、社会感知、社会认同各维度数值均高于群众，说明组织化在强化社会认同方面起了重要作用。有学者研究显示，当前新兴青年群体最希望获得的内容中政治吸纳的诉求排序整体高于经济诉求。其中有 63.4%的新兴青年群体表示希望党组织能更多吸纳新兴青年群体，有 37.3%的新兴青年则分别希望该群体可以扩大在各级人大/政协中的比例，有 36.8%的新兴青年表示各类群团组织也应该吸收更多的该群体加入。[②]习近平总书记指出，中国共产党历来有个好办法就是组织起来。一是最大限度吸引新兴青年群体加入群团组织、各民主党派、社会组织、自组织，提高新兴青年群体的归属感，进一步扩大群团组织在新兴青年群体中的有效覆盖，实施新时代思想引领。政党组织包括党组织及民主党派等均具有吸纳功能，通过组织吸纳拓展新兴青年群体社会治理的渠道。二是通过吸引新兴青年加入群团组织开展的各项活动，拓展新兴青年群体社会参与的平台，畅通社会参与和利益表达的渠道，特别在基层协商民主、社区治理等方面，共青团组织应积极牵头邀请新兴青年群体参与。三是完善新兴青年群体参与社会治理的组织化渠道，特别是民主党派应积极吸纳新兴青年，由于他们同新兴青年在历史上有深刻的渊源，在现实中有密切的联系，是新时代推进新的社会阶层组织化的重要支持性力量。新的社会阶层代表人士的培养、选拔纳入整个党外代表人士队伍的建设规划已经纳入中央统战工作的重要领域。2017 年召开的全国新的社会阶层人士统战工作会议提出了要建立“列名制度”。民主党派吸收新兴青年群体，既可以缓解一些党派原有的发展领域出现萎缩的问题，还可以避免民主党派出现“趋同化”现象，同时还为新兴青年群体扩展了组织化渠道，搭建了参政议政的平台，形成了利益表达机制，提升民主党派的参政议政能力。

① 习近平．在庆祝中国共产主义青年团成立 100 周年大会上的讲话［N］．人民日报，2022-05-11（01）．

② 郭元凯．新形势下我国新兴青年群体的特征变化、风险挑战及对策思考［J］．中国青年研究，2022（1）：53-59．

3. 构建统筹兼顾的利益协调机制，共享社会发展成果

CSS 数据分析得出，社会感知是利益满足和社会认同之间的重要中介，与传统意义上的就业相比，现有法律法规很难切实保护新兴青年群体诸如劳动报酬权、休息休假权、劳动安全权、职业技能发展等合法权益，这就需要在社会保障、社会宽容、社会公平和社会安全等社会感知方面满足这一群体的合理诉求，构建统筹兼顾的利益协调机制，保障从业者的劳动权益和职业发展权益，共享社会发展成果。首先，了解新兴青年群体的具体问题与困难，满足其合理诉求，不仅能够提升其社会满意度，还有助于凝聚新兴青年群体，激发他们投身中国式现代化建设的自觉意识。其次，引导新兴青年群体合理表达利益诉求，缓和社会矛盾，将群体性事件的发生遏制在萌芽状态，从而促进社会和谐。在全面建设社会主义现代化国家的新征程中，新兴青年群体的范围及其规模还在不断发展壮大，其概念界定还将不断有新的内涵与外延，随着新业态、新就业形态的发展，新兴经济还将会进一步发展，新兴青年群体未来可能会扩展到除文化生产和生活服务之外的其他领域。新兴青年群体为社会建设作出了巨大贡献，他们不仅是中国特色社会主义建设者，更是中国特色社会主义政治生活的参与者，只有更加完善利益协调机制，共享中国特色社会主义现代化建设发展成果，才能促使他们在最大程度上为国家经济建设作贡献。

随着社会的快速发展和时代的变迁，新兴青年群体在社会中的作用日益凸显。他们充满活力、富有创造力，是推动社会进步和发展的重要力量。然而，新兴青年群体具有鲜明的时代特征。他们大多数成长在信息化、全球化的时代背景下，拥有更加广阔的视野和多元化的价值观念。他们追求个性化，注重自我价值的实现，对传统组织形式的认同感逐渐减弱。同时，他们也更加关注社会问题，具有强烈的公益意识和责任感。在组织化方面，新兴青年群体有独特的需求。他们渴望找到一个能够发挥自己才能、实现自己价值的平台，同时也希望通过组织参与来解决社会问题，实现自我价值的最大化。因此，对于新兴青年群体而言，组织化不仅是一种需求，更是一种实现自我和提升自我价值的重要途径。新兴青年群体在组织化方面呈现出独特的经验，并从中得出对其他组织和群体的启示。

4 组织社会化策略对新兴青年群体组织认同的影响机理

随着社会的快速发展和时代的进步，新兴青年群体逐渐崭露头角，他们以其独特的思维方式、价值观念和生活方式，成为推动社会发展的重要力量。然而，这一群体的分散性、多元化及原子化特点，较难形成稳定的组织结构和成员关系。同时，新兴青年群体的职业选择和发展方向也具有较强的不确定性，这使得他们在组织社会化过程中难以形成长期的合作和共同目标，也使得他们在面对社会问题时显得力量单薄。实现组织化对于提升新兴青年群体的整体影响力、促进个人成长、推动社会进步等方面十分必要。从社会学角度讲，组织认同都不是自然形成的，成员只有经历组织的社会化过程，逐步接受组织文化并将组织价值观内化，才能把自己作为组织的一员。由此，探讨新兴青年群体组织认同的理论模型建构、研究影响组织认同的变量及其影响机制，将对凝聚新兴青年群体、把新兴青年适度组织起来具有重要的现实意义，并且已经成为党和国家进入中国特色社会主义新时代后，如何完善大统战工作格局、拓展统一战线新领域、凝聚新力量的重要课题。

4.1 组织认同的核心要素影响组织认同的研究现状

“组织社会化”是员工进入组织并学习如何融入组织、被组织灌输和培训的过程，是学习组织价值观、规则和行为规范的过程，是组织与员工互动的过程。组织社会化策略则是实现上述过程良好效果的具体方式、方法。[①]有学者指出，组织社会化是员工进入组织并学习如何融入组织、被组织灌输和培训的过程，是学习组织价值观、规则和行为规范的过程，是组织与员工互动的过程。组织社会化策略则是实现上述过程良好效果的具体方式、方法。多数学者认为社会化是一个过程。莫顿（Morton）指出，社会化指个体从他所处的群体或他希望加入的群体中，有选择地获取价值、态度、兴趣及知识技能的过程。组织社会化可以帮助个体更好地适应组织、融入团队、提高工作满意度和忠诚度；对于组织来说，组织社会化可以降低管理成本、提高管理效能、增强组织凝聚力和竞争力。Sake 与 Ashforth 认为，新员工学习组织社会化，旨在学习如何扮演好他们在工作上的角色及适应组织环境与文化。学者王彦斌认为，组织认同从心理的角度可以分为由生存需要引起的生存性组织认同、因情感和交往需要而产生的归属性组织认同及源于个体自我发展需要在社会中追求发展与成功的成功性组织认同。[②]目前的研究较少通过组织社会化视角来认识新兴青年群体的组织认同，也较少从组织社会化策略视角去探索组织支持感、组织文化认同对组织认同的影响作用机理，而是大多把这些作为研究组织认同的内部变量，这种粗放式的研究必然导致研究内容效度的降低。本书将从组织社会化策略的视角探究组织认同与组织支持感、组织文化认同之间的关系，包括在组织支持感

① 滕飞．组织社会化策略对员工组织认同的影响机制研究［M］．北京：首都经济贸易大学出版社，2018：4．

② 王彦斌．管理中的组织认同：理论建构对转型期中国国有企业的实证分析［M］．北京：人民出版社，2004：112-118．

的影响下，组织社会化策略与组织认同之间的关系及影响机理研究；在组织文化认同的作用下，组织社会化策略与组织认同之间的关系及影响机理研究；从社会化策略的视角揭示组织支持感与组织文化认同对组织认同的影响机理研究。通过研究新兴青年群体组织认同的影响因子及路径，进一步丰富组织认同研究的视角，为落实党和国家提出的“完善大统战”格局，把新兴青年组织起来提供理论模型和实践对策。

4.1.1 组织社会化与组织认同具有直接相关性

Schein 首次提出了组织社会化，将其定义为新进员工学习在组织中有效表现的诀窍（涉及组织价值观、规范和行为模式等内容）。Flores 等研究发现，成功入职的新教师感受到良好的师生关系、支持氛围、教学自由、工作协同，能够让他们得到工作乐趣、促进职业认同的构建。[①]Sake 与 Ashforth 认为，新员工学习组织社会化，是学习如何扮演好他们在工作上的角色及适应组织环境与文化。Fisher 认为，组织社会化内容包括 4 个方面：学习有关组织的知识；学习如何在团体中发挥作用；学习有关工作知识；个人学习。Chao 等认为，好的组织社会化利于促进员工组织认同。Kammeyer 等研究得出，组织社会化程度与组织认同和组织承诺均有正相关。组织社会化策略通过社会性活动和人际互动的情境，可以促进组织认同。Allen 和 Meyer 指出，固定的、连续的、赋予的、伴随的社会化策略会影响新员工的组织认同。[②]Ashforth 与 Sake 的调查研究也发现，制度化、社会化策略会促使个人产生高组织承诺、高工作满意度、高组织认同及低离职意愿。[③]

① FLORES. Contexts which shape and reshape new teachers'identities: A multi-perspective study [J]. Teaching and Teacher Education，2006，22（2）：219-232.

② ALLEN N J，MEYER J P. The Measurement and antecedents of affective, continuance，and normative commitment to the organization [J]. Joumal of Occupational Psychology，1990，63：1-18.

③ ASHFORTH B E，SAKS B E. Socialization tacties：Longitudinal effects on newcomer adjustlnent [J]. Academy of Management Joumal，1996，39（1）：149-178.

4.1.2 组织支持感在组织社会化与组织认同之间存在关联

Eisenberger 等率先提出组织支持理论。其核心观点认为：如果能明确感知到组织支持和关怀，员工在工作中就会表现出更好的绩效。有研究者认为，组织支持感的概念包括两个方面：一是员工总是期望组织能够认可自己的努力和贡献，组织是否重视员工的付出是组织支持感的要点之一；二是员工总是期望组织能够为其提供情绪价值，组织在关注绩效的同时是否关注员工的个人心理健康和幸福感是组织支持感的另一个要点，即员工的“社会情感需求”在一定程度上需要组织有所行动来满足其要求。[①]国外学者对组织支持感开展了广泛的研究，他们的研究主要集中在 3 个方面：组织支持感的测量、影响组织支持感的因素及组织支持感对组织和员工的作用。金星彤认为，公平的组织氛围、良好的组织文化是影响员工组织支持感的主要因素。凌文铨等认为，组织支持感高的员工会表现出较高的情感承诺和较多的利他行为。

Shore 与 Tetrick 认为，由于组织能够满足员工的社会情感需求，文化认同的深化会降低其他组织对员工的诱惑，并且考虑离开这个组织的成本，员工最终愿意继续留在该组织中。[②]截至目前，组织支持理论在管理领域引起了许多学者的高度关注，引发了国内外学者大量而广泛的研究，同时国内外学者普遍认为组织支持感有利于组织认同的建立，组织支持感在组织社会化和组织认同间存在关联性。

4.1.3 组织文化能够促进组织认同

学术界普遍认为组织价值观作为组织文化的核心，具有可测量性。对于价值观的定义，学者们的见解众说纷纭。Robbins 认为价值观是了解个人态度、知觉、动机及特质的基础，在很多情况下，价值观可以解释人的行为。Enz 将

① 吴磊. 新形态就业者：职业认同的前因、后果及利益相关者研究［M］. 青岛：中国海洋大学出版社，2022：63-64.

② 滕飞. 组织社会化策略对员工组织认同的影响机制研究［M］. 北京：首都经济贸易大学出版社，2018：87.

组织的价值观定义为个人或群体共同持有的信念，此信念是有关公司运作、专业行为与目标的偏好，或为建立组织目标所需确定的手段。[①]郑博壎把组织价值观界定为：组织成员所共有的、内化的规范性信念，可以引导整个组织内部的成员行为与管理作风，解释了组织价值观对于组织的意义。费孝通认为，社会化是个体学习知识、技能和规范，发展自己社会性的过程。

4.1.4 组织支持感和组织文化认同在组织社会策略与组织认同之间作用机理

Van Maanen 与 Schein、Cooper-Thomas 与 Anderson 认为，较高的组织社会化可能会促使个人改变，有高工作满足、高组织承诺、高组织认同及低离职意愿。通过对组织社会化的文献梳理可以发现，组织支持感能够有效加强组织内员工的文化认同，从而起到强化组织认同的作用。组织支持感可以正向调节组织文化认同之间的关系。当组织的支持感越强时，组织社会化策略对组织文化认同、组织认同的影响越大。当个体感知到组织较为强烈的工作支持感，感受到组织对他更为关心，进而产生较高的价值认同时，组织社会化策略对职业认同、团队认同、组织文化认同的影响较大。链式中介表现为组织社会化影响组织支持感，组织支持感影响组织文化认同，组织文化认同进而影响组织认同。总体理论研究模型如图 4-1 所示。

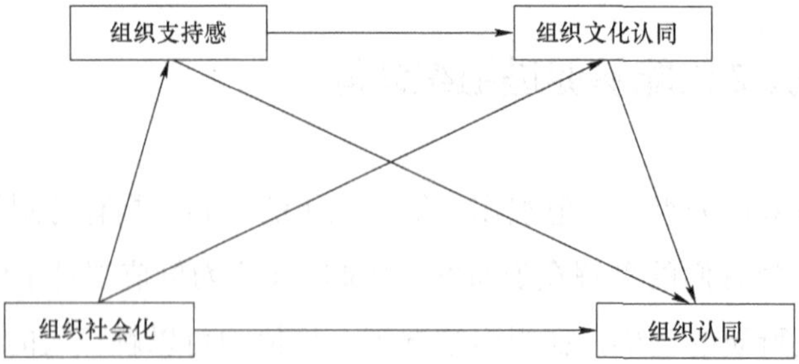

图 4-1 理论研究模型

① 魏钧. 组织契合与认同研究：中国传统文化对现代组织的影响［M］. 北京：北京大学出版社，2008：15.

4.2 考 证 分 析

4.2.1 研究方法

1. 研究设计

研究目的：本研究旨在探讨组织支持感和组织文化认同在组织社会化与组织认同关系中的链式中介作用。

2. 样本与数据收集

1）样本

本研究选取了网络主播、自由职业、快递员、民营科技企业的创业人员和技术人员、受聘于外资企业的管理技术人员等青年从业人员为研究对象，通过依托相关机构，如社区青年汇、快递站等，于 2024 年 8 月随机选取了全国各地共 491 人参加了在线问卷调查（见附录 B），采用测谎检测和响应时间标准对回答进行严格的质量筛选，得到 298 份有效问卷，有效问卷率约为 60.69%。

2）数据收集

组织社会化采用了 Jones 的组织社会化策略量表，调查问卷由 12 个项目组成。受访者使用 5 分李克特量表回答（1～5 分别代表从完全不同意到完全同意）。得分越高，表明组织社会化程度越大。本研究中 Cronbach's α 系数为 0.93，表明内部信度令人满意。

组织支持感采用了凌文辁的组织支持感量表，该量表由 24 个项目组成。采用了 5 分李克特量表（1～5 分别代表从完全不同意到完全同意）。得分越高，表明受访者从所在组织感受到的支持程度越大。本研究中内部一致性系数为 0.98，表明内部信度令人满意。

组织文化认同采用了陈致中、张德的组织文化认同量表，调查问卷由 20 个项目组成，同样采用 5 分李克特量表（1～5 分别代表从完全不同意到完全同意）。得分越高，表明受访者对组织文化认同程度越高。本研究中问卷的内部一致性系数均为 0.99，表明内部信度令人满意。

组织认同采用了 Mael 和 Ashforth 的组织认同量表，调查问卷由 6 个项目组成，使用 5 分李克特量表进行调查（1～5 分别代表从完全不同意到完全同意）。得分越高，表明受访者越认同所在组织。本研究中该问卷的 Cronbach's α 系数为 0.94，表明内部信度令人满意。

3. 数据分析

数据采用 SPSS 24.0 版本和 Hayes 开发的过程宏进行分析。首先，分析各变量的均值、标准差及其相关性，然后构建 t 检验，以探讨不同性别群体之间的得分差异。最后，对参与者在每个维度上的得分进行标准化，测试了组织支持感和组织文化认同在组织社会化与组织认同关系中的链式中介作用。

4.2.2 研究结果

1. 描述性统计分析和相关分析

各变量的均值、标准差见表 4-1，各维度得分中等偏上，说明在被调查的样本中，人们对所在组织的相关工作等比较认可。Pearson 相关分析揭示了组织社会化、组织支持感、组织文化认同和组织认同之间的关系，可见所有维度间均存在显著正相关。

表 4-1 描述性统计分析和相关分析

	M	SD	1	2	3
组织社会化（1）	3.81	0.82	1		
组织支持感（2）	4.09	0.84	0.77^{***}	1	
组织文化认同（3）	4.02	0.84	0.63^{***}	0.74^{***}	1
组织认同（4）	3.97	0.79	0.74^{***}	0.78^{***}	0.78^{***}

2. 不同性别间相关变量差异

表 4–2 显示，男性各维度得分均低于女性，但是这种差异性并不显著，没有统计学意义（$p>0.05$）。

表 4–2　不同性别间相关变量差异性分析

维　　度	性别（Mean±SD）		F	t
	男（n=94）	女（n=204）		
组织社会化	3.72±0.92	3.85±0.77	2.77	−1.20
组织支持感	3.93±0.81	3.99±0.78	1.58	−1.00
组织文化认同	4.01±0.93	4.12±0.78	3.25	−0.93
组织认同	3.95±0.97	4.05±0.78	0.02	−0.66

3. 链式中介效应检验

首先将所有变量进行标准化处理，使用 SPSS 宏程序 PROCESS 中的 Model 6（Bootstrap 取样为 5 000）进行操作。构建链式中介模型，检验组织支持感和组织文化认同在组织社会化与组织认同关系中的链式中介作用，结果如图 4–2 和表 4–3 所示：组织社会化显著正向预测组织支持感（β=0.73，$p<0.001$）和组织文化认同（β=0.44，$p<0.001$）；组织支持感显著正向预测组织文化认同（β=0.46，$p<0.001$）和组织认同（β=0.54，$p<0.001$）；组织文化认同正向预测组织认同（β=0.36，$p<0.001$）。

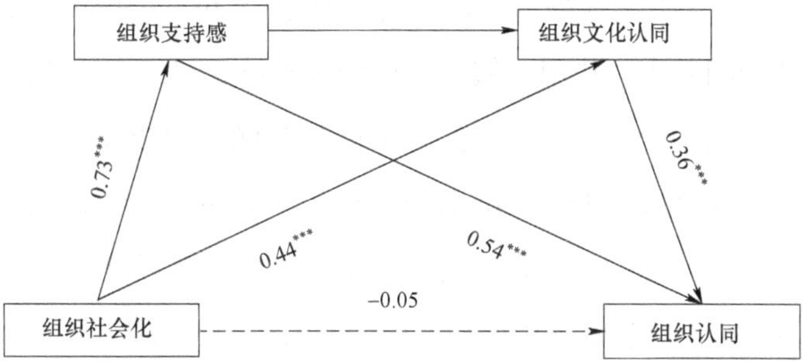

图 4–2　组织社会化到组织认同的路径图

表 4-3 链式中介模型检验

	方程 1（因变量：组织支持感）			方程 2（因变量：组织文化认同）			方程 3（因变量：组织认同）		
	β	t	95%CI	β	t	95%CI	β	t	95%CI
组织社会化	0.73	18.63***	[0.66，0.81]	0.44	9.26***	[0.35，0.53]	−0.05	−0.88	[−0.16，0.06]
组织支持感				0.46	9.61***	[0.36，0.55]	0.54	9.44***	[0.43，0.66]
组织文化认同							0.36	5.77***	[0.23，0.48]
R^2	0.54			0.69			0.66		
F	347.08***			335.38***			188.81***		

进一步采用偏差校正的 Bootstrap 方法检验组织支持感和组织文化认同在组织社会化与组织认同之间的中介效应及置信区间的估计。在原始样本中随机抽取 5 000 个 Bootstrap 样本进行总效应、直接效应、间接效应的估计，模型中各间接路径的效应值和中介效应的 95%置信区间见表 4–4。在没有中介情况下，组织社会化与组织认同总效应的 95%置信区间为［0.54，0.71］，不包含 0，效应值为 0.63，组织社会化能够显著正向预测组织认同，假设 1 得到了支持。“组织社会化—组织支持感—组织认同”这一路径系数的 95%置信区间为［0.25，0.53］，不包含 0，中介效应值为 0.40，效应量为 63.49%，组织支持感在组织社会化和组织认同间起中介作用，假设 2 得到了支持。组织文化认同在组织社会化和组织认同间起中介作用，95%置信区间为［0.06，0.26］，不包含 0，中介效应量为 0.16，效应量为 25.40%，假设 3 得到了支持。组织支持感和组织文化认同在组织社会化与组织认同之间的链式中介作用达到显著水平，95%置信区间为［0.04，0.24］，两者链式中介效应值为 0.12，效应量为 19.05%，假设 4 得到了支持。

表 4-4 中介效应显著性检验的 Bootstrap 分析

路径	效应值	SE	CI 下限	CI 上限	效应量（效应值/总效应）
总效应	0.63	0.05	0.54	0.71	
直接效应	−0.05	0.06	−0.16	0.06	
总间接效应	0.67	0.06	0.55	0.79	106.35%
组织社会化—组织支持感—组织认同	0.40	0.07	0.25	0.53	63.49%
组织社会化—组织文化认同—组织认同	0.16	0.05	0.06	0.26	25.40%
组织社会化—组织支持感—组织文化认同—组织认同	0.12	0.05	0.04	0.24	19.05%

4.3 研究结论

本研究在刻画新兴青年群体组织认同发展现状及组织认同关键影响因素的基础上，构建出新兴青年群体组织认同的前后因变量模型，并进行利益相关者博弈分析。本书以新兴青年群体作为研究对象，在中国部分一线城市和内陆城市选取样本，探索和检验组织社会化策略对组织认同的直接影响效应，并在此基础上提出和验证结论如下。

4.3.1 组织支持感、组织文化认同在组织社会化与组织认同之间具有中介作用

除了检验组织社会化策略不同因子对组织认同的直接效应外，本书还检验了组织支持感、组织文化认同对组织认同与组织社会化策略之间关系的中介作

用。即：组织支持感、组织文化认同在组织社会化和组织认同间起中介作用。研究认为，组织社会化策略是组织应对成员加入组织后心理变化、缓解压力的有效方式，组织支持感是组织需求和个体需求的有效衔接，使得两者相辅相成，形成有效关联。研究显示，组织文化认同在组织社会化和组织认同中起中介作用。文化认同本身虽然具有抽象性，具有一定的模糊性和动态性，但由于此次调研样本学历在专科以上的占到九成以上（专科 27.20%、本科 56.90%、硕士 11.09%、博士 1.67%），反映出被试具有较高的认知能力，对组织文化的理解力和认知水平较高，因此，反映在测量上，组织文化认同与组织社会化和组织认同具有相关性。

4.3.2 组织支持感和组织文化认同在组织社会化与组织认同之间的链式中介作用达到显著水平

通过构建链式中介模型，检验组织支持感和组织文化认同在组织社会化与组织认同关系中的链式中介作用，结果显示：组织社会化显著正向预测组织支持感和组织文化认同；组织支持感显著正向预测组织文化认同和组织认同；组织文化认同正向预测组织认同。该链式中介表现为组织社会化影响组织支持感，组织支持感影响组织文化认同，组织文化认同进而影响组织认同。链式中介是在原有中介的基础上加了一条路径，中介变量 M_1 会影响 M_2，链式中介可能比简单中介更复杂，例如，本研究中，总间接效应的效应量已经超过 100%，说明间接效应起了很大作用，直接效应是不显著的负值，换言之，组织支持感和组织文化认同是完全中介（自变量和因变量必须通过中介变量才能起作用），组织社会化和组织认同只有通过组织支持感和组织文化中介变量方能产生显著联系。

4.4 研究启示

4.4.1 以组织社会化策略的精准性深化新兴青年群体组织文化认同，提升组织认同

不同类型组织的社会化策略对组织认同的影响始终存在差异性。研究显示，组织社会化策略对组织文化认同的作用较为明显，组织社会化既能通过组织文化认同间接影响组织认同，也能通过组织支持感显著正向预测组织认同。

首先，保证组织文化内容的精准性。组织通过开展培训及通过对工作中遇到的问题提供精准的社会化策略，帮助新加入组织的成员充分发挥潜能，为其提供特殊帮助、奖励其额外劳动与主动付出，照顾其切身利益，都会对其融入组织文化具有促进作用。

其次，保证组织文化内核的稳定性。组织社会化不仅可以减少角色冲突、角色模糊和工作压力，还可以进一步促进新成员进一步学习、熟悉、信赖组织文化，形成较为稳定的组织文化认同。也即组织文化内核稳定对于组织认同的心理和行为都有重要影响，从组织文化的角度看组织社会化，实际上是个体内化组织所推崇的价值观而使个体成为组织确定的人。

最后，保持组织文化创新的动态性。不论是社会学还是心理学，都认为个体通过组织提供的学习机会获得组织多种信息，通过调整工作态度、价值观念和工作行为来适应组织的文化价值体系。在个体与组织互动的过程中，组织社会化策略应建立适合组织特点、时代特点和个体心理行为特点的组织文化。组织因其性质和特点不同而具有不同的组织文化，并且要与时俱进。换言之，组织文化使组织独具特色，从而区别于其他组织。

综上，不难得出这样的启示，即不论什么样的组织文化都对组织认同产生正向预测作用，且组织文化在组织内部起到黏合作用，使组织中的新兴青年形成一个有机的整体，组织文化是组织认同的重要的中介变量之一。

4.4.2 以社会化策略的系统性加强新兴青年群体组织支持感，提升组织认同

组织社会化系统性应首先从工作支持视角加强组织社会化策略内容的系统性。一般来说，系统化是通过分析综合把整体的各个部分归入一定的顺序，在这个顺序中，各个组成部分彼此发生一定的关系和联系，构成一个统一的整体。组织社会化策略内容的系统化有助于组织支持感的突出和强化。根据社会交换理论，个体关于组织支持的感知对于组织认同的作用不能忽视。研究显示，支持感在新兴青年群体中组织社会化和组织认同间起中介作用。凡是个体对组织支持的感知越强，组织支持感在组织社会化和组织认同间的中介作用就越显著。因而组织社会化策略不应只关注新加入组织的成员，还应该在内容上体现阶梯性，适合贯穿新兴青年群体的整个职业生涯。另外，从价值认同的视角加强组织社会化策略的系统性。一个组织的核心是组织文化，而组织文化的核心是价值观，组织价值观是组织文化的主要载体。因此，文化的其他表现方面都可以由价值观加以解释，都可以视为价值观的表现形式，个体对组织的认同主要来源于组织的价值观，价值观是联系组织文化与组织认同的纽带，认同了组织价值观就是对组织的认同。在这个过程中，组织文化通过以价值观为核心的组织认同过程影响个人的行为，而组织认同的过程也是个人从对价值观的初步认知到达成一致，再到情感依附的价值观内化过程。组织价值观作为组织文化的核心，具有可测量性。最后，从关心利益的视角加强组织社会化策略的系统性。例如，组织提出的“帮扶计划”不应仅仅是针对新加入的组织成员，而是通过加强组织社会化的系统性，对所有需要提供帮助的组织成员提供相应支持，使其在发展的不同阶段渡过生活或工作、学习上的难关，从而在心理上产生组织的归属感和忠诚感，才可能在行为上产生对组织认同有益的行为。

4.4.3 以组织社会化策略的有效性促进新兴青年群体工作重塑，提升组织认同

帮助新兴青年实现工作重塑能够进一步增进组织认同。工作重塑是一种新组织行为。①工作重塑能够提升新兴青年的幸福感和意义感。相比传统职业，在新就业形态里的新兴青年更具有灵活、可塑、独立和自主的特点，当前新兴青年群体可能因为工作、学习、生活等原因频繁更换居住地和工作单位。新兴青年群体的职业选择和发展方向也具有较强的不确定性，这使得他们在组织社会化过程中难以形成长期的合作和共同目标。这就要求组织在情境因素、内容因素、社会因素等方面不断调整和整合，提出适合新兴青年工作重塑的有效社会化策略，组织社会化策略的有效性首先体现在个体在工作过程中充分发挥主观能动性，在持续调整和不断整合中提高自身与工作的适配度。若没有这些措施，会导致新兴青年群体在组织社会化进程中呈现不同的状态。举例来说，成功的组织社会化策略会让个体感受到责任感和使命感，失败的组织社会化策略会让个体难以适应组织环境和角色，甚至产生离开组织的意向。组织社会化策略的有效性还体现在组织提供的工作资源和职业培训。新兴青年目前普遍缺乏职业培训，大多数都要靠自己探索来提升职业技能。鉴于此，当组织提供有效的社会化策略，提供有效的组织支持时，就为新兴青年群体提供了工作重塑的条件，使新兴青年群体获得价值感和身份认同感，因此也会对职业、社会更加认同。正如马克思所指出“只有在共同体中，个人才能获得全面发展其才能的手段，也就是说，只有在共同体中才可能有个人自由。”②

党的十八大以来，把新经济组织、新社会组织、新就业群体中的新兴青年组织起来是推进国家治理体系和治理能力现代化的一项重要任务，是打造共治

① 杨勇，刘子琪，曹井柱. 心理弹性、工作重塑对创造力和创意实施行为的作用机制：基于服务业情境研究［J］. 东北大学学报（社会科学版）2020，22（3）：29-37.

② 中共中央马克思恩格斯列宁斯大林著作编译局. 马克思恩格斯选集：第一卷［M］. 北京：人民出版社，2012：199.

共享社会治理格局的时代要求。中国式现代化强国离不开中国共产党的坚强领导，也离不开包括广大新兴青年群体在内的全体中华儿女的共同参与。如何更好地把新兴青年组织起来、凝聚起来，引导他们为实现党的第二个百年奋斗目标、实现中华民族伟大复兴的中国梦而奋斗，已经成为新时代中国青年运动和青年工作必须回答的重大课题。习近平总书记在中央统战工作会议上提出，“党外知识分子工作，是统一战线的基础性、战略性工作……要高度重视和做好新经济组织、新社会组织中的知识分子工作，引导他们发挥积极作用”。①习近平总书记在2022年中央统战工作会议上强调，新的社会阶层人士是中国特色社会主义事业的建设者，要把他们组织起来，加强引导、发挥作用。组织起来不仅是开展新的社会阶层人士统战工作的好方法，更是好抓手，要将其作为开展工作的重要依托。②党的二十届三中全会进一步明确指出“完善大统战工作格局、完善党外知识分子和新社会阶层人士的政治引领机制”。③2023年，中共中央、国务院组建中央社会工作部，专门负责统筹推进党的群众工作、社会工作和社会治理，这是适应我国社会深刻变化所做出的一个重要决定。组建的社会工作部的重要职能之一，就是指导新经济组织、新社会组织、新就业群体党建工作。④可见，把新经济组织、新社会组织、新就业群体中的新兴青年组织起来是推进国家治理体系和治理能力现代化的一项重要任务，是打造共治共享社会治理格局的时代要求。

---

① 习近平. 巩固发展最广泛的爱国统一战线 为实现中国梦提供广泛力量支持[J]. 统一论坛，2015(3)：3-4.

② 中共中央统一战线工作部. 习近平总书记关于做好新时代党的统一战线工作的重要思想学习读本[M]. 北京：人民出版社，2024：121.

③ 中共中央关于进一步全面深化改革 推进中国式现代化的决定［J］. 人民日报，2024-07-22（1）.

④ 中共中央、国务院印发《党和国家机构改革方案》[N]. 人民日报，2023-03-17（1）.

5 群团组织视域下新兴青年群体组织化实现路径

新兴青年群体正逐步成为经济建设、科技创新、文化艺术、社会民生等诸多领域的主要力量，他们的影响力与日俱增。关注新兴青年群体的思想观念动态，充分发挥好群团组织的引领凝聚作用，既是贯彻落实习近平总书记关于青年工作的重要思想，特别是关于新兴青年群体工作的重要论述的必然要求，也是深入贯彻落实《中共中央关于加强和改进党的群团工作的意见》《中长期青年发展规划（2016—2025年）》及共青团中央《关于切实做好新兴青年群体工作的意见》的题中之义。我们需站在战略高度，深刻认识做好新兴青年群体工作的重要意义。这不仅关系到他们的健康成长，关乎群团组织的改革发展进程，还对巩固和壮大党执政的青年群众基础、维护国家长治久安有深远影响。

5.1 群团组织的概念、特征与统战工作的历史回顾

群团组织作为“群众性团体组织”的简称，是当代中国社会团体的一种重要形式，是中国共产党治国理政的重要基础。中央层面群团组织的文件名称常含“工会、共青团、妇联等人民团体和群众团体”，这体现了工、青、妇在群团

组织中的核心地位。本章将主要以共青团的视角探索新兴青年群体组织化实现路径。

5.1.1 群团组织的概念

群团组织是党和国家联系、整合与动员特定身份群众的组织。但要了解群团组织具体有哪些组织，明晰群团组织与人民团体之间的联系和区别，以及探究群团组织在新兴青年群体组织化进程中发挥的作用，就需要对群团组织的概念及统战工作的历史演进进行更为细致的梳理和阐释。群团组织是创新社会治理和维护社会和谐稳定的重要力量。根据中国机构编制网 2019 年 1 月 18 日公布的数据，中央编办管理机构编制的群众团体机关共有 22 个全国性的群团组织，分别是：中华全国总工会、中国共产主义青年团中央委员会、中华全国妇女联合会、中国文学艺术界联合会、中国作家协会、中国科学技术协会、中华全国归国华侨联合会、中国法学会、中国人民对外友好协会、中华全国新闻工作者协会、中华全国台湾同胞联谊会、中国国际贸易促进委员会（中国国际商会）、中国残疾人联合会、中国红十字会总会、中国人民外交学会、中国宋庆龄基金会、黄埔军校同学会、欧美同学会（中国留学人员联谊会）、中国思想政治工作研究会、中华职业教育社、中华全国工商业联合会、中国计划生育协会。[①]此外，还有一种观点是加上中华全国青年联合会（简称“全国青联”），只不过与其他 22 个群团组织相比，全国青联依托共青团中央开展工作，没有实体组织机构，因此，说 22 个群团组织更严谨一些。群团组织作为中国共产党直接领导的群众性组织，是党和政府密切联系群众的桥梁纽带，具有鲜明的政治性、先进性和群众性等特性。为维护新兴青年群体合法权益，要充分发挥产业工会、各级共青团、妇联等群团组织的作用，积极倾听并反映新兴青年群体的普遍诉

① 中央编办管理机构编制的群众团体机关［EB/OL］（2019-01-18）]. http://www.scopsr.gov.cn/zlzx/jggk/201901/t20190118_359599.html.

求，切实增强群团组织的政治性、先进性、群众性。

5.1.2 群团组织的特征

群团组织作为中国共产党直接领导的群众性团体组织，是党和政府密切联系群众的桥梁纽带，具有鲜明的政治性、先进性和群众性特点。同时，群团组织是党密切联系群众，推动分散的社会成员实现组织化的有效途径。

1. 政治性

正如习近平总书记指出“政治性是群团组织的灵魂，是第一位的。群团组织要始终把自己置于党的领导之下，在思想上政治上行动上始终同党中央保持高度一致，自觉维护党中央权威，坚决贯彻党的意志和主张，严守政治纪律和政治规矩，经得住各种风浪考验，承担起引导群众听党话、跟党走的政治任务，把自己联系的群众最广泛最紧密地团结在党的周围。”[①]政治性是群团组织最重要的属性，主要包含以下几个方面。

一是群团组织要在中国共产党的领导下，贯彻落实党的主张和意志，组织、团结、引导所联系的人民群众围绕党的中心任务努力奋斗。

二是群团组织是党密切联系群众、组织动员群众的重要法宝。党的十二大报告明确要求，工会“成为联结党和工人群众的强大纽带”，共青团“充分发挥党的助手和后备军作用，真正成为广大青年在实践中学习共产主义的学校”，妇联“应当成为代表妇女利益，保护和教育妇女，保护和教育儿童的有权威的群众团体”。[②]

三是群团组织承担团结、引导、组织所联系的广大人民群众围绕党的中心工作努力奋斗的政治任务。要把新兴青年凝聚在党的周围，将党的主张化为新兴青年的自觉行动，巩固和扩展中国共产党执政基础和群众基础。

四是从政治功能方面，群团组织发挥了桥梁纽带作用，一方面向自己所联

① 习近平. 切实保持和增强政治性先进性群众性 开创新形势下党的群团工作新局面［N］. 人民日报，2015-07-08（01）.

② 中共中央文献研究室. 十二大以来重要文献选编：上［M］. 北京：中央文献出版社，2011：45-46.

系的群众传达党的路线、方针、政策，起到教育引导和组织动员的作用；另一方面也将群众的意愿和诉求向有关组织和部门反映，起到利益表达、维护权益的作用。

五是群团组织不同于一般的社会组织，不论从历史还是现实的角度，在中国政治社会生活中有独特的政治地位。

2. 先进性

群团组织作为中国共产党直接领导的群众性团体组织，先进性是其重要属性。首先，主要体现在目标追求上志存高远，紧紧围绕实现第二个百年奋斗目标、实现中华民族伟大复兴中国梦的神圣职责而不懈奋斗，这个奋斗目标决定了群团组织与其他社会组织存在明显不同。其次，群团组织在其自身章程中注重文明风尚、弘扬先进文化，贯彻落实社会主义核心价值观，在价值取向上体现了先进性。最后，群团组织的骨干成员都是由先进分子组成。骨干分子的进步性代表着组织的先进性，自然对吸收成员具有较高要求，优秀分子才有可能加入，这也是群团组织先进性的体现。

3. 群众性

“群众性是群团组织的根本特点”。[①]群团组织的群众性集中体现在联系群众的广泛性、利益代表的群众性、工作方式的群众性等方面。首先，广泛性体现在以工会、共青团、妇联为代表的群团组织成员数以亿计，因此，广泛性不言而喻。其次，群团组织以代表和反映自己所联系群众的利益为基本职责，群众的认可与支持是群团组织赖以生存的根基。江泽民同志曾在《正确认识工会的作用》中指出：“工会要真正代表工人群众的利益，依法维护工人群众的合法权益，如果工会不能代表工人群众的利益，工人群众还要工会干什么。”[②]最后，工作的方式方法要注重贴近群众，社会性服务和公益性活动都是群团组织常见的工作方法。

综上，群团组织的“三性”直接影响党和政府在人民群众中的形象与威望。

① 切实保持和增强群团组织的群众性：习近平总书记在中央党的群团工作会议上的重要讲话引发强烈反响［N］. 人民日报. 2015-07-11（05）.

② 江泽民文选：第一卷［M］. 北京：人民出版社，2006：65.

习近平总书记强调的关于群团工作和群团组织的政治性、先进性、群众性的论断，是做好新形势下党的群团工作的重要遵循，同时也体现了党中央对党的群团工作的高度重视，为党的群团工作与时俱进、开拓创新指明了前进方向。因此，结合中央要求和现实需要，如何在深化群团组织改革、走好中国特色社会主义群团发展道路，有效发挥群团组织在新兴青年群体中的作用是新时代党的群众工作、统战工作和群团工作的重要课题。

5.1.3 共青团开展统战工作的历史回顾

中国共产党成立百余年来，随着不同时期的历史任务和国家中心工作的发展变化，统一战线理论与政策也一直不断地在调整和创新，先后倡议和建立了国民革命联合战线、工农民主统一战线、抗日民族统一战线、人民民主统一战线和新时期爱国统一战线，不断将统一战线工作推向深入。共青团统战工作始终与党的事业同频共振、同向而行，围绕党在不同时期的中心任务凝聚青年人心、汇聚青年力量，彰显历史作为，积累了宝贵经验，带领青年为中国革命作出了重大贡献。

1. 新民主主义革命时期

中国共产党一经诞生，就把关注的目光投向青年，把革命的希望寄予青年。在党直接关怀和领导下，1922 年 5 月 5 日至 10 日，中国社会主义青年团第一次全国代表大会在广州召开。大会通过《中国社会主义青年团与中国各团体的关系之议决案》，主张“我们为无产阶级利益的各种奋斗起见，应与之结成共同的战线”。“共同的战线”表明，结成青年统一战线是青年团的重要职能，这为团的早期青年统战工作的开展指明了方向。

1923 年 6 月召开的中共三大，制定了同国民党建立统一战线的方针，并通过《青年运动决议案》，号召青年团根据党的决议积极参加国民运动，保障了青年统战工作在思想上、政治上和行动上与党保持高度一致。

1927 年，在中国共产党第五次全国代表大会上制定了《对于共产主义青年团工作决议案》规定“C.Y.（Communist Youth League，共青团）是党指导下的青年无产阶级的革命的组织，其任务在扩大共产党主义的宣传与共产党的意识和政策的影响到广大的革命青年群众中去，吸收他们在共产主义旗帜之下积极参加共产党所领导的各种斗争。”“C.Y.必须领导青年工人全体加入工会，在工会内组织青工或学徒委员会，注意青工、童工和学徒经济斗争工作，改善他们的生活。”[①]“在工会中做青年工作的C.Y.团员须组织团组，受工会内的党团及团的执行机关的指挥。在工会工作的同志须向一般工人宣传青工利益与成工及整个工人阶级利益之相关，而打破旧的行会的保守习惯或拒绝青工、童工、学徒的利益和要求。”[②]1928年六七月间召开的党的六大制定了工农民主统一战线的策略，会议通过了《共产主义青年团工作决议案》，规定共青团的根本任务在于取得全部青年工人和被剥削的青年农民群众。随后召开的共青团五大确定了共青团的基本任务，即争取把更广大的劳动青年团结在党的周围。随着土地革命的深入，根据地团组织和团员不断发展壮大，到1930年10月，根据地团员已发展到10万人。

抗日战争时期，党积极推动建立了抗日民族统一战线，共青团继续以党领导的青年抗日救国组织的形式发挥团结各族各界青年联合抗日的重要功能。1935年12月，团中央发布《为抗日救国告全国各校学生和各界青年同胞宣言》，呼吁“一切爱国的青年同胞和青年组织，大家在抗日救国的义旗之下联合起来”，明确了抗日爱国青年统一战线的对象、范围和任务。1936年11月，中共中央作出《关于青年工作的决定》，决定“根本改造青年团及其组织形式，使团变为广大群众的非党的青年组织形式，去吸引广大青年参加抗日救国的民族统一战线中来”。随后，各地先后建立了“青抗先”“青救会”等青年抗日组织。1937年4月，西北青年救国联合会第一次代表大会在延安召开，规定青救会的中心任务是“一切为着中华民族的团结和统一而奋斗”，从而作为各地青年救国团体的最高领导机关。会后，共青团中央停止工作，以西北青年救国联合会的名义开展工作。这一时期团的青年统战工作主要围绕建立抗日民族统一战线展开，为落

① 中共中央党史和文献研究院中央档案馆. 中国共产党重要文献汇编：第十卷（一九二七年一月——一九二七年五月）[M]. 北京：人民出版社，2022：386.

② 同①：386-387.

实党的各项抗日方针奠定了坚实的青年群众基础，为最终取得抗日战争胜利积蓄了广泛的青年爱国力量。解放战争时期，党联合工农兵学商、各人民团体、各民主党派、各少数民族、各地华侨和其他爱国分子，组成人民民主统一战线，集全国之力赢得了解放战争的胜利。

1949年元旦颁布的建团决议中明确指出，青年团应当是“先进的青年的群众组织，首先把先进青年组织起来，再用这个组织去团结和教育广大的青年群众”。在党的领导下，在中央青委的直接推动下，1949年3月至5月，中华全国学生联合会、中国新民主主义青年团、中华全国青年联合会相继成立。通过这三大青年组织，把全国青年力量汇集起来，使中国青年运动达到空前的团结和统一。

2. 社会主义革命和建设时期

在社会主义革命和建设的伟大征程中，团结青年一代，携手建设新中国和新世界，已成为青年统战工作的主旋律。各级团组织团结带领广大团员和青年积极参加巩固新生政权的活动，土地改革、镇压反革命、“三反”“五反”等一系列社会改革运动和肃清封建残余势力、扫除旧社会遗毒、抗美援朝等方面发挥了重要作用。作为我国人民民主统一战线的组成部分，中国青年广泛的爱国统一战线团结全国青年，和全国人民一起为逐步实现国家工业化和逐步过渡到社会主义而奋斗。各级青联配合党和政府中心工作，着重在城市中的社会青年、工商界青年、少数民族青年、宗教界青年和青年技术人员等5个方面青年中开展工作。同时，共青团遵循政府外交方针，发挥民间和青年外交的优势，积极开展、参与国际单边或多边的外交活动，将共青团的统战工作延伸到世界。1960年以后，在当时反华、排华背景下，大批华侨青年返回国内。针对这一情况，各级青联适时加强了对归国华侨青年的工作。这一时期，以共青团为主导的青年统战工作围绕培养造就社会主义新人与服务社会主义革命和建设的中心任务，注重把不同信仰、不同阶层、不同民族的青年团结起来。

3. 改革开放和社会主义现代化建设新时期

随着党的爱国统一战线政策的提出，青年统战工作领域进一步拓宽。1982年，共青团的十一大提出要认真执行党的爱国统一战线政策，“全力促进包括台湾同胞、港澳同胞和国外侨胞在内的全国人民和青年的大团结”。共青团在统战工作领域全面深入开展青年科技创新行动、青年创业行动和海外学人为国服务等重点工作，为经济社会发展作出了突出贡献。为促进海峡两岸关系和平发展，对台青年统战工作也成为这一时期共青团青年统战工作的一大亮点。进入 21 世纪，共青团按照党的要求，努力扩大团组织的覆盖面，努力使团的基层组织网络覆盖全体青年、使团的各项工作和活动影响全体青年。此外，全国青联还同世界上 100 多个国家近千个青年组织、政府青年机构恢复和建立了友好关系，中国各界青年同其他国家和地区青年的交往逐渐密切，青年国际交流取得了长足进展。

4. 党的十八大以来

新的社会阶层人士统战工作是新时代党中央赋予统一战线的一项重要战略任务。在习近平新时代中国特色社会主义思想指导下，新时代爱国统一战线突出“大统战”“同心圆”“最大公约数”“共同体”等理念，深入推进统一战线理论创新、实践创新与制度创新，“法宝作用”日益凸显。近年来，随着我国经济社会的发展，特别是网络信息技术的日新月异，新技术、新产业、新业态不断涌现，网络“大 V”“头号”、网络作家、网络主播、职业电竞选手、独立演员（歌手）、自由撰稿人等新的社会群体不断出现并发展壮大，在经济社会各领域发挥了越来越重要的作用。[①]在习近平总书记关于青年工作的重要思想及关于做好新时代党的统一战线工作的重要思想指引下，以共青团为主导的青年统战工作突出实现中华民族伟大复兴的中国梦这一“最大公约数”，充分发挥青年爱国统一战线组织作用，最广泛、最紧密地把各族各界青年凝聚在党的周围。不断强化共同思想政治基础，不断深化青联改革，持续优化委员结构，将更多党外、体制外青年吸纳进来。

① 中共中央统一战线工作部. 习近平总书记关于做好新时代党的统一战线工作的重要思想学习读本[M]. 北京：人民出版社，2024：120.

5.2 群团组织吸纳新兴青年群体的必要性和可能性

我们党历来重视青年和青年工作，始终把青年工作视为党的一项极为重要的工作。党的十八大以来，以习近平同志为核心的党中央站在党和国家事业薪火相传、后继有人的战略高度，把青年成长成才纳入治国理政与民族复兴伟业的总体布局之中，在此过程中，青年群体工作备受关注，凝聚新兴青年群体已成为共青团的重要工作领域。2019 年 9 月，团中央在《关于切实做好新兴青年群体工作的意见》里，对新兴青年群体作出全面定义：新兴青年是改革开放的产物，他们活跃在新经济组织、新社会组织、新媒体从业人员和自由职业者中，他们在经济建设、科技创新、文化艺术和社会民生等各个领域日益发挥重要作用，是建设中国特色社会主义事业的重要力量。

青年工作是一项由多元素相互联结构成的系统工程，坚持系统思维是推进、发展和创新青年工作的必然逻辑。我们要深刻领会习近平总书记和党中央对青年和共青团工作的关怀与重视，紧扣服务青年工作生命线，持续巩固和扩大党执政的青年群众基础。习近平总书记指出，“为实现中华民族伟大复兴的中国梦而奋斗，是中国青年运动的时代主题”，强调“无论过去、现在还是未来，中国青年始终是实现中华民族伟大复兴的先锋力量”。这一重大论断，清晰标定了新时代中国青年运动的正确航向和新时代中国青年的使命任务。新兴青年投身国家高质量发展进程，是时代的呼唤与要求。在社会治理模式下，需要将分散的、流动的新的社会阶层群体组织起来，激发他们参与社会治理的积极性，打造新时代共建共治共享的社会治理格局。

5.2.1 凝聚新兴青年群体是群团组织回应时代要求的战略选择

做好新兴青年群体工作是社会历史发展的必然，也是群团建设的必然要求，更是群团的重要工作领域和职责所在。习近平总书记在纪念“五四运动”

100周年大会上的讲话中指出："共青团要认真履行引领凝聚青年、组织动员青年、联系服务青年的职责，不断创新工作思路，增强对青年的凝聚力、组织力、号召力，团结带领新时代中国青年在实现中华民族伟大复兴中国梦的进程中不断开拓创新、奋发有为。"①共青团中央印发的《关于切实做好新兴青年群体工作的意见》（中青发〔2019〕10号）指出，做好新时代新兴青年群体工作，是党交给共青团的重要政治任务，是深化共青团改革、进一步提升团的组织力，不断巩固和扩大党执政的青年群众基础的重要要求。要以深化改革为动力，以扩大联系覆盖、加强思想引领、服务成长发展、促进建功立业为重点，加大工作力度、创新工作方式、优化工作协同、完善工作格局、提升工作实效，切实做好新兴青年群体工作，团结带领广大新兴领域青年增强"四个自信"，为实现"两个一百年"奋斗目标和中华民族伟大复兴的中国梦贡献青春力量。

新兴青年群体广泛分布于混合所有制企业、非公有制企业，以及新经济组织、新社会组织、新就业群体（简称"两企三新"）中，从一般意义上讲，他们属于体制外的"社会人"。像快递员和外卖配送员，网络主播、电商达人、非遗传承人、文化创意产业工作者、街舞青年、电竞青年等，都属于新兴群体的范畴。他们具有独立性、自主性等特点，同时会频繁流动。在尝试建立与新兴青年联系的过程中，基层群团组织往往遭遇到"敲不开门、找不到人、说不上话"的尴尬情形。有鉴于此，群团组织应从顶层设计、机制建设、示范引领等方面加强与新兴青年的沟通交流，"两企三新"组织建设工作已经成为群团工作的重要领域。

1994年9月，党的十四届四中全会通过的《关于加强党的建设几个重大问题的决定》指出："随着多种经济成分的发展、利益关系的调整和经营形式的多样化，需要改进基层党组织的工作；各种新建立的经济组织和社会组织日益增多，需要从实际出发建立党的组织，开展党的活动。"②新经济组织一般指各类新建立经济组织中的非公有制经济组织，包括个人独资企业、合伙制企业、合作制企业及公司制企业中的非公有制经济组织。新社会组织一般指改革开放

① 习近平. 在纪念五四运动100周年大会上的讲话［N］. 人民日报，2019-05-01（02）.

② 中共中央文献研究室. 十四大以来重要文献选编［M］. 北京：中央文献出版社，2011.

以来特别是实行市场经济以后新建立的社会组织，包括社会团体和民办非企业单位。[①] 2021 年下半年以来，地方纷纷成立有关快递驿站、外卖行业的党群活动中心。例如，连云港海州区成立快递外卖行业委员会，常州成立了送餐行业委员会，杭州余杭区成立了外卖骑手行业综合党委等。美团（北京）党委在朝阳、平谷、海淀、通州、丰台等 5 个区先后成立了外卖骑手流动党员党支部；2021 年 11 月，饿了么在西安碑林区文艺路街道成立西北首家外卖骑手流动党员工作站。

在百年未有之大变局下，群团组织只有与时代脉博同频共振，才能真正实现“青年在哪里，团组织就在哪里；青年有什么需求，团组织就要有针对性的工作”。群团组织唯有积极行动，深入新兴青年聚集的行业与新群，搭建沟通交流平台，提供切实的发展支持，才能将这些散落在各处的新兴青年群体汇聚起来，让群团组织在时代发展的洪流中助力新兴青年。

5.2.2 凝聚新兴青年群体是群团组织肩负的重要职责

习近平总书记对做好新兴青年群体工作多次提出明确要求。随着社会发展，新兴青年群体将会越来越多，群团组织必须适应这个发展趋势，努力去做他们的工作，深入他们、帮助他们、引导他们。2022 年，国家统计局发布数据显示，我国灵活就业人员已经达到两亿人左右。90 后、00 后灵活就业者占比超过 50%。群团作为服务青年的群团组织，理应为这部分青年做好服务，帮助他们更好地成长发展。[②]

1. 加强新兴青年群体的政治引领是群团组织政治属性的必然要求

共青团等组织（含青联、学联）是青年群体的重要组织体系。党的十八大以来，每一次团中央新一届领导班子成员产生后，习近平总书记都要进行集体谈话。2013 年 6 月 20 日，习近平总书记在同团中央新一届领导班子集体谈话时指出：“现在，很多青年人在新经济组织、新社会组织、社区里，在网络空间、

---

① 孙信，姜立，马东升．新的社会阶层统战工作概论［M］．北京：中央编译出版社，2007：180．

② 杨宝光．共青团推动灵活就业群体相关政策落地［N］．中国青年报，2023-03-03（01）．

虚拟社会里，在农民工群体、个体工商户、网民、‘北漂’‘蚁族’里，尤其是那些自由职业者、网络意见领袖、网络作家、签约作家、自由撰稿人、独立演员歌手、流浪艺人等种类繁多的新兴群体，里面有很多有本事的人，有的甚至可以一呼百应。工作做不好，他们可能成为负能量；工作做好了，他们就可以成为正能量。随着社会发展，这类青年人群将会越来越多，团组织必须适应这个发展趋势，努力去做他们的工作，深入他们、帮助他们、引导他们，而不要排斥他们、拒绝他们、疏远他们，不要让他们游离于社会组织之外。”①2018年7月2日，习近平总书记在同团中央新一届领导班子成员集体谈话时强调：各级党委要关注关心青少年成长，为他们成长成才、施展才华创造良好条件。各级党委要拿出极大精力抓青年工作、抓共青团工作，切实尽到领导责任。②2023年6月26日，习近平总书记在同团中央新一届领导班子成员集体谈话时指出“各级党委（党组）要坚持党管青年工作原则，加强对共青团工作的领导和支持，建立和完善在党的领导下各部门齐抓共管青年发展事业的工作格局，支持共青团创造性开展工作。各级领导干部要倾注热忱做青年朋友的知心人、青年群众的引路人。”③加强混合所有制企业、非公有制企业和新经济组织、新社会组织、新就业群体（两企三新）群团建设，是贯彻落实习近平总书记关于青年工作的重要思想及习近平总书记在同团中央新一届领导班子成员集体谈话时的重要讲话精神。

2. 加强凝聚新兴青年群体的思想引领是群团组织先进性的重要体现

在新时代的社会治理格局之下，新兴青年是共青团做好为党聚人、为党育人的重要领域。习近平总书记在庆祝中国共产主义青年团成立100周年大会上给共青团提出四点希望：第一，坚持为党育人，始终成为引领中国青年思想进步的政治学校。引导广大青年在思想洗礼、在实践锻造中不断增强做中国人的

---

① 中共中央文献研究室. 习近平关于青少年和共青团工作论述摘编［M］. 北京：中央文献出版社，2017：67–68.

② 习近平. 代表广大青年、赢得广大青年、依靠广大青年 让广大青年敢于有梦、勇于追梦、勤于圆梦［N］. 人民日报，2018-07-03（01）.

③ 切实肩负起新时代新征程党赋予的使命任务 充分激发广大青年在中国式现代化建设中挺膺担当［N］. 人民日报，2023-06-27（01）.

志气、骨气、底气。第二，自觉担当尽责，始终成为组织中国青年永久奋斗的先锋力量。要团结带领广大团员青年自觉听从党和人民召唤，胸怀“国之大者”，担当使命任务，到新时代新天地中去施展抱负、建功立业，争当伟大理想的追梦人，争做伟大事业的生力军。第三，心系广大青年，始终成为党联系青年最为牢固的桥梁纽带。千方百计为青年办实事、解难事，主动想青年之所想、急青年之所急，为青年提供实实在在的帮助。第四，勇于自我革命，始终成为紧跟党走在时代前列的先进组织。要敏于把握青年脉搏，依据青年工作生活方式新变化新特点，探索团的基层组织建设新思路新模式，带动青联、学联组织高扬爱国主义、社会主义旗帜，不断巩固和扩大青年爱国统一战线。① 习近平总书记围绕共青团工作的讲话为新时代群团工作提供了明确的指导方针和工作准则。群团组织要深度分析产业结构特征，坚持一体化、多层次、多领域的工作机制，加强思想引领的顶层设计，以“大群团”一体推进的工作模式，针对企业、行业特性，推动团建工作提质增效。

3. 关心新兴青年群体的利益诉求是群团组织的出发点和落脚点

2019 年 1 月，在中央党校“省部级主要领导干部坚持底线思维、着力防范化解重大风险专题研讨班”上，习近平总书记指出的七大领域重大风险中第一个就是青年问题。因此，加强青年研究既是理论的需要，也是现实的呼唤。对新的社会阶层中青年群体的研究，是我国在新时期、新发展阶段，根据新的发展需要做出的重大探索，既有把握当前政策的现实需要，也有重大而深远的战略意义。《中长期青年发展规划（2016—2025 年）》的第（七）条关于青年社会融入与社会参与部分指出：“增进不同青年群体的交流融合。整合各方资源，帮助解决重点、新兴青年群体的实际困难，增进新生代农民工、青年企业家、青年社会组织骨干、青年新媒体从业人员、高校青年教师、归国留学青年等群体的政治认同和社会参与。发挥共青团组织优势，主动联系新的社会阶层青年群体，吸纳他们中的优秀分子进入组织体系。创造条件推动不同阶层、不同领域青年群体进行经常性对话交流，增进理解、认同和包容，舒缓社会压力，融洽

① 习近平. 在庆祝中国共产主义青年团成立 100 周年大会上的重要讲话［N］. 人民日报，2022-05-11（01）.

社会关系。”这是推动新兴青年群体发展的基本政策保障，要把该规划的政策红利最充分地惠及每一位新兴青年。2023 年 6 月，团的十九大报告指出，要“展现发展全过程人民民主的青春热情。正确引导青年政治参与热情，把关心切身利益与关心人民整体利益、国家民族长远利益结合起来，畅通有序参与渠道，提高表达质量”。[①]

5.2.3　凝聚新兴青年群体是群团组织的独特优势

党领导下的工会、共青团、妇联等群团组织作为党的助手、党联系人民群众的桥梁和纽带，同一般社会组织相比，群团组织在表达它们所代表的群众利益、协调社会利益关系方面具有独特优势。2015 年 7 月 6 日，习近平总书记在党的群团工作会议上强调指出“党的群团工作是党通过群团组织开展的群众工作，是党组织动员广大人民群众为完成党的中心任务而奋斗的重要工作。这是我们党的一大创举，也是我们党的一大优势。[②]共青团作为党联系青年的桥梁和纽带，一直以来在青年群体中具有重要的影响力，特别是在凝聚新兴青年方面，群团组织具有广泛的群团组织网络覆盖、贴近青年的服务理念、多元化的活动载体、强大的资源整合能力、有效的思想引领和价值观塑造及灵活的动员和组织能力等优势，鉴于此，群团组织成功地吸引了大量新兴青年的主动关注和积极参与，为他们的成长和发展提供了有力支持，在凝聚新兴青年群体方面起到了不可替代的作用。

1. 组织优势

群团组织具有成熟的组织体系。群团的组织网络遍布全国各地，从学校到社区，从城市到农村，几乎无处不在。有着数以百万计的基层组织，既有国家和省级层面的组织机构，也有市、县一级的地方组织，还有在各类机关、企事业单位等建立的基层组织，形成从中央到基层的完整组织体系和横向到边、纵向到底的组织结构。在群团组织的内部组织结构上，既有纵向和横向相结合的

① 中国共产主义青年团第十九次全国代表大会在京开幕［N］. 人民日报，2023-06-20（01）.

② 习近平. 论党的青年工作［M］. 北京：中央文献出版社，2022：105-106.

组织体系，其成员及其所联系的群众更是涉及各条战线、各个领域、各个层面，与新兴青年群体有广泛的交集，为及时联系服务新兴青年群体提供了组织保障。凡是有新兴青年群体分布的地域，基本上都有群团组织及其成员的分布，这是其他社会团体难以比拟的。截至 2017 年 9 月底，全国已建工会基层组织 280.8 万个，工会会员人数 3.03 亿人，其中农民工会员 1.4 亿人。[①]这种广泛的组织网络为群团提供了与新兴青年接触的广阔平台。通过这个平台，群团能够迅速地将信息传递到新兴青年群体中，了解他们的需求和想法，进而提供有针对性的帮助和支持。共青团领导的各级青年联合会和统战部门，作为直接服务统战工作的青年组织，也在不断创新工作实践，组织领导的新的社会阶层人士联谊会等方式，以实现对新的社会阶层青年更好的团结和凝聚。

2. 工作优势

群团组织始终坚持“以青年为本”的服务理念，深入了解新兴青年群体的生活状态、思想动态和职业发展等需求。群团组织通过各种渠道，如线上社交平台与线下活动等，与新兴青年保持密切联系，确保服务内容贴近他们的实际、满足他们的多样化需求。群团组织善于运用各种活动载体来凝聚新兴青年群体。这些活动包括文化交流、技能培训、创新创业支持等。通过这些活动，共青团不仅为新兴青年提供了展示自我和实现价值的舞台，还促进了青年之间的交流与合作，增强了他们的归属感和凝聚力。群团具有灵活的动员和组织能力，能够快速响应社会热点和新兴青年需求，组织各种形式的社会实践和志愿服务活动。这些活动不仅锻炼了新兴青年的实践能力和团队协作精神，还增强了他们的社会责任感和公民意识。群团组织在资源整合方面具有显著优势，能够与政府部门、企业、社会组织等建立紧密的合作关系，共同为新兴青年提供全方位的支持和服务。这种资源整合能力不仅丰富了群团组织的服务内容，还提高了服务的质量和效率，使新兴青年能够从中获得更多实惠和帮助。

3. 政治优势

群团组织在思想引领和价值观塑造方面具有政治优势。通过开展主题教育

---

① 牢记使命，谱写新时代工会工作新篇章：2017 年全国工会“热词榜”盘点［N］. 工人日报，2018-01-12（07）.

活动、宣传先进典型等方式，引导新兴青年群体树立正确的世界观、人生观和价值观。同时，群团组织还积极传播正能量，倡导社会主义核心价值观，开展有效的思想引领和价值观塑造，帮助青年形成良好的道德品质和社会责任感。工会、共青团、妇联等群团组织的政治使命，就是巩固党在工人、青年、妇女中的群众基础，确保社会安定团结和国家长治久安。习近平总书记关于共青团、妇女工作、工人阶级和工会工作的重要论述，是群团组织加强新兴青年思想引领的重要指导思想和基本遵循。按照习近平总书记关于党的群团工作会议精神——“增三性”“去四化”的重要精神，进一步解放思想、改革创新、主动探索，帮助新兴青年维护合法权益，健全入会方式，将新兴青年吸引进来、组织起来。

5.3 群团组织凝聚新兴青年群体的实践路径

群团组织是党的青年工作组织，也是党领导下青年人自己的组织。群团组织负有为党做好青年的引领、凝聚和服务工作义不容辞的责任。近年来，群团组织在开展新兴青年群体工作方面取得了显著成绩，但同时也在工作机制、工作方法、服务成效等方面面临困境，影响了实际的工作效果，具体表现如下。

一是参与机制不健全，缺乏系统性。群团组织承接政府职能、参与社会事务管理的制度还不够完善，提供社会服务的渠道还不够顺畅，引导新兴青年参与基层治理的权责和机制也不够明晰，往往靠盲目参照以往的工作经验做出决定，欠缺规范化和系统化的工作机制，无法明确地把自身的职能与政府和其他社会管理部门职能区分开来。

二是合作机制欠统筹，缺乏协同性。群团组织本身存在部门壁垒，主动联系不足导致各自为战的现象较为严重，且处于碎片化的工作状态。由于尚未建立共同参与社会治理的跨群团的社会化合作组织，群团组织的整体作用不能得到充分发挥，距离“大群团”工作格局的要求还有一定距离。

群团组织作为联系青年的桥梁和纽带，要引领新兴青年深刻把握在全面建设社会主义现代化国家新征程上举什么旗、走什么路、以什么样的精神状态、朝着什么样的目标继续前进等根本性问题。为党培养后备力量是群团的根本职责。教育青年始终是共青团的根本任务，引导青年跟党走是群团组织的目标追求。基于群团政治性、先进性和群众性特点，对新兴青年“引领凝聚”的科学路径包括政治引领、思想引领和价值引领等 3 个维度。三者之间的辩证关系表现为政治引领是前提，思想引领是基础，价值引领是关键。

5.3.1 强化制度建设，加强新兴青年群体政治思想引领

习近平总书记要求共青团“主动对接国家重大战略和重大任务，组织动员广大青年立足本职岗位，积极投身中国式现代化建设，在科技创新、乡村振兴、绿色发展、社会服务、卫国戍边等各领域各方面工作中争当排头兵和生力军。”通过多种形式加强对新兴青年群体的政治思想引导，广泛宣传党的路线方针政策和社会主义核心价值观。将政治理论学习与社会实践相结合，围绕党的中心工作推进新兴青年群体政治引领和业务工作双向融合。

群团组织加强对新兴青年群体的政治思想引领要求做到“三要”：一是要牢牢把握政治性，用习近平新时代中国特色社会主义思想武装新兴青年，帮助他们增强“四个自信”，坚定不移听党话、跟党走；二是要始终坚持创新引领，针对新兴青年群体工作的新特点和新要求，开展深入系统研究，不断创新工作方法，持续优化工作载体；三是要聚焦形成工作合力，加强相关部门协调配合。群团组织一方面加强调查研究，摸清底数、掌握新兴青年群体的实际诉求，引导他们积极向各级党政建言献策，推动新兴青年群体相关劳动保障制度的日趋完善。

《共青团中央关于全面加强新时代青年社会组织共青团工作的意见》（2022 年 7 月 11 日）中强调“加大新兴领域青年社会组织建设力度”。群团组织要把建立组织作为凝聚新兴领域青年的重要抓手，通过“自己建、联合建、依托建、整合建”等方式，在网络作家、自由撰稿人、文创青年、影视行业从业者、独立演员歌手、自由美术工作者、非遗传承人、快递员、外卖配送员、网约车司

机等重点群体中，自下而上培育、孵化一批由共青团主管或发挥主导作用的青年社会组织。加强与统战、网信、文旅、文联、作协等部门的工作协同，在重点领域联合成立青年联谊会、行业协会、从业者联盟等形态的青年社会组织。鼓励并支持新兴领域青年带头人发起成立青年社会组织，符合登记条件的由团组织作为业务主管单位，加强政治引领和工作指导，确保其始终沿着正确方向发展。群团组织应加强对包括网络新兴青年群体在内的各领域青年的思想引领，与网络新兴青年群体建立有效的沟通渠道，鼓励和引导网络新兴青年群体有序参政议政，借助相关力量加强身份和档案管理，推动成立网络新兴青年群体实体组织，从被动应对向主动治理转变。[①] 群团组织要大力推进组织设置和活动方式创新，积极探索新兴组织和新兴业态党建工作，让党的旗帜在每一块阵地都高高飘扬，把思想引领做到每个新兴青年身边。

5.3.2 丰富活动内容，培养新兴领域基层治理人才

新兴青年群体体验当家作主的途径和形式是多种多样的，但只有亲身体验和实践，才能使新兴青年在实践中感受到参与基层治理的真谛和实质。群团组织在开展日常活动中，应注重不断完善青年意见的表达机制，使群团组织真正成为吸纳意见、汇集智慧、凝聚力量的大熔炉，输送更多的具有较高素质的青年治理人才，使他们走向社会的各个领域，将全过程人民民主的原则和精神发扬光大。群团组织要为那些政治素质高、专业造诣深、社会影响好的新兴青年参加各级青联等创造机会，吸纳新兴青年代表人士进入市、区两级青联组织。注重在团属社会组织换届、增补时吸纳网络从业人士、自由职业者、社会团体骨干等新兴青年，推动成立各省市青少年街舞协会、青年文学协会、青少年戏剧影视协会等新兴青年社会组织，扩大群团组织在新兴青年群体中的覆盖面；对确有专业才干又符合任职条件的，积极推荐他们到群团组织任职挂职兼职，

---

① 赵雷鹰，郭园庚．网络新兴青年群体现状及共青团引导工作［J］．中国青年社会科学，2018，37（3）：53–59．

充分发挥他们的聪明才智，选树典型。积极挖掘、培养新兴青年中的“带头人”和青年组织中的“排头兵”，推荐优秀青年代表进入政协、人大等组织体系，支持其在多元化平台建功立业。同时，择优推荐新兴青年参评“青年五四奖章”等各类荣誉奖项，凸显示范带动作用。通过社区“青年汇”加强新兴青年政治参与的宣传教育，让新兴青年了解政治参与的重要性、方式和途径，增强青年的民主意识，让新兴青年了解民主的基本原则和程序，掌握基本的民主技能和方法，深刻认识全过程人民民主的宝贵价值和实践要求。另外，要拓宽参与渠道，提高参与质量。党和政府及社会各界应该为青年提供更多的政治参与渠道，例如，保障民主选举、座谈会、听证会、协商民主等多样活动的充分开展，让青年有更多的机会参与到政治生活中来，增强社会治理的“主人公”意识。同时加强监督、管理、引导，确保青年政治参与的质量和效果，规范政治参与行为。特别是针对总量巨大、情况复杂的网络新兴青年群体开展工作，不能只把网络新兴青年群体当作管理对象，而是要立足于使其成为参与制定网络治理和社会治理政策的一员，依法有序地参与到社会建设的方方面面。这些形式反映了管理思路上从被动应对向主动治理的重要转变。①

5.3.3　深化组织建设，加强群团组织干部队伍建设

党中央高度重视做好新兴青年群体工作。习近平总书记对做好新兴领域青年工作多次提出明确要求。2015 年 7 月 6 日，习近平在党的群团工作会议上的讲话中强调，“群众流动频繁、分布不断变化，群团组织设置必须及时调整。要巩固已有的组织基础，加快新领域新阶层组织建设，形成完善的组织体系，实现有效覆盖。工会、共青团、妇联要探索以多种方式构建纵横交织的网络化组织体系，做到哪里有群众、哪里就要有自己的组织，怎么有利于做好工作，就

① 赵雷鹰，郭园庚．网络新兴青年群体现状及共青团引导工作［J］．中国青年社会科学，2018，37（3）：53-59．

怎么建组织。”[①]党中央的群团工作会议精神是各级群团工作的指导思想和行动方针。做好新时代新兴青年群体工作，是党交给共青团的重要政治任务，是深化共青团改革、进一步提升团的组织力、不断巩固和扩大党执政的青年群众基础的重要要求。习近平总书记始终强调：“团的干部，必须提高工作能力。当今时代是知识爆炸的时代，各种新知识新技术日新月异、新情况新问题层出不穷。”团干部要想做好新经济组织、新社会组织、网络空间、现代艺术等方面青年的工作，其实是不容易的。因为这些青年做的工作往往是前沿性的，操作的技术都是最先进的，吸收的观念都是最时尚的，简简单单做工作不会有成效，而是要下很大功夫。这就要求各级团干部要深入研究把握新兴领域青年的群体特征、思想动态和利益诉求，切实提高思想政治引领的针对性实效性，将新兴领域青年最大程度凝聚在党的周围。加大新兴领域青年骨干的挖掘和培养力度，充分发挥其专业优势和奉献热情，引导他们成为紧跟党走、协同团组织开展社会公益服务的重要力量。

5.3.4 拓宽组织渠道，扩大群团组织覆盖面

习近平总书记指出，我们党历来有一个好办法，就是组织起来。2022 年 5 月 10 日，习近平总书记在庆祝中国共产主义青年团成立 100 周年大会上强调：“在新的征程上，如何更好把青年团结起来、组织起来、动员起来，为实现第二个百年奋斗目标、实现中华民族伟大复兴的中国梦而奋斗，是新时代中国青年运动和青年工作必须回答的重大课题。”[②] 2022 年 10 月 16 日，党的二十大报告中提出“加强混合所有制企业、非公有制企业党建工作，理顺行业协会、学会、商会党建工作管理体制。加强新经济组织、新社会组织、新就业群体党的建设。”“两企三新”党建工作中“两企”是指混合所有制企业、非公有制企业；“三新”

① 习近平. 切实保持和增强政治性先进性群众性开创新形势下党的群团工作新局面［N］. 人民日报，2015-07-08（01）.

② 习近平在庆祝中国共产主义青年团成立 100 周年大会上的讲话［N］. 人民日报，2022-05-11（01）.

是指“新经济组织、新社会组织、新就业群体”。[①]从本质上来说，组织就是一种关系空间，是基于一定目标和功能，按照一定原则和制度将人们整合起来的一种关系复合体。作为党的青年组织，共青团是中国最大的青年组织，具有“点多、线长、面广”的组织特征，从理论上讲，只要有青年的地方，共青团就能够将组织网络或工作触角延伸进去。因此，基于社会运行原则共青团可以将不同青年中所拥有的资源通过组织网络和组织体系进行调剂，从而在青年社会资源相互补充过程中，满足不同青年群体的需求。与青年建立密切关系是共青团的基础性政治任务，不断拓宽宣传和联系青年的渠道，让广大青年认识到他们与青年组织的密不可分的关系。

中国共青团作为中国共产党的助手与后备军，在政治建设和国家建设的不同的历史时期都应该在与青年关系中扮演并承担主导者的角色。原共青团中央书记处第一书记贺军科同志在全国共青团基层组织改革综合试点工作电视电话会议上的讲话（中青发〔2019〕10 号）中曾指出：要构建有实际作用的“两新”领域团的组织体系，突出“团办青年社团”理念，适应社会结构变化、青年聚集分布特点和社会心理需求，探索组织资源新的生长空间和新架构，通过组织化、社会化、扁平化、群众化的方式应对青年组织形态发生变化。用共同的政治理想、价值追求、兴趣爱好等枢纽，对人员、资源进行再组织，在县域范围内培育建立一批志愿服务、创业就业、文化体育、社会实践等共青团主导的、广大青年欢迎的、具有稳定功能的青年组织，有效应对青年流动性不断加大和工作形势的新变化。要积极利用区“青年汇”和青年之家及筑梦空间等团属社会化阵地，为新兴青年群体提供活动、交流创业等空间和条件，使之成为新兴青年群体有需求时想得起、愿意来、找得到的固定阵地。由于青年群体的分化、互联和重组，各类青年社会组织发展速度惊人，其组织形态也层出不穷。这些组织不仅包括党政或相关部门主动建构的组织，包括青年根据不同需求和目的自我建构的组织，如网络联结形态、各类兴趣组合形态及一些临时聚集的自发

---

① 高举中国特色社会主义伟大旗帜 为全面建设社会主义现代化国家而团结奋斗［N］. 人民日报 2022-10-17（01）.

组织等。这些组织的出现和发展，需要共青团组织体系最广泛地吸纳各类有代表性、有影响力的青年社会组织，进而通过这些组织团结服务更多新兴青年。以全国青联为例，截至 2023 年 12 月，共有团体会员 49 个，其中全国性社团会员 14 个、地方会员 31 个、行业（系统）会员 4 个，不断延伸组织“触角”，织成了一个强大的青年工作网络。[①]积极推动群团组织向互联网新兴领域和新兴青年群体延伸，采用各种方式吸引、鼓励、指导规模较大的平台企业建立企业工会、妇联、共青团等，加强对新兴青年群体的组织覆盖。

① 钟宇慧，沈瑶. 巩固和扩大青年爱国统一战线 团结一切可以团结的青年力量[J]. 中国共青团，2024（10）：5-12.

6 社会组织视域下新兴青年群体组织化实现路径

社会组织是我国社会主义现代化建设的重要力量，是市场经济发展的必然结果。党和国家历来高度重视社会组织工作，改革开放以来，在各级党委和政府的重视和支持下，我国社会组织在产生、发展、成长和壮大的进程中，聚集了众多新的社会阶层人士。这些社会组织在促进经济发展、繁荣社会事业、创新社会治理、扩大对外交往、巩固统一战线，以及团结凝聚新兴青年群体等方面发挥了积极作用。

6.1 社会组织的概念特征与历史演变

社会组织作为社会发展的重要组成部分，类型繁多，功能各异。不同类型的社会组织在社会发展中扮演着不同的角色，共同推动社会的进步和发展。了解社会组织的概念、分类及其特点与历史演变有助于我们更好地认识社会组织的价值和作用，促进社会组织的健康发展。

6.1.1 社会组织的概念与分类

1. 社会组织的内涵与外延

社会组织的前身是“民间组织”。民间组织是公民社会的组织化形式。公民社会如果要保持自治性行动，表达自己的意愿的时候，就必须通过自己的组织实现。2007 年发布的《民政事业发展统计报告》正式使用“社会组织”替代了“民间组织”，由此，社会组织的内涵也从最初的“社会团体”扩展为“社会团体”与“民办非企业单位”。直到“基金会”也纳入统计范围，民政部社会组织的三大类型才开始正式成型。

在中国的语境下，民间组织从狭义上来说，它是指有着共同利益追求的公民自愿组成并且得到民政部门登记认可、有业务主管部门的非营利性社会组织，包括社团、民办非企业单位与基金会三大种类。从广义上来说，它是指有共同利益追求的公民自愿组成的非营利性社会组织，包括众多没有在民政部登记的草根型民间组织。[①] 2016 年，中共中央办公厅、国务院办公厅印发的《关于改革社会组织管理制度促进社会组织健康有序发展的意见》（以下简称《意见》）指出：“以社会团体、基金会和社会服务机构为主体组成的社会组织，是我国社会主义现代化建设的重要力量。”[②]《意见》使用的是社会组织狭义的概念。我国民政部门将社会团体和民办非企业单位、基金会一起称为社会组织。对社会组织范围的界定与民政部使用的社会组织狭义的概念基本一致，本书采纳狭义的社会组织的概念，即包含社会团体、基金会和社会服务机构等。社会团体是指中国公民自愿组成的，为实现会员共同意愿，按照其章程开展活动的非营利性社会组织。[③] 社会服务机构在有的文件中也称为“民办非企业单位”，是指企

① 闫东. 中国共产党与民间组织关系研究［M］. 北京：中央编译出版社，2011：19.

② 中共中央办公厅 国务院办公厅印发《关于改革社会组织管理制度促进社会组织健康有序发展的意见》［EB/OL］［2016-08-21］. https://www.gov.cn/zhengce/2016-08/21/content_5101125.htm.

③ 社会团体登记管理条例.［EB/OL］［2016-02-06］. https://www.mca.gov.cn/n2623/n2687/n2696/n2744/c116048/content.html.

业事业单位、社会团体和其他社会力量及公民个人利用非国有资产举办的，从事非营利性社会服务活动的社会组织。[①]

1）社会团体

社会团体从1950年政务院第52次会议通过的《社会团体登记暂行办法》中几乎包括所有类型的社会组织，到经过修订，逐渐演变为具有明确的登记范围。1998年10月，第250号国务院令发布了新的《社会团体登记管理条例》，其中规定“本条例所称社会团体，是指中国公民自愿组成，为实现会员共同意愿，按照其章程开展活动的非营利性社会组织。”[②]社会团体具有非营利性、自愿性、正式结社等特点，是社会组织中最为常见的一种类型。由于数量最多，一般将社会团体分为行业性团体、学术性团体、专业性团体、联合性团体等4类。[③]行业性社团主要有经济领域各行业相同的企业组成的行业协会、同业公会等。这些社团在推动行业发展、维护行业秩序、促进行业交流等方面发挥着重要作用。例如，中国纺织工业协会、中国机械工业联合会等都是典型的行业性社团。学术性社团主要有专家、学者和科研人员组成的各类学会、研究会等。这些社团在推动学术研究、促进学术交流、培养学术人才等方面具有重要地位。例如，中国科学技术协会、中国数学会等都是知名的学术性社团。专业性社团主要有经济、社会各领域的专业人员和专业组织组成的各类协会等。这些社团在提供专业服务、推动专业发展、维护专业权益等方面发挥着积极作用。例如，中国律师协会、中国注册会计师协会等都是典型的专业性社团。联合性社团主要由不同利益需求的人群或各类社团组成的联合体，如联合会、商会、促进会、俱乐部、校友会、联谊会等。这些社团在促进资源共享、加强交流合作、推动共同发展等方面具有独特优势。例如，中国中小企业协会、中国企业家联合会等都是知名的联合性社团。

---

① 民办非企业单位登记管理暂行条例.［EB/OL］［1998-10-25］. https://dj.chinanpo.mca.gov.cn/ds/2403019115.html#.

② 社会团体登记管理条例.［EB/OL］［2016-02-06］. https://www.mca.gov.cn/n2623/n2687/n2696/n2744/c116048/content.html.

③ 吴忠泽，陈金罗. 社团管理工作［M］. 北京：中国社会出版社，1996：19.

2）基金会

基金会的概念也经历从模糊到逐渐清晰的发展演变过程。1988 年发布的《基金会管理办法》内容简单笼统，对基金会的定义并不准确。为了适应社会团体发展现状，2004 年 3 月，国务院发布了《基金会管理条例》，对基金会的性质和登记范围作了明确规定。2016 年 5 月，民政部起草了《基金会管理条例（修订草案征求意见稿）》，旨在进一步加强和完善社会公众参与慈善事业的法治保障。基金会是指利用自然人、法人或者其他组织捐赠的财产，以从事公益事业为目的，依法成立的非营利性法人。[①]基金会具有非营利性、公益性、捐赠财产为基础等特点，是社会组织中一种特殊的类型。

基金会又分为公募基金会和非公募基金会。公募基金会面向公众募捐，其资金来源广泛，可以通过各种渠道筹集资金用于公益事业。公募基金会在推动社会公益事业发展、增强社会公益意识等方面具有重要作用。例如，中国红十字会、中华慈善总会等都是知名的公募基金会。非公募基金会不面向公众募捐，其资金来源主要由特定个人或组织捐赠。非公募基金会在推动特定领域公益事业发展、实现特定公益目标等方面具有独特优势。例如，一些企业家成立的个人基金会、专项基金等都属于非公募基金会范畴。

3）社会服务机构

这里所指的社会服务机构仅限于民办非企业单位。2016 年 5 月，民政部起草了《社会服务机构登记管理条例》(《民办非企业单位登记管理暂行条例》修订草案征求意见稿)，其中对民办非企业单位进行了规范表述，对社会服务机构的定义是“自然人、法人或者其他组织为了提供社会服务，主要利用非国有资产设立的非营利性法人。”行业性协会是社会组织中最为常见的一种社会服务机构。作为一种非营利性的社会组织，主要服务于其所在的行业，促进该行业的健康发展。它们通过制定行业标准、进行行业自律、组织行业活动等方式，加强了行业内企业间的合作与交流，提高了整个行业的竞争力。同时，行业协会还扮演着政府与企业之间的桥梁和纽带角色，为政府提供行业内的意见和建议，

① 基金会管理条例［EB/OL］. https://www.gov.cn/gongbao/content/2004/content_62724.htm.

为企业传达政府的政策意图。行业协会是市场经济发展的必然产物，也是经济社会发展到一定阶段国家与社会相对分离的基本表现。大量社会组织产生、发展、成长和壮大，聚集了众多“体制外”的新的社会阶层人士。行业协会作为一个行业的专业组织，通常具备强大的信息收集和分析能力。对于新兴青年群体来说，了解行业动态、政策走向、市场需求等信息至关重要。行业协会可以通过定期发布行业报告、政策解读、市场分析等，为新兴青年群体提供全面而深入的信息服务，帮助他们把握行业发展趋势，明确自身发展方向。新行业和新职业的发展，最终取决于社会的认可、支持和参与。提升产品和服务的质量、规范和约束企业组织行为、对接国家制度和政策，从根本来说都是为了让社会大众认识到新行业和新职业群体的正向社会价值，从而获得社会的认可。行业协会在整合市场和行政资源、提高产品和服务质量的方面，起到了转变社会大众的思想观念、提升社会形象的中介作用，在新行业和新职业群体发展壮大过程中发挥了重要功能。

2. 社会组织的分类

目前，民政部对社会组织按照国内与国外进行分类统计，国内社会组织按照业务领域细分。社会组织按照业务领域划分为 13 类：工商服务业类、科技研究类、教育类、卫生类、社会服务类、文化类、体育类、生态环境类、法律类、宗教类、农业及农村发展类、职业及从业组织类、其他。民办非企业单位则主要包括 10 类：工商业服务类、科技服务类、社会服务类、文化类、教育类、生态环境类、卫生类、体育类、法律类、宗教类。学者俞可平根据社会组织的法定目标将社会团体分成会员互益型组织、运作型组织和会员公益型组织 3 类；根据社会组织与政府的关系将其分为官办、半官办和民办 3 种；根据对社会组织的管理形式将它们分成有业务主管单位、无业务主管单位和业务主管单位不明确 3 类；根据是否实行会员制 将其分为会员制和非会员制 2 类；根据其组织结构的松紧程度将其分为松散型、紧密型、金字塔型、网络型等；根据其服务对象将社会组织分为“公益型”和“互益型”2 类，等等。一些学者为了周延对各种社会组织的分类，引入了主体加功能的分类标准，并将目前中国的全国性社会团体分为 17 类。[①] 学者邓国胜主张借用国外的标准：一是联合国的产业分类标准（ISIC），它将非营利组织分成 3 个大类 15 个小类。即教育类包括小学教育、中学教育、大学教育和成人教育；医疗和社会工作类包括医疗保健、兽医和社会工作；其他社会和个人服务类包括环境卫生、商会和行业协会、工会、娱乐组织、图书馆、博物馆及文化、体育和休闲组织等。二是西方国家一些专业研究机构的分类标准，例如，清华大学公共管理学院就基本上采用美国霍布金斯大学非营利组织比较研究中心制定的分类法，将中国的社会组织分成 12 个大类 27 个小类：文体类、教育类、卫生保健类、社会服务和救助类、生态环境保护类、社区服务类、咨询类、公益基金及志愿服务类、国际交流及援助类、宗教类、行业类和其他。[②]

3. 社会组织相关概念辨析

"社会组织"与"青年社会组织"在内涵和外延上存在一定的重合。我国目前大多数青年社会组织成立于 2008 年前后，因此，2008 年被称为"NGO（Non-Governmental Organization，非政府组织）元年"。目前以新兴青年群体为主体的青年社会组织的总体特征表现为活跃度不高、专业化程度低、资金缺乏、制度性和规范性不足等。近年来，以政府为主的支持力度不断加大，包括加大资金扶持力度、完善政府购买服务机制、公益创投和公益信托等社会创投方式帮助社会组织走上健康发展之路。

"青年社会组织"的正式提法出自《中长期青年发展规划（2016—2025）》（以下简称《规划》），《规划》提出"引导青年社会组织健康有序发展"。具体而言，"加强对青年社会组织的政治引领，完善党委和政府与青年社会组织的沟通交流机制，把对青年社会组织的管理和引导纳入法治化轨道……重点支持行为规范、运作有序、公信力强、适应经济社会发展要求的青年社会组织，重点发展科技类、公益慈善类、城乡社区服务类青年社会组织，积极发挥重点青年社

① 俞可平. 中国公民社会：概念、分类与制度环境［J］. 中国社会科学，2006（1）：109-122.

② 邓国胜. 非营利组织评估［M］. 北京：社会科学文献出版社，2001：5-6.

会组织的示范带动作用。”[①] 2016 年，团中央社会联络部委托对外经济贸易大学的廉思教授课题组完成了《中国青年社会组织从业者调查报告》。该报告对青年社会组织进行了概念界定，即以青年为从业者主体及以青年为主要服务对象的社会组织，并已正式注册或登记备案的青年社会组织。

6.1.2 社会组织的特征与功能

社会组织作为现代社会的重要组成部分，具有一系列独有的特征，这些特征不仅决定了其存在的必要性，也决定了其在社会发展中的重要作用。它们能够满足社会需求、整合社会资源、提高活动效率及促进公民参与等方面的作用。在未来，社会组织将继续在社会发展中发挥重要的作用，为人类社会的和谐稳定和发展作出贡献。

1. 社会组织的特征

社会组织有以下 4 个显著的特点。其一是非政府性，即这些组织是以民间的形式出现的，它不代表政府或国家的立场；其二是非营利性，即它们不把获取利润当作生存的主要目的，而通常把提供公益和公共服务当作其主要目标；其三是相对独立性，即它们拥有自己的组织机制和管理机制，有独立的经济来源，无论在政治上、管理上还是在财政上，它们都在相当程度上独立于政府；其四是自愿性，参加公民社会组织的成员都不是强迫的，而是完全自愿的。

1）非政府性

非政府性是指社会组织不是政府机构的组成部分。由于历史的原因，社会组织尤其是社会团体这一类社会组织有相当数量具有官方背景，有的社会团体就是在机构改革中由国家机关转变而来。2016 年 8 月，中共中央办公厅、国务院办公厅印发了《关于改革社会组织管理制度促进社会组织健康有序发展的意见》，强调要贯彻落实《行业协会商会与行政机关脱钩总体方案》。除法律法规有特殊规定外，政府部门不得授权或委托社会组织行使行政审批。严格执行《中

① 中共中央 国务院印发《中长期青年发展规划（2016—2025 年）》[EB/OL][2017-04-13]. https://www.gov.cn/zhengce/202203/content_3635263.htm#1.

共中央办公厅、国务院办公厅关于党政机关领导干部不兼任社会团体领导职务的通知》《中共中央组织部关于规范退（离）休干部在社会团体兼职问题的通知》，从严规范公务员兼任社会团体负责人。[①]上述文件从组织上、人事上增强了社会组织的非政府性。

2）非营利性

非营利性是社会组织的一个重要特征。行业协会的主要目的不是为了追求经济利益，而是为会员提供服务，代表行业发声，并维护行业的共同利益。这种非营利性使得行业协会能够专注于为会员提供高质量的服务，而不必分心于追求商业利润。非营利性是社会组织的标志性特征，主要是指社会组织为公益目的或者其他非营利性目的，不向出资人、设立人或者会员分配所得利润，所产生的收益用作组织活动的资金。这种非营利性使得社会组织能够更加专注于社会问题的解决，为社会作出更大的贡献。

3）独立性

社会组织的独立性一般是指社会组织有自身的内部治理机制，自己有权停止活动，能完全控制其自身事务。《社会组织登记管理条例（草案征求意见稿）》第五条就规定："国家保护社会组织依法开展活动"，同时还规定了"会员大会或者会员代表大会是社团团体的权力机构""理事会是基金会、社会服务机构的决策机构"，充分保证了社会组织的独立性。

4）自愿性

社会组织的成员通常具有自愿性。社会组织的会员参与社会组织的活动及资源集中是以自愿为基础的，既非法律要求亦非强制。同业的企业或其他经济组织可以自愿选择是否加入行业协会，这一特点体现了行业协会的民主性和开放性。同时，行业协会会员也有权自愿选择退出，这保证了行业协会的灵活性和适应性。新兴青年出于对组织的认同和信仰，自愿加入组织并承担相应的职责和义务。这种自愿性使得社会组织能够吸引更多具有共同价值观和追求的新兴青年加入，为组织的发展提供源源不断的动力。

---

① 江苏省社会主义学院．新的社会阶层组织化研究［M］．江苏：河海大学出版社，2019：143．

2. 社会组织的功能

自2004年9月，中共十六届四中全会通过的《中共中央关于党的执政能力建设的决定》明确提出“发挥社团、行业组织和社会中介组织提供服务、反映诉求、规范行为的作用，形成社会管理和社会服务的合力”[①]之后，2013年3月，第十二届全国人大第一次会议批准通过的《国务院机构改革和职能转变方案》再次强调了这一社会组织的功能定位。2016年8月，中共中央办公厅、国务院办公厅印发的《关于改革社会组织管理制度促进社会组织健康有序发展的意见》中提出“支持社会组织尤其是行业协会商会在服务企业发展、规范市场秩序、开展行业自律、制定团体标准、维护会员权益、调解贸易纠纷等方面发挥作用，使之成为推动经济发展的重要力量。支持社会组织在创新社会治理、化解社会矛盾、维护社会秩序、促进社会和谐等方面发挥作用，使之成为社会建设的重要主体。

1）提供组织服务

在市场经济活动中，政府开展公共服务的作用毕竟有限，而社会组织的属性决定其可以发挥行业自律、行业调节、活跃市场经济主体的重要作用。随着新就业形态不断发展，新兴青年群体的规模不断壮大，社会组织将在募集社会资金、动员公众参与、吸引志愿人员、直接面向个人或群众帮助解决具体问题与困难等方面发挥更多的服务功能。社会组织通过开展培训、组织灌输等培育其统一战线意识，赋予其开展统一战线工作的职能。注重培养发现社会组织领军人物，例如，推荐他们为政协委员或人大代表候选人、社会安排（社会团体职务）乃至政府部门任职等，帮助他们扩大影响。

2）提供诉求平台

行业协会在经济、政治、文化、社会及生态文明建设等各个领域增强了社会治理功能。在新就业形态下，我国经济社会结构发生了重大变化，体制外就业人员大量出现导致利益主体日益多元化，原有的组织形式在反映诉求渠道方面不足以覆盖新兴青年群体，在这种情况下，社会组织的发展及

---

① 中共中央文献研究室．十六大以来重要文献选编：中［M］．北京：中央文献出版社，2011：287.

时弥补了这一不足，可以多渠道、多层次地反映新兴青年的社会诉求，促进社会和谐。

3）提供规范指导

行业协会在政府指导、依法活动的基础上，通过其宗旨、章程和自律，引导其成员遵守国家法律法规和社会公德，充分发挥社会治理作用。社会组织还可以发挥桥梁和纽带作用，使社会组织自治机制的作用与政府管理职能相结合收到更好的效果。支持社会组织在发展公益慈善事业、繁荣科学文化、扩大就业渠道等方面发挥作用，满足人民群众多样化需求。”① 新的历史条件下，做好新形势下的社会组织工作，建立健全与新兴青年的联系机制是中国共产党巩固执政基础、扩大群众基础、提高执政能力的历史性机遇。

6.1.3 社会组织统战工作发展历史进程

社会组织的称谓先后经历了民间组织—社会团体—社会中介组织—新社会组织—社会组织的演化过程。这一过程既有前后相继的趋势，也有同时存在交叉使用的情况。

以毛泽东为代表的中国共产党人，在大革命时期就已对当时的历史形势与任务有了较为正确的认识，提出要利用与发展民间组织。在这种形势下，中国共产党不仅积极建立诸如工会、农会、抗日团体、学生爱国组织等的民间组织，而且还进入到“黄色工会”“流氓组织”之中，争取领导他们。② 新中国成立后，各种类型的社会组织特征不够明显。高度集中的计划经济体制和高度集权的政治体制使得民间组织的发展受到了限制。

十一届三中全会以后，党的工作重心从“以阶级斗争为纲”转到以经济建设为中心，民间组织的发展有了正确的政治路线的保证。计划经济体制向市场经济体制的转变，为民间组织的发展提供了条件和动因。改革开放后伴随着市

① 中共中央办公厅 国务院办公厅印发《关于改革社会组织管理制度促进社会组织健康有序发展的意见》[EB/OL][2016-08-21]. https://www.gov.cn/gongbao/content/2016/content_5106178.htm.

② 闫东. 中国共产党与民间组织关系研究 [M]. 北京：中央编译出版社，2011：66.

场经济的发展，社会组织聚集了众多“体制外”的新的社会阶层人士。可以说，市场经济的发展，为民间组织的发展提供了经济、政治、文化观念等支撑。中国共产党日益重视公民自由、民主、平等的利益与权利，公民的权利义务体系得到完善，这就为公民结社自由，即民间组织的发展提供了基础性条件与动力。许多民间组织恢复了活动，还有一些民间组织被创建起来。随着市场化改革的深入，政府允许和推动各类市场中介组织发展。1993 年，党的十四届三中全会用了“市场中介组织”的表述。1997 年，中共十五大报告提出“培育和发展社会中介组织”，这一概念首次出现在党代会报告中。随着单位体制改革，需要建立新型的社会保障体制。由于政府和企业的能力有限，无法满足社会保障的需要，政府只得要求社会力量加盟，允许成立一些提供社会保障服务的社会团体，如主要为残疾人服务的残疾人联合会、主要为贫困地区失学儿童服务的中国青少年发展基金会。

2002 年，中共十六大报告强调，“加大在社会团体和社会中介组织中建立党组织的工作力度”。按照中央组织部《关于加强社会团体党的建设工作的意见》和中央组织部、民政部《关于在社会团体中建立党组织有关问题的通知》，社会团体中党组织的职责可以概括为：① 支持社会团体及其负责人按照社团章程中规定的宗旨、任务开展工作；② 加强对党员的教育、管理和监督，通过发挥党员的先锋模范作用，积极开展业务活动，发挥社会团体在社会主义建设中的作用；③ 监督社会团体负责人贯彻党的路线、方针、政策，遵守国家法律、法规。民办非企业单位、社会中介组织、自发性群众活动群体及社区中的党组织，面对的环境各不相同，也应在全面贯彻执行党章所规定的党的基层组织基本任务的同时，探索和明确各自的工作职责，以指导实践，检验成效。

社会组织这一概念最早出现在 2004 年党的十六届四中全会通过的《中共中央关于加强党的执政能力建设的决定》中，该《决定》指出要“加强和改进对各类社会组织的管理和监督”。① 2006 年，中共十六届六中全会通过的《中

① 中共中央关于加强党的执政能力建设的决定［EB/OL］［2008-08-20］. https://www.gov.cn/test/2008-08/20/content_1075279.htm.

共中央关于构建社会主义和谐社会若干重大问题的决定》提出“推进政事分开，支持社会组织参与社会管理和公共服务”。并对社会组织进行了详细的阐释：“健全社会组织，增强服务社会功能。坚持培育发展和管理监督并重，完善培育扶持和依法管理社会组织的政策，发挥各类社会组织提供服务、反映诉求、规范行为的作用。发展和规范律师、公证、会计、资产评估等机构，鼓励社会力量在教育、科技、文化、卫生、体育、社会福利等领域兴办民办非企业单位。发挥行业协会、学会、商会等社会团体的社会功能，为经济社会发展服务。发展和规范各类基金会，促进公益事业发展。引导各类社会组织加强自身建设，提高自律性和诚信度。”[①] 2007 年，中共十七大报告则强调“规范发展行业协会和市场中介组织”。再一次确认了“社会组织”这一称谓，并提出“发挥社会组织在扩大群众参与、反映群众诉求方面的积极作用，增强社会自治功能”。2007 年 11 月，民政部召开全国社会组织建设和管理工作经验交流会，会议中宣布，今后启用“社会组织”这一新的提法，不再沿用“民间组织”的叫法。由此，“社会组织”取代“民间组织”成为官方称谓。中共十七大报告明确提出了“发挥社会组织在扩大群众参与、反映群众诉求方面的积极作用，增强社会自治功能”。

2013 年 11 月，中共十八届三中全会通过的《中共中央关于全面深化改革若干重大问题的决定》（以下简称《决定》）提出，要创新社会治理体制，激发社会组织活力，要求“加快实施政社分开，推进社会组织明确权责、依法自治、发挥作用。适合由社会组织明确权责、依法自治、发挥作用。适合由社会组织提供的公共服务和解决的事项，交由社会组织承担”。《决定》强调“重点培育和优先发展行业协会商会类、科技类、公益慈善类、城乡社区服务类社会组织，成立时直接依法申请登记”。[②] 2015 年 9 月，中共中央办公厅印发的《关于加强社会组织党的建设工作的意见（试行）》中，对社会组织所包含的组织类型做

---

① 中共中央关于构建社会主义和谐社会若干重大问题的决定［EB/OL］［2006-10-11］. https://www.gov.cn/gongbao/content/2006/content_453176.htm.

② 中共中央文献研究室. 十八大以来重要文献选编［M］. 北京：中央文献出版社，2014：539-540.

了概括："社会组织主要包括社会团体、民办非企业单位、基金会、社会中介组织以及城乡社区社会组织等。"由此，社会组织的内涵更加丰富，至今一直沿用"社会组织"这一称谓。2016 年 8 月 30 日，民政部民间组织管理局正式更名为社会组织管理局，从组织领导机构名称上最终完成了统一。在民政部文件及网站中，社会组织包括社会团体、民办非企业单位和基金会。截至 2025 年 4 月 25 日，民政部网站统计数据社会组织关于社会团体、民办非企业单位、基金会的统计数据分别为 38.2 万个、47.8 万个和 9 836 个。①

社会组织不仅是社会主义市场经济的重要组成部分，更是基层治理体系中的重要力量。社会组织促进了经济主体间的合作交流、互信互惠，增强了经济活动中的平等性和规范性，在经济和社会发展的多个方面都发挥着协调和促进的作用。近年来，社会组织在整合资源、服务民众、提升人民福祉等方面起到重要作用。目前，我国社会的组织方式正向着"再组织化"的方向发展，社会组织由此出现了新的特点。新就业形态在推动创新、增加就业、改善民生等方面发挥着重要作用，同时，"两新"组织党建工作成为新时代党的基层组织建设的一个重要领域。而进一步加强党建引领是中国特色社会主义的本质特征，也是中国特色社会主义的最大优势。在社会组织中，一要扩大党的组织覆盖范围，推动党的组织有效嵌入各类社会组织，覆盖各类社会群体；二要创新党组织设置方式，使每一名党员都纳入党组织的有效管理，使其发挥先锋模范作用；三要改进基层党组织的工作方式，使党的各项功能在各类组织中润物无声地得以实现。

6.2 依托社会组织加强新兴青年群体组织化的必要性与时代意义

新兴青年群体参与社会组织的比例逐年上升，他们在社会组织的活动中

① 2025 年 1 季度民政统计数据［EB/OL］. https://www.mca.gov.cn/mzsj/xzqh/2025/202501dyjdtjsj.htm.

发挥着越来越重要的作用。新兴青年群体的加入不仅为社会组织带来了更多的活力和创新力，也推动了社会组织的品牌建设和形象塑造。同时，新兴青年群体的参与还有助于增进社会信任、促进社会和谐稳定，为社会的持续发展注入新的动力。

随着社会的快速发展和科技的日新月异，新兴青年群体逐渐崭露头角，成为推动社会进步的重要力量。新兴青年群体具有自主性、多样性、创新性和国际性的特点，他们在推动社会进步、促进文化交流、倡导公益事业等方面发挥着重要作用。社会组织通过关注他们的需求和利益，为他们提供服务和支持。作为连接新兴青年群体和社会的桥梁，社会组织吸纳新兴青年群体的必要性日益凸显。

6.2.1 社会组织吸纳新兴青年群体的必要性

新兴青年群体的利益表达途径大多是原子化的、分散化的。如果新兴青年群体组织化程度较低，其利益表达经常会遇到表达失败。表达失败并没有消除其利益需求，如果经常性地表达失败，就有可能采取非制度化的表达方式，从而破坏政治稳定与社会和谐。因而，社会组织吸纳新兴青年群体，实现新兴青年群体的适度组织化有助于发挥其自身优势，促进社会和谐。

1. 社会组织吸纳新兴青年群体有利于自身组织建设

新兴青年群体的加入可以为社会组织带来更加活跃的氛围、更加创新的思维方式和更加广泛的资源网络，有助于提升社会组织的活力、创新能力与品牌形象。他们敢于尝试新的方法和策略，勇于挑战传统观念，为组织的发展提供源源不断的动力。新兴青年群体作为社会中的一股新兴力量，他们通常具有积极向上的形象和正面的价值观，他们的参与可以为组织树立良好的社会形象，吸引更多的关注和支持。同时，新兴青年群体的影响力也可以帮助组织更好地传播其理念和价值观，推动社会的进步和发展。与此同时，新兴青年群体的创新思维和创造力也可以为组织带来新的发展机遇和增长点。

2. 社会组织与新兴青年群体实现共赢

新兴青年群体是建设中国特色社会主义事业的重要力量。新兴青年加入社会组织后，有助于拓展社会组织的资源网络，新兴青年群体通常具备广泛的社交网络和人脉资源，他们的加入可以为社会组织带来更多的合作伙伴和资源支持。通过与新兴青年群体的交流和合作，社会组织可以更好地了解他们的实际需求，从而更好地服务于他们。新兴青年群体关注社会问题，具有强烈的社会责任感和使命感。他们通过参加社会组织的项目和服务，直接参与社会问题的解决，为社会贡献自己的力量。社会组织的项目涉及教育、环保、扶贫等多个领域，这些领域的有效推进离不开新兴青年的广泛参与和支持。他们的加入，可以为社会组织的项目提供更加专业化和高效化的支持，推动社会问题的有效解决。社会组织肩负着行业自律、行业调整、活跃市场经济主体的重任，服务国家、服务社会、服务群众、服务行业。它们吸纳新的社会阶层人士，借助组织化的平台，充分发挥青年的主体作用，引导新的社会阶层人士正确看待改革发展中的利益关系。同时，社会组织搭建起政府与市场主体、社会之间的桥梁，多层次、多渠道、合理有序地反映合理诉求，为新兴青年参与社会基层治理提供广阔空间，助力他们在社会主义建设中发挥更大作用。

3. 社会组织为新兴青年群体的个人成长与发展搭建平台

新兴青年群体通过参与社会组织的活动，不仅能够积累实践经验，还能全方位提升能力素质，为未来的职业发展打下坚实的基础。同时，社会组织也得以从中选拔出优秀的青年人才，为自身的可持续发展提供有力的人才保障。加入社会组织对于新兴青年个人的成长与发展具有重要意义。在组织的各类活动中，新兴青年可以锻炼自己的组织协调能力、沟通能力及解决问题的能力。此外，他们还可以在组织中结交更多志同道合的朋友，拓展自己的人脉和社交圈子。更为重要的，参与社会组织能够有效地培养新兴青年的社会责任感与公民意识，提升他们的综合素质与竞争力，使他们在个人成长的道路上更加稳健，更具担当。

6.2.2 社会组织吸纳新兴青年群体的时代意义

在当今社会，新兴青年群体作为一股不可忽视的力量，正逐渐崭露头角，他们具备独特的思维方式和价值观念，对于社会的发展和变革具有深远的影响。社会组织作为连接青年和社会的桥梁，其吸纳新兴青年的时代意义愈发凸显。《中长期青年发展规划（2016—2025年）》提出，青年发展的措施之一为“引导青年社会组织健康有序发展”，这为社会组织吸纳新兴青年参与社会基层治理提供了政策依据。

1. 有助于推动社会组织创新与发展

新兴青年群体通常富有创新精神，勇于尝试新事物，敢于挑战传统观念。他们的加入可以为社会组织带来全新的思维方式和创新活力，推动组织在创新领域取得突破。新兴青年群体的创新思维和创造力可以为社会组织带来新的发展机遇和增长点，推动组织在服务内容、服务方式、管理模式等方面持续创新，不断满足社会日益多样化的需求。

2. 有助于提升社会组织效能

新兴青年群体是社会的宝贵财富，他们具备较高的综合素质和专业技能，可以为社会组织提供源源不断的人才支持。通过吸纳新兴青年，社会组织可以构建更加合理的人才梯队，优化人才结构，提升组织的整体效能。新兴青年的加入可以为社会组织带来更加活跃的氛围和更加高效的执行力。他们通常充满活力和激情，对于工作充满热情和动力，能够迅速融入组织并投入到各项工作中。同时，新兴青年也具备较强的学习能力和适应能力，能够迅速掌握新知识、新技能，为组织的持续发展提供有力支持。

3. 有助于增强社会组织凝聚力和影响力

在实际工作中，新兴青年通过参与社会组织的活动，不仅能够提升自身能力，还能为社会事业的持续发展注入新的活力。新兴青年有助于增进社会信任和社会和谐稳定。他们通过参与社会组织的公益活动，与社会建立更加紧密的联系和信任关系。新兴青年的加入还能够为社会组织带来更多的社会资源和支持，增强组织的凝聚力和影响力，推动社会事业的持续发展。

综上所述，新兴青年的加入为社会组织带来了丰富的社会资源和强大的支持力量，推动了社会组织的专业化和高效化发展，同时也为社会事业的持续发展注入了新的活力和动力。

6.3 组织化实现原则和路径

党和国家始终将社会组织的培育与引导工作置于重要地位。社会组织，尤其是以新的社会阶层人士为主体的组织，当顺应时代潮流，秉持积极正面的态度及团结、包容、合作的精神，对新兴青年群体施加恰当且有效的引导。从巩固党的执政基础、夯实党与人民群众的紧密联系、维护执政党稳固地位这一战略高度出发，积极构建社会组织与执政党的常态化联系机制。

中国共产党与社会组织之间的关系遵循两大原则：其一，法律面前人人平等原则。依据宪法规定，中国境内的各类社会组织（包括政党），均需在宪法所明确的原则框架内开展一切活动；其二，党的领导原则，中国共产党在社会组织中发挥着核心领导作用，在推进新兴青年群体组织化进程中，坚持党的领导是不可或缺的关键前提。

6.3.1 坚持党的领导，加强行业协会扶持

大多数学者都主张在社会组织里建立党组织，分析了建立党组织的必要性与重要性。学者吴辉指出扩大党组织在公民社会中的覆盖面，就是要建立健全党组织的管理体制：① 社会团体和民办非企业单位的党组织应划归其业务主管单位的党组织管理；② 社会中介组织，如会计师、审计师、律师事务所、资产评估机构、职业介绍机构等，没有业务主管单位，其党组织应实行属“业”管理或属地管理；③ 自发性的群众活动群体，由于具有区域性、规模小、成员居

住地稳定、组织化程度低的特点，因而其党组织适宜由社区党组织领导。[①]

1. 社会组织里建立党组织，推动政策倡导和权益保障

搭建行业的交流平台可以为新兴青年提供与业内专家、企业家、投资者等交流合作的机会。通过举办论坛、研讨会、交流会等活动，可以促进新兴青年群体之间的思想碰撞和合作，形成合力推动行业发展。同时，线上交流平台如社交媒体群组、行业论坛等也可以作为日常交流和信息分享的重要渠道。社会组织作为行业代表，可以向政府反映新兴青年群体的诉求和关切，推动政府出台有利于他们发展的政策和措施。例如，可以呼吁政府加大对新兴产业的扶持力度，为新兴青年群体提供更多的创业机会和优惠政策；可以关注新兴青年群体的劳动权益、社会保障等问题，推动相关政策的落实和完善。

2. 按行业设立创业基金或孵化基地，提供资金、场地、技术等方面的支持

新兴青年群体往往具备较高的文化素养和创新精神，但也可能存在专业技能不足、创业经验缺乏等问题。社会组织可以针对这些问题，开展针对性的培训和教育活动。例如，可以组织技能培训课程，提升新兴青年群体的专业素养；举办创业讲座和研讨会，分享创业经验和成功案例，激发他们的创业热情；还可以邀请业内专家进行职业规划指导，帮助他们明确职业发展方向；通过引入专业导师和投资人，为新兴青年群体提供创业指导和融资支持，降低他们的创业门槛和风险。社会组织还可以与高校、科研机构等建立合作关系，为新兴青年群体提供更多的创新资源和人才支持。另外，社会组织还可以加强与其他社会组织的合作，共同为新兴青年群体争取更多的权益保障。提供创业支持和孵化服务，创业是新兴青年群体实现自我价值的重要途径。

3. 制定并执行行业规范和标准，倡导行业自律和诚信经营

社会组织作为行业自律组织，可以自行制定并执行行业规范和标准，引导新兴青年群体遵守行业规则，诚信经营。通过加强行业自律和诚信建设，可以提高新兴青年群体的整体形象和信誉度，增强他们的竞争力和影响力。同时，社会组织还可以对违法违规行为进行监督和惩戒，维护行业秩序和公平竞争。

---

① 吴辉. 公民社会的兴起与党的建设［J］. 理论前沿，2004（10）：29-31.

社会组织可以组织新兴青年群体参与社会公益事业和志愿服务活动，培养他们的社会责任感和奉献精神。通过志愿服务活动，可以让新兴青年群体更好地了解社会需求和问题，为他们的发展提供实践经验和机会。与此同时，志愿服务活动还可以促进新兴青年群体之间的交流和合作，增强他们的凝聚力和向心力。

6.3.2　创新工作载体，加强网络平台就业支持

党的十九届五中全会把“实现更加充分更高质量就业”确定为“十四五”时期经济社会发展主要目标，明确要求“完善促进创业带动就业、多渠道灵活就业的保障制度，支持和规范发展新就业形态”，体现了党和国家积极顺应就业新趋势的重要要求。对于新兴青年而言，这些平台不仅提供了一个与世界连接的窗口，更是他们发展、成长和实现自我价值的关键舞台。当前我国已经进入共享经济时代，据统计，服务业到 2020 年占到国民经济的 55%左右。共享经济与服务业相结合，会产生一种新的就业模式，即“自由人—共享平台—消费者”模式，实现“从劳动者的模块化组合到自由人的平台化联合”的转变。第 55 次《中国互联网络发展状况统计报告》显示，截至 2024 年 12 月，我国网民规模达 11.08 亿人，互联网普及率达 78.6%，青年成为网民群体的主力军。网络平台为新兴青年提供了一个低门槛、高效率的创业环境。在这里，他们可以找到志同道合的伙伴，共同策划和实施创业项目；也可以利用平台上的众筹功能，为项目筹集启动资金。这种开放和共享的氛围，极大地激发了新兴青年群体的创业热情和创造力。更重要的是，网络平台成为新兴青年群体塑造个性和价值观的重要场所。在这里，他们可以接触到来自世界各地的文化和观点，从而培养出更加开放和包容的心态。同时，通过与其他用户的交流和互动，他们也可以更加清晰地认识到自己的优点和不足，进而不断完善自己。

新兴青年群体在网络平台中的活跃度非常高。他们不仅积极参与各种线上活动，还乐于分享自己的经验和见解，这种积极的态度不仅丰富了平台的内容，也为其他用户提供了有价值的参考。同时，新兴青年群体在网络平台中展现出了极强的创造力和引领力。他们善于把握时代的脉搏，创造出各种新颖、有趣

的内容引领网络文化的潮流。值得一提的是，新兴青年群体在网络平台中还积极倡导社会公益和正能量。他们通过发起各种公益活动、传播正能量信息等方式，为社会的和谐与进步贡献了自己的力量。这种正能量不仅提升了平台的整体氛围，也为社会的稳定发展注入了新的动力。

网络平台和新兴青年群体之间形成了一种紧密而良性的互动关系。一方面，平台为青年提供了展示自我、实现价值的舞台；另一方面，青年的参与和贡献又推动了平台的发展和创新。这种互动关系不仅促进了双方的共同成长，还为社会的进步和发展注入了新的活力。随着技术的不断进步和青年一代的崛起，网络平台组织与新兴青年群体的互动将更加深入和广泛。这种互动不仅将推动网络文化的繁荣和发展，还将为社会的进步和创新提供源源不断的动力。因此，我们应该珍视这种互动关系，为他们提供更加良好的环境和支持。对于“网生代青年”，如果利用好网络信息技术及恰当的工作方法，可以促进统战工作在互联网领域的顺利展开，这种即时的互动交流有利于问政于民、问需于民、问计于民，达到聚民心、汇民智、商国是的目的。另外，互联网技术也为凝聚团结新兴青年群体带来不容小觑的挑战。互联网、大数据、人工智能等信息技术的发展使得大部分新兴青年将网络作为反映诉求、宣泄情绪的主要渠道，他们在网络场域中寻求集体话语和政治参与，此时，如果他们的诉求无法集中、高效、有序地通过社会组织传递给党和政府，那么，社会组织的代表能力和桥梁纽带作用将被大大削弱。

6.3.3 健全工作体制，提供社会基本保障

新兴青年群体的工作具有去雇主化、平台化等显著特征，他们的用工方式灵活自由，难以认定其为传统的雇佣关系。多数地区对以灵活就业形式参保有户籍限制，而在户籍地参加城乡居民基本养老和医疗保险，保障水平又难以满足在城市工作生活的需要，且在现行制度下尚难以纳入工伤保险、失业保险制度体系。因此，以互联网平台就业为例，网络平台需要与行业监管深度融合，推动大数据、人工智能对新业态、新就业从业者情况进行实时监测和研判。加

强对平台企业指导和规范，建立网络直播申报、审批制度，对直播内容进行实时监控和跟踪管理，同时明确平台企业保障从业者劳动权益的主体责任，大力推动新业态、新就业从业者五险一金全覆盖，加快开发适合新业态、新就业从业者的商业保险产品。面向新业态、新就业青年群体开展普法培训，健全劳动仲裁、法律援助和争议调处机制，为新业态、新就业青年群体提供低价优质法律服务。

以北京为例，北京市就业工作领导小组印发了《关于促进新就业形态发展的若干措施》（以下简称《若干措施》）。这是北京市首部规范、培育、发展新就业形态的政策文件，对于适应信息时代发展，不断开拓新就业渠道，创造更多就业机会，进一步扩大稳定劳动者就业具有重要意义。《若干措施》着力补齐了“平台网约劳动者”权益保障的制度短板。一是明确“平台网约劳动者”享有平等就业和选择职业、取得劳动报酬、享受社会保险、获得劳动安全卫生保护和休息休假等基本劳动权利；二是规定平台企业及用工合作企业要承担维护“平台网约劳动者”劳动保障权益的相应责任和义务；三是将“平台网约劳动者”纳入最低工资制度保障范围，并按时足额发放，不得克扣或故意拖欠；四是强调平台企业需要依法依规制定、修订直接涉及劳动保障权益的制度规则、平台算法、考核指标和奖惩要素等，避免劳动者超强度工作或造成安全伤害等问题。《若干措施》强调，企业要依法为“平台单位就业员工”参加社会保险。逐步完善灵活就业社会保险制度，稳定长期在京实际就业的“平台网约劳动者”和“平台个人灵活就业人员”，可以按规定参加本市职工基本养老、基本医疗和失业保险，也可以选择在户籍地参加社会保险。北京市还以出行、外卖、即时配送、同城货运等行业的平台企业为重点，试点建立职业伤害保障制度，保障“平台网约劳动者”获得医疗救治和经济补偿，拓展新就业形态劳动者职业通道。《若干措施》明确，要为新就业形态劳动者创造技能提升条件。建立线上线下课时衔接、直播点播课程互补、知识技能跨界学习的灵活培训模式，鼓励平台企业组织新就业形态劳动者参加职业技能、创业指导、法律知识、职业道德、安全生产和职业卫生教育等培训。经认定的平台企业开展相关职业培训，可以享受职业培训补贴。同时，北京市还探索创新职业评价方式，在涉及新就业形态的龙头平台企业，试点开发新职业评价标准规范，自主评价、认定职业技能等级，试点平台企业所颁发的职业技能等级证书，经备案后纳入本市技能人才认定范围。符合条件的新就业形态劳动者可按照规定程序，自主申报职称评审。《若干措施》为帮助劳动者以新就业形态就业创业，鼓励人力资源服务机构、创业孵化基地等为新就业形态劳动者提供求职招聘、服务外包、创业指导等专业服务。同时，还把帮扶重点群体的社会保险补贴、税收优惠，以及创业担保贷款及贴息等相关政策延伸到新就业形态领域。

7 民主党派视域下新兴青年群体组织化实现路径

我国的政党制度是中国共产党领导的多党合作和政治协商制度。政协本身就是整合不同利益群体的重要组织。民主党派作为参政党，其成员来源和主要社会基础是党外知识分子，他们同新兴青年所属的新的社会阶层有着密切联系，是新时代推进新的社会阶层组织化的重要力量。如何在国家基本政治制度框架内，通过吸纳新兴青年群体有序政治参与，来实现有效参与社会治理，对巩固中国共产党执政基础具有重要意义。

7.1 民主党派的内涵与功能

政协的功能和界别设计的初衷旨在提供一个吸纳不同社会群体（包括阶级阶层）的形式。8 个民主党派作为参政党均具有明确的政治目标、健全的组织体系、严整的干部队伍，是联系社会各界群众的桥梁和纽带，具有价值观引领与文化塑造、扩大政治参与途径和利益表达渠道、提供组织保障与人才培养、重要的组织吸纳和社会整合等功能。统一战线的组织优势有利于整合社会公共资源。有组织的参与是克服多元而分散的社会参与热情所导致的社会政治生活无序与紊乱的有效手段，同时也是有效地整合社会力量、实现社会资源合理而有效配置的重要举措，因而有效的社会治理需要通过组织化的方式来进行。[①]

7.1.1 民主党派的内涵

民主党派是在中国新民主主义革命的历史过程中形成的，其成员以民族资产阶级、上层小资产阶级及其知识分子为主体。民主党派是指在中国大陆范围内，除执政党中国共产党以外的 8 个参政党的统称，即：中国国民党革命委员会（民革）、中国民主同盟（民盟）、中国民主建国会（民建）、中国民主促进会（民进）、中国农工民主党（农工党）、中国致公党（致公党）、九三学社、台湾民主自治同盟（台盟）。在多党合作和政治协商的基本政治制度架构下，各民主党派作为参政党在政治上接受中国共产党的领导，多党合作和政治协商制度广泛涵盖了各党派、各团体及社会各界代表人士，在加强与社会各界联系、反映各阶层各群体的意愿、畅通利益表达渠道方面作用显著，在吸纳民意、表达诉求、协调关系、化解矛盾等方面作用独特。《中共中央关于加强党的执政能力建设的决定》明确要求“坚持和完善中国共产党领导的多党合作和政治协商制度，巩固和发展最广泛的爱国统一战线……做好党外知识分子、非公有制经济人士和其他社会阶层人士工作。团结一切可以团结的力量，巩固各党派、各团体、各民族、各基层及一切热爱中华民族的人们的大团结”。[②]中国共产党要有效领导新的社会阶层，除了发挥基层党组织的先锋模范作用外，更要善于借助民主党派、人民团体和社会组织的力量与资源。其中，民主党派在协助中国共产党团结凝聚新的社会阶层方面发挥了关键作用。

7.1.2 民主党派的功能

民主党派在凝聚团结新兴青年群体方面具有不可替代的作用。他们通过政策倡导、搭建交流平台、资源整合、价值引领、组织建设和社会参与等多种方

---

① 李俊，蔡宇宏. 新时期统一战线制度研究［M］. 北京：华文出版社，2008：27–28.

② 中共中央文献研究室. 十六大以来重要文献选编：中［M］. 北京：中央文献出版社，2011：280–281.

式，为新兴青年群体的成长和发展提供有力的支持与帮助。民主党派通过建立基层组织，对所在社会组织的引领和推动作用不断增强，在组织活动中发现和物色优秀人选并吸收到党派中来。例如，杭州的公羊会是一个具有较大影响力的民间公益组织，其会长为民盟成员。2016 年 8 月，民盟杭州公羊会支部正式成立，这是中国民间公益组织首个民主党派基层支部。[①]在新的历史条件下，民主党派在凝聚团结新兴青年方面集中体现在以下几点。

1. 加强价值观引领与文化塑造

民主党派作为政治力量的一部分，具有引领社会思潮和价值观塑造的重要职责。在新兴青年群体组织化过程中，民主党派可以通过自身的思想引领和价值观塑造，帮助新兴青年群体树立正确的价值观和世界观，增强他们的社会责任感和历史使命感。这种思想引领和价值观塑造对于新兴青年群体组织化具有深远的意义，可以促进其形成健康、积极、向上的组织氛围和文化传统。此外，在多党合作和政治协商的政治构架内，参政党和人民政协各界别的委员通过参与政治协商、参政议政、视察调研、抗震救灾等形式，增加了对社会主义初级阶段国情的认识，促进了他们以国家主人翁姿态思考问题。在这一过程中，新兴青年潜移默化地增强了对中国特色社会主义道路、理论体系和制度的认同，加深了对中国特色社会主义内涵的理解，从而坚定走中国特色社会主义道路的信心和决心，形成了新兴青年群体在意识形态上的团结一致，促进了政治资源的优化配置，易于形成强大的社会凝聚力。民主党派可以通过各种形式的文化活动，如文化讲座、文艺演出、展览等，为新兴青年群体提供精神食粮和文化滋养。他们可以通过宣传先进文化、弘扬民族精神、传承优良传统等方式，引导新兴青年群体弘扬社会主义核心价值观。同时，民主党派还可以加强自身的文化建设，塑造具有特色的组织文化，为新兴青年群体提供精神家园和归属感。

2. 扩大政治参与途径和利益表达渠道

新兴青年群体的社会责任感和参与意识比较强，但缺乏一定的政治参与渠道和社会融入平台。民主党派作为参政党，能够利用自身的政治地位及影响力，

---

① 黄天柱．新时代参政党建设的整体态势与路径选择［J］．统一战线学研究，2018，2（5）：41-57．

为新兴青年群体政治参与提供机会和平台，引导他们积极关注国家大事，参与社会事务，增强他们的政治素养。同时，民主党派通过组织各种形式的活动，如座谈会、研讨会、志愿服务等，帮助新兴青年群体顺利融入社会。这些活动不仅有助于增进新兴青年群体之间的交流和了解，还能帮助他们更好地参与社会治理，增强他们的社会认同感和归属感。民主党派可以针对新兴青年的发展需求，通过参政议政的渠道，将新兴青年群体的发展纳入国家发展的大局中，推动政府制定更加符合新兴青年群体利益的政策。通过有针对性地开展新兴青年群体的联谊活动、参政议政、社会服务活动等，把本党派的新兴青年组织起来，发挥他们的骨干作用。这种政策倡导不仅有助于新兴青年的发展，还能增强他们对民主党派的组织认同。民主党派可以搭建多种形式的交流平台，如线上社群、线下活动、论坛等，为新兴青年提供广泛的交流机会。这些平台不仅可以促进新兴青年之间的思想碰撞和合作，还可以为他们提供更多的信息资源和机会。通过这些平台，新兴青年可以拓宽视野，了解更多的社会动态和发展趋势，增强自身的竞争力和创新力。民主党派可以利用自身的资源优势，为新兴青年群体提供全方位的支持。这包括创业指导、资金支持、项目对接、培训机会等。通过为新兴青年群体提供实质性的帮助和支持，正确、合理引导新兴青年群体实现政治参与和利益表达，把新兴青年群体的参政活动纳入现有的政治框架和体制。进一步增强民主党派的吸引力、凝聚力和向心力，促进新兴青年群体的成长和发展。

3. 提供组织保障与资源支持

民主党派可以为新兴青年提供重要的组织保障和资源支持。通过成立青年工作委员会、青年论坛等组织，民主党派能够为新兴青年群体提供政治参与及利益表达的平台，让他们有组织地表达自己的观点和诉求，分享彼此的经验和成果。此外，民主党派还能为新兴青年群体提供丰富的社会资源与教育资源等，为新兴青年群体提供培训、咨询、资金支持等，帮助他们提升自身素质和能力，更好地应对社会挑战和机遇。民主党派通过完善组织制度、加强组织纪律、提高组织效率为新兴青年提供更好的组织保障。各民主党派依据原有的重点分工范围内，适度有序吸引新兴青年群体加入民主党派，扩大民主党派的覆盖力。例如，民盟在民办高校和文化产业领域吸纳新兴青年群体中的管理与专业技术人员；致公党可重点发展有国外留学背景的新兴青年群体；台盟可重点发展具有台湾省人士身份的新兴青年群体。同时，民主党派还可以注重人才培养，选拔和培养一批具有创新精神和实践能力的新兴青年领袖与骨干，为民主党派的长远发展提供有力的人才支持。民主党派可以引导新兴青年积极参与社会公益事业，通过志愿服务、公益捐赠等方式回馈社会，这不仅有助于提升新兴青年的社会责任感和使命感，还可以让新兴青年更好地融入社会，了解社会现实和需求，从而更好地发挥其作用和价值。在实现新兴青年群体适度组织化的过程中，民主党派应着重推动青年工作的创新发展。如“互联网+青年工作”“大数据+青年工作”等，为青年工作注入新的活力和动力。进一步提升新兴青年的创新能力和实践能力，不仅有助于提升青年工作的水平和质量，更能为新兴青年群体提供更多元化、更高质量的服务和支持。

4. 增强组织吸纳与社会整合功能

民主党派作为参政党在凝聚新兴青年群体方面具有独特优势，是新时代做好新兴青年统战工作的重要组织。同时，凝聚新兴青年群体也是我国多党合作制度发展完善的重要内容。民主党派把新兴青年群体吸纳到党内，凝聚在自身周围，有利于形成和保持稳定的社会局面，从这个意义上说，中国共产党领导的多党合作制度具有重要的价值引领和社会整合功能。在新的历史条件下，新兴青年群体已成为民主党派的社会基础不可或缺的组成部分，民主党派适度、有序地从新兴青年群体中发展新成员，可以从政党层面帮助中国共产党团结新的社会阶层。

民主党派在这一过程中发挥的优势是多方面的，包括历史传统与经验积累、政治地位与资源优势、思想引领与价值观塑造、实践探索与示范引领及政策倡导与沟通协调等。这些优势使得民主党派在新兴青年群体组织化过程中能够发挥重要作用，为新兴青年群体的发展提供有力的支持和帮助。

民主党派自诞生以来，就与社会各阶层建立了深厚的联系，积累了丰富的政治经验和人脉资源。在实现新兴青年群体组织化过程中，民主党派可以凭借其深厚的历史传统和丰富的经验积累，更好地理解和把握新兴青年群体的需求与特点，从而为他们提供更具针对性和实效性的支持与帮助。这种历史传统和经验积累是民主党派独有的优势，也是其他组织难以比拟的。例如，通过建立青年群体工作委员会、制定青年工作制度等方式，规范青年工作的内容和形式，不仅提高新兴青年群体的政治参与的广度和深度，提升青年工作的规范性和科学性，还能为新兴青年提供更加稳定、可持续的支持和服务。

多党合作和政治协商制度正是因为能将各党派、各团体、各阶层、各民族等各界人士的代表吸纳到现行政治体制内，才具有良好的组织吸纳和社会整合功能。他们能够通过参政议政、民主监督等渠道，影响国家政策的制定和实施，为新兴青年争取更多的权益和机会。同时，民主党派还拥有广泛的联系网络和资源基础，包括政治、经济、文化等各个领域。这些资源可以为新兴青年群体组织化提供有力的支持和保障，推动其健康、有序地发展。

7.2 民主党派主要社会基础的历史沿革

中国共产党领导的多党合作和政治协商制度涵盖了各党派、各团体及社会各界代表人士。民主党派和无党派人士的成员来源和主要社会基础是党外知识分子，他们同新的社会阶层在历史上有深刻的渊源，在现实中有密切联系。以邓小平同志为核心的中国共产党中央领导集体明确提出新时期人民政协的性质和任务，确立中国共产党同各民主党派长期共存、互相监督、肝胆相照、荣辱与共的方针，推动人民政协性质和作用载入宪法。以江泽民同志为核心的中国共产党中央领导集体将中国共产党领导的多党合作和政治协商制度确立为中国的基本政治制度，通过修改宪法明确这一制度将长期存在和发展，进一步明确了人民政协的性质、主题、职能。以胡锦涛同志为总书记的中共中央颁发了《关于加强人民政协工作的意见》等文件，为新世纪新阶段人民政协事业发展提供了理论基础、政策依据、制度保障。

习近平总书记指出："统一战线是做人的工作，搞统一战线是为了壮大共同奋斗的力量。"早在 2013 年全国宣传思想工作会议上，习近平总书记就提出对广大知识分子要"加强政治引导和政治吸纳"。民主党派、无党派人士、民族宗教界人士、新的社会阶层人士、港澳台海外爱国人士等各方面统一战线成员达数亿之多。只要把这么多人团结起来，才能为实现第二个百年奋斗目标、实现中华民族伟大复兴的中国梦增添强大力量。

7.2.1 新民主主义革命时期

1922 年，党的二大提出建立统一战线。1939 年，毛泽东同志提出“三大法宝”，在我们党 100 多年的奋斗历程中，统一战线作为党的“三大法宝”之一，发挥了举足轻重的作用，是我党始终坚持的一项战略方针。毛泽东同志曾多次强调，所谓政治就是要把我们的人搞得多多的，把敌人搞得少少的。这句话精辟形象地说明了在实现自身团结统一的同时还要建立广泛的同盟军。

我国现存八大民主党派都成立于新民主主义革命时期，大体有以下 4 种情况：一是在国共之外成立的“第三党”或“第三者”，以中国农工民主党和中国民主同盟为代表；二是抗战胜利后以促进民主建国为旨趣的党派，以中国民主建国会、中国民主促进会和九三学社为代表；三是从国民党中分化出来的民主派，即中国国民党革命委员会；四是其他有特殊地缘联结关系的党派组织，主要是中国致公党和台湾民主自治同盟。[①]各民主党派在成立时期的社会基础主要是民族资产阶级、城市小资产阶级及同这些阶级相联系的知识分子，包括一部分从封建地主阶级中分化出的爱国民主人士。

7.2.2 社会主义革命和建设时期

1950 年 3 月，第一次全国统战工作会议召开。由李维汉起草的《人民民主统一战线的新的形势与任务》的报告提纲中说明民主党派的性质、作用和党对民主党派的基本方针政策，报告指出各民主党派均对民族资产阶级、城市小资产阶级和它们的知识分子有不同程度的联系与代表性，都是阶级联盟的性质，

---

① 任士敏．民主党派社会基础的历史考察［J］．江苏省社会主义学院学报，2012（1）：34-41．

不是单一的政党。过去，民主党派对于争取中间力量，扩大人民革命阵营，孤立革命的敌人，起了重要作用。今后，在肃清国内残敌，反对帝国主义侵略，巩固人民民主专政，建设新中国的事业中，我们党仍要继续巩固同民主党派的合作。[①]

20 世纪 50 年代中后期，随着以“一化三改”为主要内容的过渡时期总路线的实施，中国共产党在全国范围内组织的对于农业、手工业和资本主义工商业进行的社会主义改造取得决定性胜利。资产阶级作为一个阶级已经消失，相当一部分民族资本家和上层小资产阶级逐渐成为自食其力的劳动者；与此同时，在社会主义思想改造过程中，绝大多数带有资产阶级和小资产阶级思想的旧知识分子逐步被改造成为具有社会主义思想的工人阶级知识分子。刘少奇同志在中国共产党第八次全国代表大会上的政治报告指出：“中国各民主党派的社会基础是民族资产阶级、上层小资产阶级和它们的知识分子。在社会主义改造完成以后，民族资产阶级和上层小资产阶级的成员将变成社会主义劳动者的一部分。各民主党派就将变成这部分劳动者的政党。由于这部分劳动者中，资产阶级思想的残余还会拖得很长，各民主党派还需要在一个很长的时间内继续联系他们，代表他们，并帮助他们改造。”[②]但是在 1957 年“反右”斗争扩大化后，1957 年 8 月 29 日《人民日报》发表社论《各民主党派的严重任务》指出：就现状说，各民主党派在总的方面还是资产阶级性质的政党，还没有成为真正的为社会主义服务的政治力量。在相当长的时期内，其组织发展处于停顿状态。

7.2.3 改革开放和社会主义现代化建设

1978 年 12 月召开的中共十一届三中全会，果断停止使用“以阶级斗争为纲”的口号，作出了把党和国家工作重心转移到经济建设上来的决定。新中国成立初期，邓小平同志曾指出，统战工作固然有其策略性，但更主要的是它的战略性，强调了统战工作不是权宜之计，而是党的长远战略。中共十一届三中

① 李维汉．回忆与研究：下［M］．北京：中共党史出版社，2013：523．

② 刘少奇选集：下卷［M］．北京：人民出版社，1985：246．

全会以后，邓小平同志说："新时期统一战线和人民政协的任务，就是要调动一切积极因素，努力化消极因素为积极因素，团结一切可以团结的力量，同心同德，群策群力，维护和发展安定团结的政治局面，为把我国建设成为现代化的社会主义强国而奋斗。"

中国共产党从我国社会阶级状况的实际出发，科学分析了各民主党派和工商联的性质地位，并作出了新的判断。1979 年 6 月 15 日，邓小平同志在全国政协五届二次会议上分析了新中国成立 30 年来我国阶级状况的根本变化，指出"我国工人阶级的地位已经大大加强，我国农民已经是有二十多年历史的集体农民……我国广大的知识分子，包括从旧社会过来的老知识分子的绝大多数，已经成为工人阶级的一部分，正在努力自觉地为社会主义事业服务"。他特别指出："我国的资本家原来占有的生产资料早已转到国家手中，定息也已停止十三年之久。他们中有劳动能力的绝大多数人已经改造成为社会主义社会中的自食其力的劳动者。我国各民主党派都已经成为各自所联系的一部分社会主义劳动者和一部分拥护社会主义的爱国者的政治联盟，都是在中国共产党领导下为社会主义服务的政治力量。"①

进入 20 世纪 90 年代，非公有制经济迅速发展，私营企业主、民营科技企业创业人员和技术人员等新的社会阶层的出现，对民主党派的社会基础的覆盖面提出了新的课题。1996 年 3 月，各民主党派中央负责人举行座谈会，会议形成了《关于民主党派组织发展若干问题座谈会纪要》（以下简称《纪要》），重申了民主党派组织发展的重点分工，并就发展从事非公有制经济的人士的问题达成共识。《纪要》认为，根据民主党派政治联盟性质和广泛性的特点，对提出参加民主党派的从事非公有制经济的知识分子……拥护中国共产党的领导，遵纪守法、热心公益、在同行业中有较大影响并已作一定政治安排的业主（不包括"三胞"投资者），民建可适当发展；在有中共组织的私营企业、"台资"企业中从事经济管理和技术工作的中、高级知识分子，其中政治素质好、有一定代表性的，各民主党派可个别发展。根据 1996 年《纪要》，各民主党派从非公有制

① 中共中央文献研究室. 邓小平年谱（1975—1997）：上［M］. 北京：中央文献出版社，2004：524.

经济人士中发展了一批成员。

2001年7月1日，在中国共产党成立80周年之际，江泽民同志发表了“七一”讲话，明确指出：改革开放以来出现的民营科技企业的创业人员和技术人员等新的社会阶层，是有中国特色社会主义事业的建设者。民主党派将新的社会阶层纳入自己的联系和发展对象，若能实现民主党派与新的社会阶层的“对接”，那么，不仅各个新的社会阶层能以现成的政治实体作为自己的政治代表，通过“多党合作”有序开展本阶层的利益诉求与政治参与，而且，各民主党派也就能拥有独特的社会基础，逐步增强参与“多党合作”、发挥政党功能的动力与活力。[①]

2004年3月，十届全国人大二次会议通过宪法修正案，将“社会主义事业的建设者”补充到统一战线的内涵中，使统一战线的范围从“三者联盟”发展为“四者联盟”，即包含全体社会主义劳动者、社会主义事业的建设者、拥护社会主义的爱国者和拥护祖国统一的爱国者的政治联盟。中国共产党把新的社会阶层的政治属性定位为“社会主义事业建设者”，是对统一战线理论的重大发展和创新，也为各民主党派拓展社会基础提供了理论和政策支撑。2004年10月，各民主党派中央在协商的基础上，形成了《关于进一步做好民主党派组织发展工作座谈会纪要》，就民主党派发展新的社会阶层代表人士达成共识；对私营企业主，民建可适当发展其中符合条件的代表人士，其他民主党派可个别发展与本党派重点分工范围相关的代表人士；对于其他新的社会阶层人士，各民主党派可少量发展其中符合条件的、与本党派重点分工范围相关的代表性人士。

2006年，胡锦涛同志在第20次中央统战工作会议上强调“新的社会阶层人士是新世纪新阶段统一战线工作新的着力点”。同年颁发的《中共中央关于巩固和壮大新世纪新阶段统一战线的意见》明确指出“民主党派可以根据自身特点开展有代表性的新的社会阶层人士工作”。这是新世纪新阶段赋予民主党派的新任务。2006年7月，《中共中央关于巩固和壮大新世纪新阶段统一战线的意

① 浦兴祖．现有政治实体与新生社会阶层的“对接”：关于民主党派社会基础的一点思考［J］．上海市社会主义学院学报，2007（3）：31-33．

见》中指出："新的社会阶层中的优秀分子可以加入中国共产党。适当增加新的社会阶层代表人士在各级人大代表、政协委员中的数量，做好向有关人民团体推荐提名工作。新的社会阶层人士比较集中的行业协会，可推荐适当数量的党外人士担任领导职务。"①

7.2.4　中国特色社会主义新时代

党的十八大以来，面对新的社会阶层人士的不断发展壮大，为畅通他们表达利益诉求的渠道，帮助其健康发展，中国共产党对新的社会阶层人士进行了积极调整，进一步规范了民主党派发展新的社会阶层人士的工作，逐步将非公有制经济人士从新的社会阶层人士中剥离出来。2015 年召开的中央统战工作会议上，时任中共中央政治局常委、全国政协主席俞正声曾指出，新的社会阶层、归国留学人员等群体中很大一部分在体制外，对中国共产党的领导体制和执政方式不是很熟悉，有的还存在模糊认识。民主党派的主体是中高级知识分子，开展这方面工作具备有利条件。党和国家要求把对新的社会阶层领导提到战略高度，扩大新的社会阶层人士在内的公民有序政治参与，依托社会主义政治制度团结引导新的社会阶层人士，为实现党对新的社会阶层的领导提供制度保证。党的二十届三中全会通过的《中共中央关于进一步全面深化改革　推进中国式现代化的决定》强调指出："完善大统战工作格局。完善发挥统一战线凝聚人心、汇聚力量政治作用的政策举措。坚持好、发展好、完善好中国新型政党制度。更好发挥党外人士作用，健全党外代表人士队伍建设制度。制定民族团结进步促进法，健全铸牢中华民族共同体意识制度机制，增强中华民族凝聚力。系统推进我国宗教中国化，加强宗教事务治理法治化。完善党外知识分子和新的社会阶层人士政治引领机制。"②

---

① 中共中央文献研究室．十六大以来重要文献选编：下［M］．北京：中央文献出版社，2011：577．

② 中国共产党第二十届中央委员会第三次全体会议公报［N］．人民日报，2024-7-19（01）．

7.3 民主党派凝聚新兴青年群体的政策依据、原则与路径

随着社会经济的快速发展，新兴青年群体在社会中发挥的作用日益凸显。他们充满活力、富有创造力，是推动社会进步和发展的重要力量。民主党派应积极响应时代号召，加强与新兴青年的联系，引导他们有序参与政治生活。

7.3.1 政策依据

2002年，中共十六大把新的社会阶层正式定位为“中国特色社会主义事业的建设者”。2004年，十届全国人大二次会议通过的宪法修正案，正式把“社会主义事业的建设者”纳入爱国统一战线的范围。新的社会阶层的出现为民主党派社会基础的拓展提供了重要来源，党和国家把新的社会阶层作为“中国特色社会主义事业的建设者”的定位，为民主党派拓展社会基础奠定了理论基础，为民主党派发展新的社会阶层人士提供了政策依据。

1996年，各民主党派中央《关于民主党派组织发展若干问题座谈会纪要》中，对民主党派发展非公有制经济代表性人士首次作了政策规定：对拥护中国共产党领导的、遵纪守法、热心公益、在同行业中有较大影响并已作一定政治安排的业主（不包括“三胞”投资者），民建可适当发展；在有中共组织的私营企业、“合资”企业中从事经营管理和技术工作的中高级知识分子，其中政治素质好、有一定代表性的，各民主党派可个别发展。①

2004年，各民主党派中央《关于进一步做好民主党派组织发展工作座谈会纪要》中，对民主党派发展新的社会阶层代表性人士进一步明确了相关政策：对私营企业主，民建可适当发展其中符合条件的代表性人士，其他民主党派可

① 任士敏. 民主党派社会基础的历史考察［J］. 江苏省社会主义学院学报，2012（1）：34-41.

个别发展与本党派重点分工范围相关的代表性人士；对于其他新的社会阶层人士，各民主党派可少量发展其中符合条件的、与本党派重点分工范围相关的代表性人士。[①]

民主党派组织发展领域的拓展，标志着民主党派社会基础从原来的“两者的政治联盟”进一步扩展到了“三者的政治联盟”。2005 年，《中共中央关于进一步加强中国共产党领导的多党合作和政治协商制度建设的意见》对此给予了确认，明确指出：“在新世纪新阶段，民主党派是各自所联系的一部分社会主义劳动者、社会主义事业建设者和拥护社会主义爱国者的政治联盟，是接受中国共产党领导、同中国共产党通力合作的亲密友党，是进步性和广泛性相统一、致力于中国特色社会主义事业的参政党。”[②]目前，民主党派成员中，新的社会阶层人士已占 7.3%。[③]

7.3.2 基本原则和根本路径

民主党派成员通常具有较高的文化素质和创新能力，能够敏锐地捕捉社会变革的脉搏，提出创新性的思路和方案。在实现新的社会阶层组织化过程中，民主党派可以发挥自身的创新能力，推动组织形式的创新和发展。同时，民主党派还具有灵活的机制，能够根据不同的社会环境和需求，灵活调整工作策略和方法，确保组织化工作的顺利开展。民主党派成员积极参与社会基层治理实践，对新的社会阶层的需求和诉求有深入的了解和认识。在实现新的社会阶层组织化过程中，民主党派可以通过自身的成功经验和典型案例，吸引更多的新的社会阶层成员加入组织，推动组织化进程的不断深入。在实现新的社会阶层组织化过程中，民主党派可以积极向政府反映新的社会阶层的诉求和关切，协调各方面力量和资源，共同推动新的社会阶层组织化工作的顺利开展。

---

① 任士敏．民主党派社会基础的历史考察［J］．江苏省社会主义学院学报，2012（1）：34-41．

② 中共中央文献研究室．十六大以来重要文献选编中［M］．北京：2011：674．

③ 同①：40．

1. 坚持政治参与畅通化与制度化相统一

一是畅通政治参与渠道。我国的《全国人大和地方人大选举法》第29条规定，各政党、各人民团体可以联合或者单独推荐代表候选人。新兴青年群体通过加入民主党派及各人民团体，有机会成为推荐代表候选人，从而通过制度化的途径实现政治参与。这不仅是政治权利的体现，更是新兴青年群体履行社会责任的重要方式。同时，新兴青年群体还可以以人民代表的身份不断提升政治意识，自觉履行法定义务，注重与所在选区的选民密切联系。通过倾听包括新的社会阶层人士在内的社会各界群众交流沟通，这些参政议政的新兴青年就成为这一群体的典型代表和领袖人物，在新兴青年群体中发挥了积极引领和模范带头作用。担任人大、政协代表的新兴青年，更容易接受和认同党的施政方针、社会主义核心价值观，从而更好地凝聚和引导广大新兴青年。

二是建立全方位的有效沟通渠道。在信息化时代，信息交流是凝聚新兴青年的关键。民主党派应充分利用互联网平台，建立起与新兴青年的有效沟通渠道。通过官方网站、社交媒体、微信公众号等多种方式，及时发布活动信息、政策解读、民主党派的工作动态等，让新兴青年能够迅速获取相关信息，提高他们的知情权和参与度。此外，民主党派可以牵头搭建新兴青年组织之间的合作与交流平台，通过举办论坛、研讨会等活动，加强新兴青年组织之间的沟通和联系，共同探讨和解决他们在发展过程中遇到的问题。此外，民主党派还可以通过这些平台为新兴青年提供必要的法律保障和政策支持，成为他们分享经验、交流想法、探讨问题的空间，从而增强彼此之间的联系和认同感。

三是制定针对新兴青年组织的税收优惠政策。民主党派应设立专项基金，用于支持新兴青年组织的创新和发展。为了实现新兴青年的组织化目标，民主党派需要建立长效机制和持续发展的战略规划。这包括制定明确的目标和任务、完善组织架构和管理制度、加强人才培养和队伍建设。通过建立长效机制，明确新兴青年未来的发展方向和目标，为民主党派在引导新兴青年方面提供制度支持。同时，税收优惠政策能够减轻新兴青年组织的经济负担，激发其活力和创造力，推动其在经济发展中发挥更大作用。

2. 坚持组织服务与人才培养相统一

一是整合资源，提供全方位支持。民主党派应整合各类资源，为新的社会阶层人士发展提供必要的支持。一方面，积极争取政府部门的支持和协助，争取更多的政策优惠、资金扶持和项目资源，为新的社会阶层人士创造良好的发展环境。另一方面，与企业、金融机构等建立深度合作关系，为他们提供融资、投资、项目合作等多方面的支持。同时，充分利用民主党派自身的优势资源，如智库资源、人才资源等，为新的社会阶层人士提供咨询和培训等方面的服务。积极搭建各类线上线下平台，为新的社会阶层人士提供交流、合作、展示的机会。线上平台如网站、微信公众号等，要及时发布相关的政策信息、行业动态、活动资讯等，方便他们随时获取信息和参与活动；线下活动，如座谈会、研讨会、展览等，要精心组织，为他们提供面对面交流互动的机会，促进资源共享与合作发展。

二是提供专业咨询援助，满足多样化需求。组织专家学者为新的社会阶层人士提供咨询和指导服务。新兴青年群体具有多样化的兴趣和需求，民主党派可以通过设计丰富多彩的活动来吸引他们的参与。这些活动可以涵盖文化、教育、科技、公益等多个领域，以满足不同青年的喜好。民主党派可以建立多元化的沟通渠道，与新兴青年组织保持密切联系。通过社交媒体、网络论坛等渠道，及时了解他们的需求和意见，为他们提供必要的帮助和支持。民主党派可以倡导包容和多元的文化氛围，尊重新兴青年组织的多样性和创新性。在推动他们组织化的过程中，注重平衡不同群体的利益和需求，确保他们能够在一个公平、公正、和谐的环境中发展。例如，可以举办文化沙龙、艺术展览等文化活动。开展职业技能培训、创业指导等教育活动，帮助新兴青年提升自身能力；组织科技创新竞赛、科普讲座等科技活动，激发青年的创新思维和实践能力；还可以开展环保志愿服务、扶贫帮困等公益活动，培养青年的社会责任感和奉献精神。

三是加强合作与交流，汇聚各方力量。应积极寻求与其他相关组织的合作与交流。通过合作扩大影响力，吸引更多的新兴青年参与。这些合作对象可以包括共青团、学联等青年组织，以及政府、企业等社会各界力量。合作的方式可以多种多样，如共同举办活动、开展联合培训、进行资源共享等。通过合作，民主党派可以为新兴青年提供更多的机会和资源，如实习岗位、创业支持、技能培训等。同时，合作还能促进不同新兴青年群体之间的交流与合作，拓宽他们的视野。

四是聚焦人才培养，提升组织活力。民主党派应关注新兴青年群体中的优秀人才和领袖的培养。为他们提供必要的培训和支持。通过举办领导力培训、职业发展讲座等活动，帮助他们提升个人能力和综合素质，为新兴青年组织的发展培养更多优秀人才。同时，加强组织建设，建立完善的组织架构和管理制度。明确各部门职责，制定工作流程，设立有效的监督机制，以确保工作的高效、有序开展。青年领袖作为民主党派与新兴青年之间的桥梁和纽带，其作用至关重要。通过定期举办领导力培训课程、邀请成功人士分享经验、组织实践项目等方式，不断提升青年领袖的综合素质和领导能力，引领新兴青年更好地参与到组织的各项工作中。通过搭建合作与交流平台，培养青年领袖和人才，有助于提升新兴青年组织的社会形象和影响力，增强他们的社会责任感和使命感，推动他们在经济社会发展中发挥更大的作用。

3. 坚持新兴青年个人发展与组织发展相统一

一是精准对接需求，助力成长发展。民主党派应关注新兴青年的实际需求，为他们提供有针对性的帮助和支持。在职业发展方面，邀请资深专业人士为新兴青年量身定制职业规划，帮助他们锚定职业方向、明确发展目标；开设丰富多样的技能培训课程，全方位提升他们的专业素养与就业竞争力。在心理健康领域，提供专业的心理咨询服务，为新兴青年在成长道路上排忧解难，助力他们以积极心态面对挑战。民主党派应积极推动新兴青年参与政治协商和民主监督。通过邀请新兴青年参加各类协商会议、座谈会等活动，让他们有机会表达自己的观点和诉求，为国家的政策制定和实施提供有益的参考。同时，民主党派还可以组织新兴青年开展社会调查和实地考察等活动，让他们更加深入地了解社会现实和问题，为民主监督提供有力的支持。

二是完善组织机制，夯实工作基础。民主党派应在新的社会阶层中建立健全的组织机制，确保工作的顺利开展。一方面，成立专门的委员会或联络站，负责与新的社会阶层人士的联络和沟通工作，这些组织可以嵌入民主党派的各级组织架构中，也可以与工商联、商会等组织建立合作关系，形成工作合力。开展摸底排查工作，精准掌握新的社会阶层的基本情况、职业特点、利益诉求等关键信息，为后续的工作提供有力支持。拓展新的社会阶层人士的政治参与渠道，通过举荐、选拔等方式，将他们中的优秀人才输送到各级人大、政协等组织中，为他们提供更广阔的政治舞台。另一方面，建立人才库制度，将新的社会阶层中的优秀人才纳入民主党派的人才库中，为后续的组织选拔推荐工作提供有力支持。制定明确的选拔标准和程序，确保选拔工作的公正、公开、透明。同时，还可以加强与政府部门的沟通和协调，争取更多的政治参与机会和名额。

三是强化政治引领，提升思想站位。民主党派应加强对新的社会阶层人士的政治引领工作，着力提高他们的政治觉悟。通过举办各类学习班、研讨会等活动，向新的社会阶层人士传达党的路线方针政策和国家法律法规，引导他们树立正确的世界观、人生观和价值观。邀请专家学者、政治领导等为新的社会阶层人士授课或作报告，以深入浅出的方式讲解政治理论与政治要点，提升他们的政治素养和理论水平。精心开展各类主题教育活动，如“爱国主义教育月”“诚信经营周”等，引导新的社会阶层人士积极履行社会责任和义务，增强他们的社会责任感和使命感。畅通与新的社会阶层人士的沟通渠道，确保双方能够进行有效的沟通和交流。主动与新的社会阶层人士建立紧密的联系机制，保持常态化沟通，建立定期走访制度，由民主党派的各级组织定期走访新的社会阶层人士，了解他们的需求和诉求。鼓励新的社会阶层人士积极向民主党派反映问题与建议，民主党派要及时回应、积极解决，为他们提供全方位的帮助与支持。此外，建立信息共享机制，通过多种方式实现双方信息的及时传递和交流。具体包括：① 建立微信群、QQ 群等线上沟通渠道，方便双方随时随地进行交流和互动；② 举办座谈会、茶话会等线下交流活动，为新的社会阶层人士提供面对面的交流和互动机会；③ 利用民主党派的媒体资源，如报纸、杂志、网站等，发布新的社会阶层相关的新闻和报道，提高社会对这一群体的关注度和认知度，营造良好的社会舆论氛围。

8 城市社区组织视域下新兴青年群体组织化实现路径

在当今社会，城市社区已然成为人们生活聚集的核心载体。近年来，积极推动社区组织协同参与社区治理，已逐步成为我国社会治理体系与治理能力现代化建设的一项重要内容。城市社区组织的蓬勃发展，为新兴青年群体组织化进程带来了新的契机。通过吸引新兴青年群体投身到城市社区组织建设与管理工作，能够极大地推动社区自治与民主管理深入发展，提升社区治理水平，为构建和谐社会提供有力支撑。

8.1 城市社区组织概述

城市社区作为社区居民开展活动的重要渠道，在促进社区居民参与公共事务、维护社区稳定及推动实现社区自治方面持续发展壮大，它为社区居民参与社会治理、实现公共参与的制度化与组织化创造了有利条件，同时也为党和国家领导团结新的社会阶层提供了重要的组织载体。

随着改革开放的深入推进及社会主义市场经济的持续完善，如今，在城市社区中，新兴青年群体占有相当大的比例。城市社区已成为中国共产党团结凝聚新兴青年的重要基础阵地。2006 年召开的第 20 次中央统战工作会议明确提出，把新兴青年群体工作列为统一战线新的工作着力点，并制定了“坚持以社团为纽带、社区为依托、网络为媒介、活动为抓手，把新兴青年群体更广泛地团结和凝聚在党和政府周围”的政策方针。

8.1.1 城市社区组织的内涵与外延

1. 城市社区组织的概念

“社区”一词，最初是由德国社会学家费迪南德·滕尼斯（Ferdinand Tonnies）1887 年在《社区与社会》一书中提出来的。在我国，社区一般认为是由聚集在一定地域范围内的社会群体和社会组织根据一套规范和制度相结合而成的社会实体，是一个地域社会生活共同体。我国城市社区组织是一个复杂而多维的概念，它不仅包括各种团体和机构，还涉及社区生活的方方面面。目前关于社区组织的概念界定较多。从最基本的定义来看，社区组织是指在一定地域范围内，由具有共同目标、价值观和兴趣的居民自发或经过组织策划而成立的，旨在满足社区成员各种需求、促进社区发展、增强社区凝聚力的团体或机构。有学者认为，社区社会组织是由社区组织或个人在社区范围内单独或联合举办的、在社区范围内开展活动的、满足社区居民不同需求的社会自发组织。社区的社会组织不仅包括社区社会组织，还包括驻区的社会组织。①还有学者从居民参与社区活动的角度把社区组织界定为“社区社会组织是指以社区居民为主要成员，以满足社区居民的多样需求为取向，由居民自发成立并自觉参与，以公益或互益为目的的社会组织形态。城市社区组织有体育健身类、文化艺术类、公益服务类、休闲娱乐类等不同类型。”②有的学者从“内生性”的角度分析社区社会组织，认为“作为根植于社区内的社会组织，它是居民为满足自身需求而自发组织起来的，具有自发性、草根性、自治性等特征。社区组织也是居民参与经

① 陈洪涛，王名．社会组织在建设城市社区服务体系中的作用：基于居民参与型社区社会组织的视角［J］．行政论坛，2009，16（1）：67-70．

② 康晓强．社区社会组织与社区治理结构转型［J］．北京工业大学学报（社会科学版），2012，12（3）：22-25．

济生活、社会生活、文化生活的组织平台”。[①]例如，居委会是社区各种群众自治组织中唯一具有宪法法定地位的地区群众自治组织。《宪法》第一百一十一条规定:“城市和农村按照居民居住地区设立的居民委员会或者村民委员会是基层群众性自治组织。居民委员会、村民委员会的主任、副主任和委员由居民选举。”由居民直接选举产生居民委员会成员，其意义不仅仅体现在参加直选的居民数字与居委会数字上，更重要的是通过这样的民主选举过程，让越来越多的居民熟悉民主治理的规则，通过动员宣传、选民登记、提名产生候选人，正式选举等环节，培育了基层民众的民主意识和参与意识。也有学者对社区社会组织的界定相对较为宽泛，认为只要在社区地域范围内开展活动的社会组织，都是社区社会组织的范畴，将社区组织概念的核心聚焦在“地域性”，指出“许多社区居民正是通过参与社区民间组织的活动而融入社区这一地域性生活共同体的。”[②]

综上所述，本书认为城市社区组织是其中的一种重要表现形式，该组织的全部成员来自该社区，活动范围也仅限于社区内，它们由社区居民发起成立，在社区范围内开展为民服务、公益慈善、邻里互助、文体娱乐等活动，这些组织通常不从事营利性经营活动，而是专注于满足社区居民的多样化的需求。

2. 城市社区组织的属性

城市社区组织从其身份属性来看，“法定身份”被确定为“居民自我管理、自我教育、自我服务的基层群众性自治组织”。因此，城市社区组织属于“非营利性组织”或“非政府组织”的研究范畴。以社区居委会为例，中国城市社区组织与政府组织之间存在着“组织依赖性”，组织之间具有“共生”的制度属性，因此城市社区组织具有明显的身份特征，这是城市社区组织与政府组织及其他组织具有组织“共生”的结果。社区组织通常由社区居民发起和参与，旨在服

① 郁建兴，李慧凤．社区社会组织发展与社会管理创新：基于宁波市海曙区的研究［J］．中共浙江省委党校学报，2011，27（5）：40-46．

② 杨贵华．对当前我国社区民间组织建设的思考［J］．科学社会主义，2005（2）：63-65．

务社区、促进社区发展，它们具有地域性、自治性、自愿性、非营利性和公益性等属性。

1）社区组织具有地域性

社区是社会组织的重要载体，社区组织以街道或社区基层社会管理单位为服务范围，并以服务社区居民需求、增进社区福祉为导向，其提供公共服务的过程面向社区发展实际适时调整。它们通常是在某个特定的社区范围内运作，与社区成员的日常生活密切相关。这种地域性使得社区组织能够更直接地了解社区居民的需求和期望，从而提供更加精准和有效的服务。

2）社区组织具有自治性

社区组织具有显著的自治性，其核心目标是自我管理、自我服务、自我教育与自我发展。尽管社区组织可能会接受来自政府或其他外部组织的支持和指导，但通常具有相对独立的决策权和管理权。一旦社区组织正式成立，往往能够自主决定并安排活动项目的计划、组织及管理。以社区便民服务队为例，它自成立之初，便能够自主选择开展何种服务项目，这种自治性使得社区组织能够更灵活地应对社区变化和挑战，有力推动社区自治和民主管理。此外，社区组织在自我约束方面呈现出自主性和民间性特点。社区组织的人员安排、制度制定、内部管理和交往互动都体现了民间组织特性，政府部门所扮演的角色则主要是监督和间接管理。

3）社区组织具有志愿性

志愿服务是社区共建共治共享的基础，社区组织的志愿性主要体现在组织的志愿性、服务的志愿性和活动的志愿性。具体而言，社区组织从成立之时起就没有外在力量的强制约束，社区组织的活动也是成员基于自愿参加，可以根据个人的时间选择参加，社区开展的活动和提供的服务不是出于行政命令或强迫，是不领取报酬的志愿行为。

4）社区组织具有非营利性

社区组织不以获取经济利益、盈利分红为组织目标，是以推动社区福祉、满足社区居民的需求为组织目标。社区组织的盈利资金不得用于组织内部的利润分配，而是投入社会建设与社会治理领域，进一步优化社区服务项目，提升社区整体服务质量。

5）社区组织具有公益性

社区组织的公益性，全力推动社区发展、达成社区善治并增进社区居民福祉，这构成了社区组织的核心目标。社区组织的公益性具体体现在组织开展的各类活动，并非仅仅着眼于满足个人或组织内部成员的特定需求，更在于积极引导和深度参与社区公益事务，将关怀与行动切实投入到提升整个社区公共利益的实践当中，以促进社区的全面进步与和谐发展。这里的参与不仅涵盖了社区成员对组织活动的参与，它还意味着作为一个整体的社区组织，主动参与到社区民主建设及社区发展推进等。社区组织所具备的这种公益性特质，能够更有效地维护并实现居民个体利益及社区整体利益，为社区的和谐繁荣发展提供坚实保障。

8.1.2 社区组织的类型

当前，关于社区组织的划分尚未形成统一标准。有学者以社区组织开展活动的内容来进行划分，提出："社区社会组织从活动内容上看，可以分为权益维护类、志愿服务类、便民服务类、经济发展类、社会管理类、文教娱乐类等多种类型。其中不仅诸如社区法律援助中心、社区妇女儿童保护协会、社区环境保护协会等直接以居民权益维护为目的的组织，承担着居民利益表达的功能，事实上其他各类组织也在聚合居民共同需求、凝聚居民共同利益等方面发挥了积极的作用。"[①]如果从借鉴组织理论的相关构架对社区组织类型进行划分，可以通过目标和结构两个方面进行综合，可以划分出以下 3 种类型。

1. 维权类社区社会组织

维权类社区组织是指由社区居民或相关利益群体自发或经组织策划成立的，旨在维护社区居民合法权益，提供法律咨询、协助申诉、组织维权行动等服务的组织。维权类社区组织在维护居民合法权益、促进社区和谐稳定等

① 耿云. 我国城市社区社会组织的发展困境及其对策［J］. 云南行政学院学报，2013，15（6）：102-104.

方面发挥着重要作用。它们能够及时了解居民的需求和诉求，通过组织维权行动、提供法律咨询等方式，帮助居民解决问题、化解矛盾。同时，维权类社区组织还能够增强居民的自治意识和参与意识，推动社区自治和民主管理的发展。例如，社区层面的议事协商机制是协商民主在基层的主要表现形式。主要包括协调会、听证会、评议会，简称“三会”。通过协调会来解决矛盾，通过听证会制定规矩，通过评议会实现监督。“三会”起到了协调关系、化解矛盾、理顺情绪的突出作用。居委会直选和社区议事协商机制的建立，培育了居民的民主意识与参与意识，促使社区居民更加关心社区事务，更加积极主动地投身社区建设。在越来越多的新的社会阶层人士居住的社区，通过社区居委会和议事协商机制，不断探索社区组织团结凝聚新兴青年实现基层民主的形式和载体，在上海等一线城市取得较好的实践成效。

2. 新兴社区服务组织

新兴社区服务组织通常由一群具有共同目标和热情的居民自发组成，或是经过精心策划和组织而成立。这些组织旨在通过提供各类服务活动，满足社区居民的多样化需求，同时推动社区的整体发展。新兴社区服务组织具有灵活性、创新性和高效性等特点，能够快速响应社区的变化和需求，为居民提供及时、有效的服务。新兴社区服务组织的类型多种多样，根据服务内容和目标的不同，可以大致分为以下几类：一是志愿服务组织，这类组织以社区居民志愿者为主体，他们通过无私奉献和实际行动，为社区提供各种志愿服务，如环保、助老、帮困、医疗咨询等。志愿服务组织不仅为居民提供了实质性的帮助，还传递了爱心和正能量，增强了社区的凝聚力。二是专业服务组织，这类组织由具有专业技能和知识的专业人士组成，他们为社区居民提供税务、医疗、教育、法务等专业服务。专业服务组织凭借自身的专业优势，能够为居民提供更加精准和高效的服务，解决他们的实际问题。三是居民自治组织，这类组织由社区居民选举产生的代表组成，他们参与社区管理、决策和监督，推动社区自治和民主管理。居民自治组织代表居民的意愿和利益，是居民参与社区治理的重要渠道。通过居民自治组织，居民可以更加直接地表达自己的诉求和意见，推动社区的发展。

3. 文体休闲类社区社会组织

文体休闲类组织是由社区居民自发或经过组织策划成立的，旨在提供文化、体育、休闲等服务的团体或机构。这些组织通常具有以下特点：以满足居民文体休闲需求为核心目标；活动内容丰富多样，涵盖文化、体育、娱乐等多个领域；参与人员广泛，包括社区居民、志愿者和专业人士等。文体休闲类社区社会组织根据服务内容和形式的不同，可以细分为以下几类：文化艺术类组织，如书法协会、绘画社、摄影俱乐部等，旨在传承和弘扬传统文化，丰富居民的精神文化生活；体育健身类组织，如篮球协会、羽毛球俱乐部、健身团队等，通过组织体育活动和比赛，提高居民的身体素质，促进身心健康；休闲娱乐类组织，如棋牌社、舞蹈队、合唱团等，为居民提供休闲娱乐的场所和平台，增进邻里间的交流与互动。

8.1.3 城市社区组织的功能与价值

社区组织在社区治理中发挥着重要作用。它们不仅是社区服务的提供者，还是社区参与和民主监督的重要力量。2014 年 11 月 1 日至 2 日，习近平同志在福建调研时指出：社区虽小，但连着千家万户，做好社区工作十分重要。社区的党组织和党员干部天天同居民群众打交道，要多想想如何让群众生活和办事更方便一些，如何让群众表达诉求的渠道更畅通一些，如何让群众感觉更平安、更幸福一些，真正使千家万户切身感受到党和政府的温暖。[①]社区通过组织各种活动和项目，能够增强社区凝聚力，促进社区和谐稳定。同时，它们还能够收集居民意见和建议，为政府决策提供重要参考。诚然，城市社区在社会成员中的意义其实相对有限，特别是对于利益形成而言，人们的职业、阶层和工作组织对于利益的价值更为重要。

1. 强化社区自治，构建社区共建共治共享格局

社区是城市治理的“最后一公里”，是党委政府联系群众、服务群众的神

① 兰红光．习近平在福建调研时强调：全面深化改革全面推进依法治国 为全面建成小康社会提供动力和保障［N］．人民日报，2014-11-3（01）．

经末梢，对于基层治理体系和治理能力现代化具有重要意义。社区组织是居民自治的重要载体，它们通过组织居民参与社区事务的决策、管理和监督，增强了居民的自治意识和能力。社区组织在发展过程中，自治性是贯彻始终的重要特征之一，社区居民自愿主动参与、自发形成是社区组织自治性的重要体现。这些组织能够激发居民的积极性和创造力，使他们更加主动地参与到社区建设中来，共同解决社区面临的问题，推动社区治理的民主化进程。通过社区组织的桥梁作用，政府可以通过社区组织了解到居民的利益诉求，促进政府决策的科学化、民主化和法治化。同时，政府通过社区组织宣传相关政策，让居民真正了解政府决策的科学化、民主化和法治化。随着社会的发展和居民生活水平的提高，居民对社区服务的需求日益多样化、个性化。社区组织能够灵活应对这些需求，提供包括教育、文化、体育、卫生、养老、助残、环保等在内的多样化服务。它们通过整合社区资源，引入专业力量，提升服务质量，使居民在家门口就能享受到便捷、高效、优质的服务。社区是社会的细胞，也是社会矛盾和问题的集中地。社区组织通过开展矛盾调解、法律咨询、心理疏导等工作，有效缓解了社区内的矛盾和冲突。它们还通过组织志愿服务、邻里互助等活动，增进了居民之间的了解和信任，促进了社区的和谐与稳定。社区组织还积极参与社会治理创新，与政府、企业等多元主体共同构建共建共治共享的社会治理格局。

2. 提升社区公共服务效能，增强社区凝聚力

新兴青年通常具备较高的文化素养和创新意识。社区组织能够汇聚这些青年人才，激发他们的创造力和想象力，推动社区在文化传承、科技创新、社会治理等方面的创新发展。社区组织是社区凝聚力和向心力的重要载体。通过组织各类活动和服务，社区组织能够增进青年之间的交流与互动，促进邻里关系的和谐与稳定。同时，这些活动还能够吸引更多居民参与社区建设，共同营造和谐美好的社区环境。例如，社区组织通过开展各种集体活动和文化活动，如节日庆典、文艺演出、体育比赛等，增进居民之间的交流和互动。这些活动不仅丰富了居民的精神文化生活，还增强了居民的归属感和认同感。居民在参与这些活动的过程中，感受到了社区的温暖和关怀，从而更加珍惜和维护自己的社区。同时，社区组织成为各级政府推进基层社会治理和优化公共服务的重要伙伴，有效弥补了社区发展的短板，逐步满足了社区公共服务的专业化和精准化水平，如社区居家养老服务、社区居民维权服务、社区卫生保健服务等。新兴青年是社区建设的重要力量。通过社区组织的凝聚和引领，能够激发他们的参与热情，让他们更加积极地投入到社区的各项活动中去。这不仅有助于提升他们的社会责任感，还能增强他们对社区的归属感和认同感。

3. 创新服务模式与管理机制，增强社区吸引力

社区组织通过深入了解居民需求，结合社区实际情况，不断探索和实践新的服务模式。新兴青年具有多元化的需求和兴趣。社区组织通过提供丰富多样的活动和服务，能够满足青年在文体休闲、学习培训、职业发展等方面的需求，帮助他们实现个人成长和发展。例如，引入互联网+、大数据等现代信息技术手段，提升服务效率和质量，使居民能够享受到更加便捷、高效的服务。社区组织在参与社区治理的过程中，积极探索和实践民主协商、居民自治等管理机制。这些机制的有效运行不仅提高了社区治理的透明度和公正性，还激发了居民的参与热情和创造力，为社区治理注入了新的活力。社区组织通过组织各类创新活动、比赛和培训等，为居民提供了一个展示自我、交流思想的平台。这种氛围的营造有助于激发居民的创新意识和潜能，推动社会创新活动的不断涌现。社区组织在发展过程中，积极与政府机构、企业、高校等多元主体建立跨界合作关系。这种跨界合作不仅有助于整合资源、共享优势，还能够促进不同领域之间的知识和技术交流，推动社会创新的深入发展。组织积极参与环境保护工作，通过组织垃圾分类、节能减排、植树造林等活动，增强居民的环保意识和参与度。不仅有助于改善社区环境质量，还能够推动整个社会向绿色、低碳、循环的可持续发展模式转变。社区组织还应关注弱势群体的利益和需求，通过组织助学、助残、助老等公益活动，为他们提供必要的帮助和支持。不仅有助于缓解社会矛盾和问题，还能够促进社会的和谐与稳定，为可持续发展奠定坚实的社会基础。据统计，近年来越来越多的社区组织参与到环境保护和公益事业中来，通过组织各类活动和项目，为社会的可持续发展贡献了自己的力量。

8.2　城市社区组织吸纳新兴青年群体的时代价值

改革开放以来，中国城市社区历经3个重要发展阶段：第一阶段自20世纪70年代末期确立改革开放路线起，至1986年城市社区服务萌芽，这一时期，改革开放刚刚起步，城市社区服务也初现端倪；第二阶段从1986年城市社区服务的兴起，到20世纪90年代初期，这一时期是以城市综合体制改革和国有企业制度的改革为核心主题；第三阶段始于1992年，中国民政部提出社区建设思路，一直延续至今，这一时期，社会环境与制度取向围绕构建社会主义市场经济体制展开。市场经济作为一种资源配置的关键手段，具有自主性、多样性和多元性的特点。随着时代的进步，政府职能的转变给社区组织带来了新问题。由于受社会变革的影响，行政管理正面临行政权力功能转型的问题，同时，由于经济体制改革带来的经济多元化的发展，以及新经济组织、新社会组织带来的新就业形态的出现，越来越多的体制外人员及外来流动人口的快速增加，给城市社区组织带来的管理压力不断增加。这就要求城市社区建设适应城市企业体制改革和社会管理体制改革的需求，保证社会稳定，促进城市社会发展。早在1996年，江泽民同志就指出："要加大城市社区建设，充分发挥街道办事处、居委会的作用。"2007年10月15日，党的十七大把"积极构建社会主义和谐社会"作为深入贯彻科学发展观的一项重大要求，提出要"把城乡社区建设成为管理有序、服务完善、文明祥和的社会生活共同体"。2009年《政府工作报告》明确提出，将"大力发展社区商业、物业、家政等便民消费"作为积极扩大内需和拉动经济增长的重要手段之一。可见，和谐社区建设已经被提升为社会和谐建设的重要议题。

在新时代的大背景下，社区组织在新兴青年群体发展过程中的作用越发关键。社区组织充分发挥自身优势，为新兴青年群体创造更多发展机会，提供丰富资源，帮助他们顺利融入社会，实现自身价值。而新兴青年群体积极投身社区服务，也为社区组织注入全新活力，有力推动社区治理水平稳定提升。所以，加强社区组织与新兴青年之间的合作，实现互利共赢，对促进社会和谐具有极其重要的意义。

8.2.1 是加强基层统战工作的必然要求

随着国内外形势的不断变化，社区基层统战工作正面临新的挑战，如何加速推进基层统战工作平台的建设，已成为当前基层统战工作的重要内容。新兴青年群体已经成为基层统战的重要着力点。社区组织吸纳新兴青年不仅可以整合资源，推动社区组织的有序发展壮大，而且也为基层统战工作搭建了新的载体，推动统战工作社区延伸与拓展，不断提升基层统战工作的社会化水平和实效性。在一定程度上，这一举措还能补齐当前基层统战工作中人手少、抓手少、活动少的短板。社区组织活动范围主要在社区，与社区党团组织在工作范围、工作对象和工作内容上存在一定的交叉重合。改革开放以来，随着经济社会转型，传统的单位制逐步解体，原来由单位承担的社会职能逐步转移至社会力量。部分社区组织游离于党组织体系之外，对基层社区党组织的领导力提出了挑战。在此背景下，社区组织吸纳新的社会阶层，不仅是加强基层统战工作的必然选择，更是加强党组织对社区组织政治引领的重要举措，也是推动社区组织有效参与基层治理的关键环节。

8.2.2 是加强社区组织自身建设的必然要求

在当今社会发展的大背景下，加强社区组织自身建设已经成为一项至关重要的任务，这是社区组织实现可持续发展、提升服务效能、更好地满足居民需求的必然要求。社区组织作为基层社会治理的重要载体，其自身建设的强弱直接关系到社区治理的成效和居民的幸福感。自治性是社区组织的核心特征之一，它体现了社区居民自我管理、自我服务、自我教育和自我监督的理念。虽然外在的政策支持和扶持是社区组织发展的外部环境，但根本上还是要加强社区组织的自身建设，才能更好地适应社会发展的变化，提升自身的组织能力和服务水平，从而更好地服务于社区居民。新兴青年群体是社区中最具有潜在公共服务精神的一群人，而这正是社区组织发展壮大的重要思想基础。推动新兴青年群体参与社区组织，是提升社区组织发展的有效举措。社区组织吸纳新兴青年群体，可以进一步激发他们的公共服务精神，同时，也可以充分发挥新的社会阶层的优势，提升社区组织自身建设。新兴青年群体具有较强的维权意识，有较为理性的发展目标与诉求，多数新兴青年有参与社会公益活动的经历，这些特质有助于聚焦社区发展中出现的问题，促进社区组织可持续发展。随着单位体制的弱化和瓦解，在“单位人”逐渐变为“社会人”的大背景下，越来越多的“社会人”开始集聚在社区，社区逐渐成为城市新兴青年活动的中心舞台，发展城市社区服务业成为社区建设的核心内容。在此情况下，社会组织需要更加注重自身建设，通过吸纳新兴青年群体，提升自身的组织能力和服务水平，更好地满足社区居民的需求，推动社区的可持续发展。

8.2.3 社区组织与新兴青年群体形成良性互动

社区组织与新兴青年群体之间的良性互动，是推动社区发展与青年成长的双赢策略，也是促进社会进步与创新的重要途径。这种互动不仅能够为新兴青年提供成长的土壤，还能为社区注入新的活力，实现共同发展。

首先，社区通过提供资源与平台、举办培训与教育活动、搭建社交网络、关注心理健康与成长困惑、倡导社会参与公益事业以及鼓励创新与创造等措施，社区组织可以为新兴青年的全面发展提供有力的支持和帮助，这不仅有助于新兴青年的个人成长和职业发展，还能为社会的进步和创新贡献力量。社区组织通过组织各种形式的活动和项目，帮助新兴青年群体培养领导能力、合作能力、社交技能等。这些能力对于他们的个人成长和职业发展具有重要意义。社区组织在组织活动的过程中，会传递一定的价值观和理念。新兴青年群体在参与社区活动的过程中，会受到这些价值观的影响并形成自己的世界观、人生观和价值观。社区组织为新兴青年群体提供了展示自我、实现价值的平台。通过参与社区活动，新兴青年群体可以发挥自己的特长和才能，为社区作出贡献，实现个人价值与社会价值的统一。其次，社区组织与新兴青年群体可以通过合作实现共赢。社区组织可以发挥自身的组织优势和资源优势，为新兴青年群体提供更多的发展机会和资源支持；而新兴青年群体则可以通过自己的努力和才能，为社区组织带来更多的活力和创新。社区组织与新兴青年群体在互动过程中共同成长。社区组织可以从新兴青年群体身上学习到新的思想、新的方法、新的技能；而新兴青年群体则可以从社区组织身上学习到更多的实践经验和社会责任感。通过共同参与社区建设和发展，他们可以共同面对挑战、解决问题、实现目标。例如，在社区环境整治项目中，社区组织和青年志愿者共同协作，不仅改善了社区环境，还增强了彼此的凝聚力和归属感。

8.2.4 新兴青年群体可以为社区组织带来正向的影响

新兴青年群体具有年轻、活力、创新的特点，他们的加入可以为社区组织注入新的活力，推动社区组织在活动内容、形式、方法等方面的创新。新兴青年群体通过参与社区治理，为社区的发展出谋划策，推动社区向更加民主、和谐、可持续的方向发展。新兴青年群体是文化的传承者和创新者，他们可以通过参与社区文化活动，传承和弘扬社区文化，同时也将新的文化元素带入社区，丰富社区文化内涵。新兴青年群体往往具有广泛的人脉和资源，他们通过自己的努力，为社区组织争取到更多的资源支持，推动社区组织的发展壮大。

8.3 城市社区组织推进新兴青年群体组织化的原则与实践路径

我国城镇化速度每年都在以 1 个百分点的速度在增长。城市和城市人口已经成为我国社会的主要形态。城市社区已成为我国和谐社会建设与社会基层治理的主要场所。伴随着改革开放后的“单位制”逐渐被“街居制”取代，新时代对城市社区建设提出了新的更高的要求。

8.3.1 城市社区组织凝聚新兴青年群体的原则

社区组织在凝聚新兴青年时需要遵循一定原则以确保工作的有效性、针对性和持续性。这些原则包括坚持党的领导、聚焦主责主业、注重分类分层、激活基层动能、落实青年为本理念、强化有效联系及深化思想引领等。全面贯彻落实这些原则方能更好地吸引、凝聚和服务新兴青年群体，为社区建设和发展事业注入新的活力和动力。

1. 坚持党的领导

党的领导是社区组织凝聚新兴青年的根本保证，确保工作方向正确。党建引领社区治理是中国特色基层治理的鲜明特征。要坚持以党的建设引领社区治理。在新时代背景下，新兴青年群体作为社会发展的重要力量，其思想动态、价值观念和行为方式都受到广泛关注。社区组织在开展工作时，必须始终坚持党的领导，深入学习贯彻党的路线方针政策，确保新兴青年工作始终沿着正确的方向前进。具体而言，社区组织应及时传达党的声音和决策，确保党的方针政策在社区得到有效贯彻。同时，要注重培养和选拔优秀的青年党员作为社区工作的骨干力量，发挥他们的先锋模范作用，带动更多的新兴青年向党组织靠拢。此外，社区组织还应通过举办各种形式的主题教育活动、学习交流会等，引导新兴青年深入学习党的历史、理论和政策，增强他们的政治认同感。

2. 坚持思想引导

社区组织要坚持用习近平新时代中国特色社会主义思想武装新兴青年的头脑，并使之转变为他们的政治共识，进而转化为他们的行动自觉。通过有组织地学习社会主义核心价值观、社会主义先进文化，引导新兴青年树立正确的价值观和人生观，加强了对新兴青年的道德教育和诚信教育，培养了他们的社会责任感和公民意识，让他们成为有担当、有爱心、有道德的青年人才。在新兴青年群体中开展形式多样的理想信念教育实践活动，充分发挥新兴青年在建设中国式现代化强国建设过程中的重要作用。要让新兴青年感受到如果个人的人生理想不与中华民族伟大复兴的目标相结合，理想就失去了生存根基。真正使新兴青年认识到个人发展与国家发展、社会振兴、社会进步有着不可分割的联系。只有把个人发展与国家富强真正结合起来，把在现代社会中享有的公民权利、发展机会和获得的利益报酬与自身应尽的社会义务、相应的社会责任和应有的社会公德有机统一起来，才能使自己成为有坚定理想信念的中国特色社会主义合格建设者。

3. 坚持利益保障

新兴青年群体主要分布在“体制外”，同时由于工作的流动性和风险性，他们对自身经济利益的反应更为敏感。利益认同是政治认同的逻辑起点，也是增进组织认同的基本前提。保障新兴青年基本利益，增强他们安全感是实现组织化过程的重要方面。社区组织是新兴青年表达合理诉求的重要渠道，也是扩大有序政治参与的平台，通过设立意见箱、开展问卷调查等方式收集新兴青年的意见和建议，及时了解他们的需求和关切，为他们提供更加贴心、个性化的服务。同时要注重加强对新兴青年的心理疏导和关怀，帮助他们解决成长过程中的困惑和问题，增强他们的自信心和幸福感。社区组织也为新兴青年发挥积极性，积极参与平等竞争创造公平良好的社会环境，最大化地达成各方面的利益诉求的平衡，妥善处理和及时化解新兴青年群体的各方面的利益诉求，共享改革发展成果，促进社会公平。

4. 坚持扩大工作覆盖面

为了更好地凝聚新兴青年群体，社区组织需要建立多渠道的联系网络，不断扩大工作覆盖面。这包括强化组织联系、阵地联系、服务联系、培训联系和聚集区联系等，努力形成全方位、多层次的联系网络。首先要注重强化组织联系。通过加强与政府部门、社会组织、企业等各方力量的合作与交流，建立稳定的合作关系共同为新兴青年群体提供服务。同时要注重发挥基层团组织的作用，通过加强基层团组织建设，提升组织力和战斗力，确保工作得到有效落实。其次要注重强化阵地联系。通过建设和完善各类活动阵地，如青年之家、创业孵化器等为新兴青年提供学习交流、创业创新的场所和空间。同时要注重发挥各类活动阵地的作用，通过开展丰富多彩的文体活动、志愿服务活动等，吸引更多新兴青年参与社区建设和发展事业中来。为新兴青年提供展示才华和实现价值的舞台。通过组织各类比赛、展览等活动，为新兴青年提供展示自己才华和成果的机会，激发他们的创造力和创新精神。同时，要注重加强对优秀新兴青年的表彰和宣传，树立典型，示范引领更多青年投身到社区建设和发展事业中来。最后要注重强化服务联系。通过建立健全服务机制为新兴青年提供便捷高效的服务支持。例如，可以建立青年志愿者服务队伍，为新兴青年提供心理咨询、法律援助等服务；可以建立就业创业服务平台，为新兴青年提供职业规划、技能培训等服务；可以建立网络服务平台，为新兴青年提供信息查询、在线交流等服务等。通过这些服务支持增强新兴青年的获得感和幸福感，让他们更加愿意参与社区建设和发展事业。

5. 坚持分类分层精准化服务

新兴青年群体具有多样性、复杂性的特点，其思想动态、生存状况、成长需求、聚集方式等各不相同。因此，社区组织在凝聚新兴青年时，应注重分类分层，针对不同群体确定不同的工作目标、优先内容、适当方式、有效载体及开展工作的重点组织层级等。首先，要对新兴青年群体进行细分。根据职业特点、兴趣爱好、年龄层次等因素将新兴青年划分为不同的亚群体，并深入了解每个亚群体的特点和需求。然后，针对不同群体制订具体的工作计划和实施方案，确保工作的针对性和实效性。其次，要重视分层推进工作。对于规模较大、影响力较强的新兴青年群体，社区组织优先开展工作，通过示范引领带动其他群体的发展。同时，要注重加强对重点群体的关注和支持，如创业青年、网络意见领袖等，通过提供个性化服务和支持帮助他们实现更好的发展。最后，要注重整合资源形成合力。社区组织应加强与政府部门、社会组织、企业等各方力量的合作与交流，共同为新兴青年群体提供服务。通过搭建合作平台、共享资源信息等方式实现优势互补和资源共享，形成推动新兴青年发展的强大合力。

8.3.2 城市社区凝聚新兴青年群体的实践路径

城市社区是完善群众参与基层社会治理的制度化渠道的重要载体。社会治理的重心在基层，社会治理与所有人息息相关，每个人都是社会治理的参与者和受益人。随着社会的发展和时代的变迁，新兴青年群体逐渐成了社区建设的重要力量。他们充满活力、富有创造力，对于社区的繁荣与进步起着至关重要的作用。然而，如何有效地凝聚这些新兴青年群体，成为当前城市社区组织面临的重要课题。

1. 完善大统战工作格局，健全社区新兴青年群体组织化工作体系

社区是开展新的社会阶层统战工作的重要一环。习近平同志指出：“要坚持党委统一领导、统战部牵头协调、有关方面各负其责的大统战工作格局，形成工作合力”。[①]要充分调动街道、社区工作积极性，着力提升各级社区组织负责人对新的社会阶层组织化工作的思想认识。新兴青年群体在维护基层社会的和谐稳定方面具有重要作用。进一步树立大统战观念，建立相应工作机制，明确统战工作专人负责制度，确保基层统战工作有人管。新兴青年群体涵盖和涉及两新组织和新就业形态的众多领域，社区要将统战工作纳入到各级网格化管理系统中，延伸统战工作的“手臂”。部分社区组织承载着政府部分职能，通过寻找人民利益的“最大公约数”，更好汇聚民智、激发民力；加强对社会组织的培育扶持和规范引导，充分释放社会组织在链接社区资源、发动社区群众、扩大社会参与、建立互助机制方面的巨大潜力。要完善统战工作专兼职队伍，加强基层统战干部、党建工作者、社会工作者、政法网格员等培训、管理和使用，持续提高基层统战工作的整体能力和水平，了解和掌握社区新兴青年群体的利益诉求，开展专业化社区服务。

2. 凝聚思想共识，创新丰富社区活动载体和内容

习近平同志强调要做好“新三种人”的工作。这些人主要在党外、体制外，流动性很大，思想比较活跃，做他们的工作，一般的工作方式不太管用。目前社区新媒体平台的内容较为单一，有条件的社区部门，可以充分利用微博平台，加强与新的社会阶层人士的互动交流；通过抖音、快手等平台开展活动。在活动开展过程中，要注意政策性与趣味性相结合，要注意发挥多部门业务特色，使更多部门参与其中。同时在活动设计上要突出参与度，能够吸引新阶层人士发挥特长，开展直播现场赛等活动，吸引自由职业者、新媒体从业者积极参与

---

① 习近平. 巩固发展最广泛的爱国统一战线为实现中国梦提供广泛力量支持[J]. 统一论坛，2015(3)：3-4.

推介地区特产、美食、美景等。例如，开展展现乡村振兴的摄影展，发挥新的社会阶层人士的特长，展现党委政府的工作实绩，同时让更多群众感受时代的变迁、国家的发展、生活的逐渐富裕，进一步凝聚思想共识。

3. 探索社区治理新模式，增强社区各类组织的自治能力

2016 年 7 月 28 日，习近平同志在河北唐山市考察时的讲话时指出："社区是党和政府联系、服务居民群众的'最后一公里'，要健全社区管理和服务体制，整合各种资源，增强社区公共服务能力。" 2020 年 7 月 22 日至 24 日，习近平同志在吉林考察时再次强调"推进国家治理体系和治理能力现代化，社区治理只能加强、不能削弱。要加强党的领导，推动党组织向最基层延伸，健全基层党组织工作体系，为城乡社区治理提供坚强保证。"建设社区共同体是探索社区治理新模式的有益探索。一要科学规划社区内部人口规模和物理空间，增加新兴青年与社区居民的共享社区的开放空间，营造社区的公共性。二是利用信息化技术打造智慧社区，增强新兴青年对社区及居民的认同感。三是加强社区组织体系建设，提高社区新兴青年的组织化程度，举办各类兴趣爱好的夜校和公益团体，将新兴青年纳入社区各种组织，增强社区各类组织的自治能力。

8.4　虚拟社区组织与新兴青年群体组织化

虚拟社区这一概念早在 20 世纪 90 年代便已诞生，然而真正开始普及则是在 21 世纪。伴随信息技术的发展，网络迅速发展并全面融入人们的日常生活、工作之中。诸如论坛、微博等虚拟社区，其数量与用户规模正在以前所未有的速度增长。虚拟社区为人们的交流沟通提供了全新的方式，并借助这种交往方式，逐渐形成全新的生活理念，最终改变了人们的生活方式。

8.4.1　虚拟社区的内涵与外延

虚拟组织是基于互联网技术的社交媒体的发展而产生，是一种新型的组织模式。特·海伦娜与朱雯吉研究认为，虚拟组织是企业以契约方式结合起来的共同提高企业市场竞争力的临时性合作模式。两位研究者对虚拟组织的特点进行了概括，百度百科对虚拟组织特点也有概括，两者稍有区别（见表 8-1）①。

表 8-1 虚拟组织的特点对比

特·海伦娜、朱雯吉	百度百科
成员核心和资源的互补性	合作型竞争
组织结构扁平化	组织扁平化
组织构成的动态化	动态性
对环境反应的敏感性与响应的敏捷性	学习型组织
组织边界的模糊性	—

研究者杨继红认为虚拟社区是一群有个别兴趣、喜好、经验的人，或是学有专精的专业人士，通过各种网络传播方式组成一个社群，让参与者彼此之间能进行沟通、交流信息。纪晓丽研究了虚拟组织的知识传播过程，认为知识传播是组织内部不断学习与交流的过程。而以下几个方面会影响传播的结构和效果：第一是虚拟社区组织的成员流动性、组织规模的大小；第二是虚拟组织的活动的举办；第三是虚拟组织的成员构成，新老成员、活泼或是古板的成员都会对交流带来不同的影响；第四，虚拟组织的知识传播的网络中心化趋势不明显，而且由于松散的组织性，虚拟组织的知识传播更多发起于成员的主观意愿，而且现实组织的成员更多的是被动地去传播知识。

8.4.2 虚拟社区组织发展阶段

虚拟社区的发展主要经历了 Web 1.0 时代的虚拟社区、Web 2.0 时代的虚拟组织、大数据时代的虚拟社区等 3 次变革。

信息技术在网络社会中带来的第一次革命使社会进入了 Web 1.0 时代。

① 张大钟．虚拟社区组织公民行为概念、形成与影响［M］．上海：上海大学出版社，2015：45．

Web 1.0 时代是以门户为主的第一代互联网。Web 1.0 时代强调点击数，在应用上多以信息内容的综合门户为主，如 YaYhoo、新浪、搜狐等，也有以提供搜索为主的门户，如 Google、百度等。这一时期，一些门户网站借助庞大的用户群体，建立了以论坛为主要形式的虚拟社区，如百度贴吧、天涯论坛等。这一时期，论坛的主要社会功能以基于信息交流的互动为主，网络节点还没有完全形成，节点之间的联系和信息传播方式与传统媒体相似。换言之，更像是线下组织的网络形态，最大的不同是组织内部成员的多样性、组织的开放与松散性，这些都是虚拟组织的基本特征。

21 世纪初期，互联网第二次变革，催生了由 Web 1.0 时代迈向 Web 2.0 时代。从技术的角度来看，Web 2.0 时代的互联网更加注重用户的交互，如 Facebook、Twitter、博客、微博等。这些 Web 2.0 时代的应用注重用户之间的知识共享与信息互动，用户逐渐成为信息的节点，每个人都可以成为自媒体，信息在各个节点之间的传播路径由以往的星状结构逐渐成为网状结构。信息传播的路径不论从数量还是距离都发生巨大的变化。信息议题的设置、信息制造、信息传播规模的能力相对增强了许多。虚拟社区不再依托于某个论坛或贴吧，而是由某个共同的爱好或关注自发地形成。Web 2.0 时代虚拟社区的信息传播功能更强，且不同虚拟社区也由于社交媒体联系在一起。可以说，Web 2.0 时代的虚拟社区真正体现了网络社会的复杂性。

由于互联网、移动互联网和物联网技术的发展，网络社会已经进入大数据时代。在大数据技术的支撑下，网络社会的应用更加向个性化发展，出现各种基于移动互联网的 App。在这种技术环境下，网络社会中的个体行为能够被实时地跟踪、记录和分析。个体的信息传播更加便捷和开放，但是也更加透明化。AI 人工智能的出现使得网络社会中信息节点的个体可以不再是有血有肉的人，也可能是一个具有智能的装置。这就意味着大数据时代的虚拟社区成员是人与装置（可能是智能机器或者是智能软件和应用）。因此，大数据时代的虚拟社区从参与者到网络结构、信息传播模式都有了巨大的变化，必将带来网络社会的又一次变革。

8.4.3 虚拟社区组织与传统社区组织的互动

随着信息技术的飞速发展，虚拟社区与现实社会似乎在两个平行的空间里，根据自身的规律和特点各自发展又相互作用，尤其是随着互联网的兴起而出生和成长的“90 后”“00 后”身上，更加突显了虚拟社区的鲜明特质。传统的组织行为所关注的成员行为包括个性、学习、沟通、知觉、激励、组织公民行为等诸多方面。而虚拟社区引发的组织变革体现在组织的各个方面，其中虚拟社区成员相对于传统组织成员行为的改变更为明显。虚拟社区成员的学习、沟通等行为与现实组织中的行为相比，在背景、特征、行为模式等方面也发生了很大的改变。调查发现，个人在虚拟社区组织中形成的公民行为中的组织认同、组织忠诚、利他行为和责任意识，都正向作用于该成员在现实组织中的个人工作绩效（任务绩效、人际绩效和工作奉献）。

首先，虚拟社区的动态化、开放性会影响传统组织，并对传统组织相对稳定和封闭的特征提出挑战。虚拟社区的动态化表现在组织人员、组织目标、组织结构等多方面的动态化，即虚拟社区总是处在动态变化之中。动态性也会通过成员个体影响到传统组织本身。开放性是虚拟社区和网络社区的典型特征之一，开放性意味着虚拟社区的边界模糊，从而使得虚拟社区与其他类型组织之间的信息交互、人员交互和资源交互变得更加复杂，进而影响到传统组织的管理工作。信息技术提供了丰富的学习与沟通手段，而且更加便利与低成本。成员间的权利在虚拟社区中呈现多样化，因此改变了组织成员的自我认同与知觉过程，成员的社会认同模式从单一模式转为多元化模式，例如，有些成员在现实社会中识别度不高，但在虚拟社区中却拥有很高的认同度。

其次，由于传统组织中的个体同时也存在于虚拟社区中，个体行为存在多样化特征。由于虚拟社区的虚拟性和松散性，个体表现出的行为特征更倾向于本我，而现实组织中的个体行为更倾向于自我。有些个体的本我与自我间的矛盾小，有些个体的本我与自我间的矛盾较大，对于这样的个体，传统组织管理面临的挑战更大。

最后，虚拟社区的组织评价和个人评价与传统组织存在较大不同。虚拟社区组织有些没有评价机制，有些是多元化的评价方式。对于传统社区组织而言，组织和个人的评价机制通常以目标为导向，具有较强的强制性。如果新兴青年群体同时处在这两种组织评价机制中，对传统组织而言，实现对个体的管理也是一种挑战。把游离于传统社区治理平台的新兴亲年群体组织起来，除了要增强传统治理平台的吸引力外，建立新的线上平台组织，也是把这一群体组织起来的重要方式。

调查结果显示：社区宣传栏、电话、上门通知被认为是居委会使用最多的3种方式，居委会很少使用社区网站、社区虚拟平台的人群主要是新的社会阶层人士。这说明作为新时代发布公共事务信息重要平台的社区网站和社区虚拟平台，在社区治理中的作用没有得到有效发挥。同时，也说明新的社会阶层人士的社会参与方式已经发生变化，要与他们说上话、接上线，得用他们听得懂、易接受的方式，否则，何谈组织起来。[①]

① 蒋连华，施润华．社区治理创新与新的社会阶层人士的组织引导研究［J］．上海市社会主义学院学报，2017（3）：39–44．

附录A　2021年中国社会状况综合调查

v1. 问卷编号：□□□□□□□

v2. 样本序号：□□□□□□□

v3. CAPI 自动加载访问地点：

v3_1. 省/自治区/直辖市名称：__________________________

v3_2. 市+县/区代码：_________________________________

v3_3. 居委会/行政村委会代码：________________________

v4. 访问员记录：受访者居住的社区类型：（单选）

1. 未经改造的老城区（街坊型社区）
2. 单一或混合的单位社区
3. 保障性住房社区
4. 普通商品房小区
5. 别墅区或高级住宅区
6. 新近由农村社区转变过来的城市社区（村改居、村居合并或“城中村”）
7. 农村
8. 其他（请注明）________

《中华人民共和国统计法》第二十五条规定：统计调查中获得的能够识别或者推断单个统计调查对象身份的资料，任何单位和个人不得对外提供、泄露，不得用于统计以外的目的。

<u>以下访问正式开始</u>

尊敬的先生/女士：

您好！

我叫____________________，是__________________大学/中国社会科学院的访问员。我们正在进行一项社会调查，目的是了解民众的就业、工作和生活情况，以及对当前一些社会问题的看法。经过严格的科学抽样，我们选中了您作为调查对象。您的合作对我们了解有关信息和制定社会政策，有十分重要的意义。

问卷中问题的回答，没有对错之分，您只要根据平时的想法和做法回答就行。访问大约要一个小时。对于您的回答，我们将按照《统计法》的规定，严格保密，并且只用于统计分析，请您不要有任何顾虑。希望您协助我们完成这次访问，下面我要了解一下您家庭成员的情况，谢谢您的合作！

中国社会状况综合调查（CSS）项目组

2021 年 6 月

A 部分：住户成员

【CAPI・编码】全篇统一编码：[不清楚/不知道/不好说]为“−1”;[不回答/拒绝回答]为“−2”;[不适用]为“−8”。

【访问员注意】问卷中使用“英文中括号”（如[***]）括起的选项，均不需要念读给受访者。

首先，我想了解一下您个人和您家庭的一些基本情况，仅供分析使用，希望您不要介意

A1. 请您告诉我您家有几口人？他们和您是什么关系？ 记录：□□□人

a. 与受访者关系 01. 丈夫 02. 妻子 03. 儿子 04. 女儿 05. 父亲 06. 母亲 07. 儿媳 08. 女婿 09. 孙子 10. 孙女 11. 配偶父亲 12. 配偶母亲 13. 祖父 14. 祖母 15. 外祖父 16. 外祖母 17. 外孙子 18. 外孙女 19. 兄弟 20. 姐妹 21. 兄弟的妻子 22. 姐妹的丈夫 23. 其他亲属	**b.** 性别 【CAPI 加载】根据受访者身份自动生成	**c.** 出生年份	**d.** 教育程度： 【出示示卡第 1 页】 01. 未上学 02. 小学 03. 初中 04. 高中 05. 中专 06. 职高技校 07. 大学专科 08. 大学本科 09. 研究生 10. 其他（请注明：____） −1.[不知道] −2.[不回答]	**e.** 婚姻状况： 【出示示卡第 2 页】 1. 未婚 2. 初婚有配偶 3. 再婚有配偶 4. 离婚 5. 丧偶 6. 同居 −1.[不知道] −2.[不回答]	**f.** 目前工作状况是： 【出示示卡第 3 页】 1. 只务农 2. 只从事非农工作 3. 以从事非农工作为主，但同时也务农 4. 以务农为主，但同时也从事非农工作 5. 无业 6. 退休 7. 学前儿童 8. 在校学生 9. 其他（请注明____） −1.[不知道] −2.[不回答]	**g.** 他/她目前是否与您同吃同住： 1. 吃住都在一起 2. 住在一起，但不一起吃 3. 吃在一起，但不住在一起 4. 吃住都不在一起	**h.** 他/她目前是否与您共同收支： 1. 收支都在一起 2. 收支不在一起
受访者本人	□男 □女	□□□□年 □□月					
		□□□□年					
		□□□□年					
		□□□□年					
		□□□□年					

续表

a. 与受访者关系 01. 丈夫 02. 妻子 03. 儿子 04. 女儿 05. 父亲 06. 母亲 07. 儿媳 08. 女婿 09. 孙子 10. 孙女 11. 配偶父亲 12. 配偶母亲 13. 祖父 14. 祖母 15. 外祖父 16. 外祖母 17. 外孙子 18. 外孙女 19. 兄弟 20. 姐妹 21. 兄弟的妻子 22. 姐妹的丈夫 23. 其他亲属	b. 性别 【CAPI加载】根据受访者身份自动生成	c. 出生年份	d. 教育程度： 【出示示卡第1页】 01. 未上学 02. 小学 03. 初中 04. 高中 05. 中专 06. 职高技校 07. 大学专科 08. 大学本科 09. 研究生 10. 其他（请注明：____） −1.[不知道] −2.[不回答]	e. 婚姻状况： 【出示示卡第2页】 1. 未婚 2. 初婚有配偶 3. 再婚有配偶 4. 离婚 5. 丧偶 6. 同居 −1.[不知道] −2.[不回答]	f. 目前工作状况是： 【出示示卡第3页】 1. 只务农 2. 只从事非农工作 3. 以从事非农工作为主，但同时也务农 4. 以务农为主，但同时也从事非农工作 5. 无业 6. 退休 7. 学前儿童 8. 在校学生 9. 其他（请注明____） −1.[不知道] −2.[不回答]	g. 他/她目前是否与您同吃同住： 1. 吃住都在一起 2. 住在一起，但不一起吃 3. 吃在一起，但不住在一起 4. 吃住都不在一起	h. 他/她目前是否与您共同收支： 1. 收支都在一起 2. 收支不在一起
		□□□□年					
		□□□□年					
		□□□□年					
		□□□□年					
		□□□□年					
		□□□□年					
		□□□□年					
		□□□□年					

【访问员追问】**A1_31.** 除了刚才谈到的人，您家庭的成员有没有目前外出，暂时没回来居住的（比如在外上学的学生、打工的家人）？如果有，请您说说他们的一些简单情况。

【CAPI·提示】如果有，CAPI 提示访员修改“家庭人口数”，询问新增人员基本信息。

A1i. 我还想了解一下您的父母、配偶及配偶父母的一些简单情况：

【CAPI·加载】如果受访者本人为未婚，则不加载"及配偶父母"语段。

【CAPI·加载】注#1：如果在提问受访者 A1a 时，下述 4 个人受访者没有在提问 A1a 中有回答，CAPI 需加载下表中相应的人；如果在提问 A1a 中已经有相应的回答，则不需要加载在下表中；注#2：受访者本人为未婚的不需要加载配偶父母部分。

与受访者关系：	**a. 父母及配偶父母目前的情况：** 【访员注意：此题不念读选项】 1. 健在 2. 去世→**跳问**下一位 -1. [不知道]→**跳**问下一位 -2. [不回答]→**跳**问下一位 【CAPI：若选"去世""不知道""不回答"，则跳问当前人员的 c、d、e 三个问题】	**b. 出生年份：** -1. [不知道] -2. [不回答]	**c.** 教育程度： 【出示示卡第 1 页】 01. 未上学 02. 小学 03. 初中 04. 高中 05. 中专 06. 职高技校 07. 大学专科 08. 大学本科 09. 研究生 10. 其他（请注明：______） -1. [不知道] -2. [不回答]	**d. 目前的就业状况是：** **【出示示卡第 4 页】** 1. 只务农 2. 只从事非农工作 3. 以从事非农工作为主，但同时也务农 4. 以务农为主，但同时也从事非农工作 5. 无业 6. 退休 7. 其他（请注明______） -1. [不知道] -2. [不回答]
1. 受访者父亲	□	□□□□年	□□	□
2. 受访者母亲	□	□□□□年	□□	□
3. 配偶父亲	□	□□□□年	□□	□
4. 配偶母亲	□	□□□□年	□□	□

A2. 您的民族是：（单选）

01. 汉族

02. 蒙古族

03. 满族

04. 回族

05. 藏族

06. 壮族

07. 维吾尔族

08. 彝族

09. 土家族

10. 苗族

11. 布依族

12. 其他（请注明）________

-1. [不清楚]

A3. 您的政治面貌是：（单选）

1. 中共党员
2. 共青团员
3. 民主党派
4. 群众

A4a. 您目前的户口性质是：（单选）

1. 农业户口→**跳问 A4b**
2. 非农业户口→**跳问 A4b**
3. 居民户口
4. 其他（请注明）：______________________→ **跳问 A4b**

A4a1. 您目前的户口登记在村委会还是居委会？（单选）

1. 村委会（农村社区）
2. 居委会（城镇社区）

A4b. 您目前的户口登记地是在：（单选）【出示示卡第 5 页】

1.【CAPI】加载当前样本所在乡（镇、街道）
2.【CAPI】加载当前样本所在县（县级市、区）其他乡（镇、街道）
3.【CAPI】加载当前样本所在省其他县（县级市、区）→**跳问 A4d**
4. 外省→**跳问 A4d**
5. 户口待定→**跳问 A4f**

A4c. **您的户口是哪一年迁到【CAPI】加载当前样本所在县（县级市、区）的？（单选）**

1. 自最初实行现户籍制度/出生就是→**跳问 A4g**

2. 是□□□□年迁来的

A4d. **您在【CAPI】加载当前样本所在县（县级市、区）居住有半年了吗？（单选）**

1. 半年以下→**跳问 A4f**

2. 半年以上

A4e. **您是哪一年来【CAPI】加载当前样本所在县（县级市、区）居住的？**

记录：□□□□年

A4f. **您来【CAPI】加载当前样本所在县（县级市、区）居住的最主要原因是：（单选）【出示示卡第 6 页】**

1. 工作就业

2. 学习培训

3. 拆迁或搬家

4. 婚姻嫁娶

5. 随迁家属

6. 投亲靠友

7. 照料孙子女

8. 为子女就学

9. 养老/康养

10. 其他（请注明）________

A4g. **就您目前的生活状况来说，您认为自己是本地人，还是外地人？（单选）**

1. 是本地人

2. 是外地人

-1. [不好说]

A5. **您的宗教信仰是：(单选)【出示示卡第 7 页】**

1. 基督教

2. 天主教
3. 伊斯兰教
4. 道教
5. 佛教
6. 民间信仰
7. 其他宗教信仰（请注明）________
8. 无宗教信仰

A6a1. 除您以外，您还有几个同父同母的亲兄弟？　记录：兄弟有□□个

【访问员注意】此处包括 16 周岁后去世的兄弟。

A6a2. 除您以外，您还有几个同父同母的亲姐妹？　记录：姐妹有□□个

【访问员注意】此处包括 16 周岁后去世的姐妹。

A6b1. 您现在有几个亲生儿子？　记录：儿子有□□个

【CAPI·筛选】只询问有过婚姻经历的受访者，无婚姻经历的直接询问 A6d。

A6b2. 您现在有几个亲生女儿？　记录：女儿有□□个

【CAPI·筛选】只询问有过婚姻经历的受访者，无婚姻经历的直接询问 A6d。

A6c. 您还打算要几个孩子？（单选）【出示示卡第 8 页】

【CAPI·筛选】只询问 1972 年以后出生（50 岁以下）有子女的受访者，其他受访者直接询问 A6d。

1. 再要一个
2. 再要两个
3. 再要三个及以上
4. 可能不要了
5. 肯定不要了
6. 还没有想好

A6d. 您认为一个家庭通常有几个孩子最理想？其中有几个男孩，几个女孩？

A6d. 记录理想子女数：□□个

A6d1. 记录：男孩有□□个

A6d2. 记录：女孩有□□个

A6d3. 记录：○ 99. 男女无所谓

【CAPI·软检查】A6d 填写人数大于 10 时，弹出软检查框，“请受访者再次确认理想子女数为 X。”（X 为 A6d 填写的数值）

【CAPI·软检查】如果 A6d≠A6d1+A6d2，弹出软检查框，“请访员核对男孩、女孩数记录是否正确”。选择“男女无所谓”的，不进行此项软检查。

【CAPI·数据】设置“99. 男女无所谓”选项框，选择“99. 男女无所谓”时，A6d1 和 A6d2 自动赋值为“99”。

B 部分：个人工作状况

下面我想了解一下您从事生产、工作或经营活动的情况

B1. 请问您目前的工作情况是：（单选）

1. 有工作→**跳问 B3**

2. 有工作，但目前在职休假、在职学习，或临时停工、歇业→**跳问 B3**

3. 没有工作

4. 在校学生→**跳问 B8**

B1a. 请问您最近一周以来有没有从事过 **1** 小时以上有收入的工作？即使做临时工或者通过互联网接单当小时工，也算有工作。（单选）

1. 有→**跳问 B3**

2. 没有

B1b. 请问您最近一周以来有没有在自己/自己家庭或家族拥有的店铺、企业、机构中工作，虽然没报酬，但每周工作在 **15** 小时以上或每天工作 **3** 小时以上？（单选）

1. 有→**跳问 B3**

2. 没有

B1c. 请问今年以来您有没有从事农业生产劳动？（单选）

1. 有→**跳问 B3**

2. 没有

B2a. 您目前没有工作的最主要原因是什么呢？（单选）【出示示卡第 9 页】

1. 丧失劳动能力→**跳问 B8**
2. 已离/退休
3. 毕业后未工作
4. 料理家务、照看家人
5. 因单位原因或个人原因失去原工作
6. 承包土地被征用
7. 其他（请注明）________

B2b. 您目前已经连续多长时间没有工作了？

B2b1. 记录：□□年

B2b2. 记录：□□个月

B2b3. 您最近三年里换过几份工作？　　　　**记录：□□份**

【CAPI·筛选】若 B2b1 记录信息小于 3 则加载 B2b3，否则不加载。此题允许填写“0”。

B2c. 您目前是在找工作，准备自己创业，还是没有在找工作？（单选）

1. 在找工作→**跳问 B2e**
2. 准备自己创业→**跳问 B2e**
3. 既在找工作，同时也准备自己创业→**跳问 B2e**
4. 没有找工作，也不打算自己创业

B2d. 您还打算工作吗？（单选）

1. 打算工作→**跳问 B8**
2. 不打算工作了→**跳问 B8**

B2e. 如果现在有份工作，您能否在两周内去工作？（单选）

1. 能→**跳问 B8**
2. 不能→**跳问 B8**

B3. 您目前的工作状况是？（单选）

1. 目前只从事非农工作
2. 目前以从事非农工作为主，但同时也务农

3. 目前以务农为主，但同时也从事非农工作

4. 目前只务农→**跳问 B7**

B4a. 请问您目前主要的非农工作具体做什么？

【访问员注意】如果受访者的工作活动属于家庭经营、个人单独做事或无具体工作单位，则记录受访者每份工作所做的具体事情，并参照《职业代码表》进行追问并详细记录。

B4a. 职业编码：□□□

B4b. 您这份非农工作的单位属于什么行业？

【访问员注意】在单位就业者，请说出单位/公司的具体名称、生产和经营活动的类型；由劳务派遣机构派出的保安、劳务工、家政服务员等，劳务派遣机构是其单位；如果没有单位，则个人职业就等于行业。访问员请参照《行业代码表》进行追问并详细记录。

B4b. 行业编码：□□

B4c1. 请问今年以来您“【CAPI 加载 B4a1】”这份工作平均每月工作多少天？ 记录：□□天

B4c2. 请问今年以来您“【CAPI 加载 B4a1】”这份非农工作平均每天工作多少小时？ 记录：□□小时

B4d. 今年以来，您“【CAPI 加载 B4a1】”这份非农工作平均每月给您带来多少收入？

【访问员注意】B4d4 项如果是年终结算，请受访者推算一下每月平均所得；持有本企业股份的职工也应填答。

【CAPI·加载】默认加载一项其他收入。

项目	**B4d. 钱数（元）**		
1. 工资、薪金（含津贴和补助）	记录：______	○ 不清楚	○ 不回答
2. 奖金	记录：______	○ 不清楚	○ 不回答
3. 提成	记录：______	○ 不清楚	○ 不回答
4. 作为本企业股东得到的分红或分配利润	记录：______	○ 不清楚	○ 不回答
5. 其他收入（请注明）______	记录：______	○ 没有其他收入	

【CAPI·软检查】若各分项钱数大于 100 000 元（10 万元），提示访员再次确认。

【CAPI·赋值】选择“不清楚”，B4d 赋值“−1”，选择“不回答”，B4d 赋值“−2”。

B4e. 目前在您“**【CAPI 加载 B4a1】**”这份非农工作中，您是否有专业职称或者技术等级：

（单选）【出示示卡第 11 页】

1. 专业职称（例如高级职称、中级职称、初级职称）

2. 技术等级（例如高级工、中级工、初级工）→**跳问 B4e2**

3. 没有，但是以后可能会评定专业职称或者技术等级→**跳问 B4f**

4. 没有专业职称或者技术等级→**跳问 B4f**

−1. [不知道]→**跳问 B4f**

−2. [不回答]→**跳问 B4f**

B4e1. 目前在您“**【CAPI 加载 B4a1】**”这份非农工作中，您的专业职称是：（单选）

1. 高级职称→**跳问 B4f**

2. 中级职称→**跳问 B4f**

3. 初级职称→**跳问 B4f**

B4e2. 目前在您“**【CAPI 加载 B4a1】**”这份非农工作中，您的技术等级是：（单选）

1. 高级技师

2. 技师

3. 高级工

4. 中级工

5. 初级工

B4f. 您认为您的“**【CAPI 加载 B4a1】**”这份工作性质属于：(单选)【出示示卡第 12 页】

1. 需要很高专业技能的工作

2. 需要较高专业技能的工作

3. 需要一些专业技能的工作

4. 不需要专业技能的工作

5. 其他（请注明）________

下面请您告诉我您从事这份非农工作所在的单位/公司的一些情况。

B5a. 您从事的“【CAPI 加载 B4a1】”这份非农工作所在的单位/公司是：（单选）【出示示卡第 13 页】

01. 党政机关、人民团体、军队

02. 国有企业及国有控股企业

03. 国有/集体事业单位

04. 集体企业

05. 私营企业

06. 三资企业

07. 个体工商户

08. 民办事业单位（民办非企业单位）

09. 社区居委会、村委会等自治组织

10. 没有单位（包括自由职业/灵活就业）

11. 其他（请注明）________

−1. [不清楚]

B5b. 您在目前“【CAPI 加载 B4a1】”这份非农就业中的身份是？（单选）【出示示卡第 14 页】

1. 雇员或工薪收入者→**跳问 B5c1**

2. 雇主/老板（企业的所有者/出资人/合伙人，且雇用他人）

3. 自营劳动者（如没有雇用他人的个体工商户和自由职业者）→**跳问 B5g**

4. 家庭帮工（为自己家庭/家族的企业工作，但不是老板）→**跳问 B5d**

5. 其他（请注明）________→**跳问 B5g**

B5b1. 请问您雇了多少人？ 记录：□□□□人 →**跳问 B5g**

B5c1. 您目前与工作单位或雇主签订哪种书面合同？（单选）【出示示卡第 15 页】

1. 签订了劳动合同
2. 签订了劳务合同
3. 签订了人事合同（例如国家机关、事业单位聘任/聘用合同）→**跳问 B5c3**
4. 签订了其他合同（请注明）________→**跳问 B5c3**
5. 没有签订合同→**跳问 B5d**
6. 不需要签劳动/劳务合同（如公务员或国家机关、事业单位编内人员）→**跳问 B5d**

−1. [不清楚]→**跳问 B5d**

B5c2. 您目前签订的是哪种书面劳动/劳务合同？（单选）【出示示卡第 16 页】

1. 签订了固定期限劳动/劳务合同
2. 签订了无固定期限劳动/劳务合同
3. 签订了试用期劳动/劳务合同
4. 签订了其他劳动/劳务合同（请注明）________

−1. [不清楚]

B5c3. 您目前的合同是和谁签订的？（单选）

1. 这份工作所在的单位/公司
2. 劳务中介公司或者劳务派遣公司
3. 其他（请注明）________

−1. [不清楚]

B5d. 在过去 12 个月，您是否参加过工作单位提供的提高技能方面的培训：（单选）

1. 有
2. 没有

B5e. 在您目前的单位中，您的管理活动情况是:（单选）【出示示卡第 17 页】

1. 高层管理者（其上没有管理层）

2. 中层管理者（其上有管理层，其下也有管理层）

3. 低层管理者（其上有管理层，其下为普通职工）

4. 普通职工

B5g. 您认为自己在未来 6 个月内失业的可能性有多大？（单选）【出示卡第 18 页】

1. 完全有可能

2. 有可能

3. 一般

4. 不太可能

5. 完全不可能

-1. [不好说]

B6a. 请用 1～10 分，来表达您对“【CAPI 加载 B4a1】”这份工作下列方面的满意程度，1 分表示非常不满意，10 分表示非常满意：（每行单选）【出示卡第 19 页】

【CAPI・分卷】此题为 A 卷

	非常不满意					非常满意					[不好说]	[不适用]
01. 工作环境	1	2	3	4	5	6	7	8	9	10	-1	
02. 工作轻松程度	1	2	3	4	5	6	7	8	9	10	-1	
03. 工作的安全性	1	2	3	4	5	6	7	8	9	10	-1	
04. 收入及福利待遇	1	2	3	4	5	6	7	8	9	10	-1	
05. 与领导的关系	1	2	3	4	5	6	7	8	9	10	-1	-8
06. 与同事的关系	1	2	3	4	5	6	7	8	9	10	-1	-8
07. 晋升机会	1	2	3	4	5	6	7	8	9	10	-1	-8
08. 个人能力的发挥	1	2	3	4	5	6	7	8	9	10	-1	
09. 工作的自由程度	1	2	3	4	5	6	7	8	9	10	-1	
10. 总体工作满意度	1	2	3	4	5	6	7	8	9	10	-1	

下面向您了解一下农业生产经营的情况。

【CAPI·加载】若 B3 选“1”，则不加载 B7，B7a，B7b，B7c。

B7. 请问您最近一年来所从事的农、林、牧、渔业等劳动是什么（职业）？

B7c 职业编码：□□□

B7d. 请问您有没有农村的：

【CAPI·加载】A4a 选择“1. 农业户口”提问 B7d1、B7d2、B7d3。

【CAPI·加载】A4a 选择“3. 居民户口”且 A4a1 选择“1. 村委会”提问 B7d1、B7d2、B7d3。

1. 宅基地	○ 有	○ 没有	○[不清楚]
2. 土地承包经营权证（包括耕地、林地、草地、水面，以您家庭为单位）	○ 有	○ 没有	○[不清楚]
3. 村集体经济合作组织的股份或者分股资格	○ 有	○ 没有	○[不清楚]

【CAPI·编码】B7d 各题，选择“有”，编码为“1”；选择“没有”，编码为“2”；选择“不清楚”，编码为“−1”。

B8. 您家（包括您本人）目前是否有人从事农、林、牧、渔业等劳动？（单选）

【CAPI·加载】对于 B3 选择“2”“3”“4”的受访者，B8 直接赋值为“1”。B3 选择“1”或 B1 选择“3”的受访者，请访问员询问 B8 选项，并填写。

1. 是，家里有人（或者本人）从事农林牧渔业等劳动
2. 否，但家里有耕地/林地/草地/水面
3. 否，家里也没有耕地/林地/草地/水面

【CAPI·跳问】当 B8 选 3 时，如果 A4a=2 或者 A4a1=2，则跳问 B11。

【CAPI·跳问】当 B8 选 3 时，如果 A4a=1 或者 A4a1=1，则跳问 B10a。

B9a. 您家目前承包或经营了哪些类型的土地和水面？（可多选）

1. 耕地
2. 林地

3. 草地

4. 水面

5. [以上都没有]→跳问 **B10a**

B9. 您家共有承包的耕地、林地、草地、水面多少亩？目前实际经营多少亩？闲置多少亩？转入多少亩？转出多少亩？

【CAPI・加载】B9 题目中的“耕地、林地、草地、水面”根据 B9a 填答情况加载。

【CAPI・加载】选项表格中“耕地”“林地”“草地”“水面”根据 B9a 填答情况加载，只加载选中的项目。

		a. 承包面积	b. 闲置面积	c. 转入面积	d. 转出面积	e. 实际经营面积
1	耕地	□□□□亩 ○不清楚 ○不回答	□□□□亩 ○不清楚 ○不回答	□□□□亩 ○不清楚 ○不回答	□□□□亩 ○不清楚 ○不回答	□□□□亩 ○不清楚 ○不回答
2	林地	□□□□亩 ○不清楚 ○不回答	□□□□亩 ○不清楚 ○不回答	□□□□亩 ○不清楚 ○不回答	□□□□亩 ○不清楚 ○不回答	□□□□亩 ○不清楚 ○不回答
3	草地	□□□□亩 ○不清楚 ○不回答	□□□□亩 ○不清楚 ○不回答	□□□□亩 ○不清楚 ○不回答	□□□□亩 ○不清楚 ○不回答	□□□□亩 ○不清楚 ○不回答
4	水面	□□□□亩 ○不清楚 ○不回答	□□□□亩 ○不清楚 ○不回答	□□□□亩 ○不清楚 ○不回答	□□□□亩 ○不清楚 ○不回答	□□□□亩 ○不清楚 ○不回答

【CAPI・软检查】“计算经营面积”=“a. 承包面积”－“b. 闲置面积”+“c .转入面积”－“d. 转出面积”。如果“计算经营面积”≠“e. 实际经营面积”，提醒访员确认“a. 承包面积”“b. 闲置面积”“c.转入面积”“d. 转出面积”填写是否准确。

【CAPI・赋值】选择“不清楚”，B9a、B9b、B9c、B9d、B9e 赋值“-1”，选择“不回答”，B9a、B9b、B9c、B9d、B9e 赋值“-2”。

B10a. 您所属村组的承包地目前的承包办法是？（单选）【出示示卡第 20 页】

1. 目前各家承包地三十年不做调整
2. 大块地不动，小块地或机动地随着人口增减调整
3. 承包地定期或不定期大调整
4. 其他办法（请说明）________

B10b. 您了解农村承包地确权政策吗？（单选）

1. 完全不了解→**跳问 B10e**
2. 不太了解
3. 有一些了解
4. 很了解

-1. [不好说]

B10c. 您如何理解农村承包地确权政策？（单选）

1. 确权后承包地就归农户所有了
2. 确权给农户的只是承包经营权

-1. [不好说]

B10d. 您是否赞同农村承包地确权政策？（单选）

1. 赞同
2. 不赞同→**跳问 B10d2**
3. 无所谓→**跳问 B10e**

B10d1. 您赞同的理由是？（可多选）【出示示卡第 21 页】

1. 经过确权，农户的土地承包经营权有了保障
2. 经过确权，可以妥善解决承包地块面积不准、四至不清等问题
3. 经过确权，保障了农户原有承包地继续稳定，有利于安心搞生产
4. 经过确权，农户可以放心搞土地流转，增加土地收入
5. 确权之后，农户可以用自己的权证进行抵押贷款
6. 其他（请注明）________

B10d2. 您不赞同的理由是？（可多选）【出示示卡第 22 页】

1. 没有必要，多此一举

2. 导致土地分配不均，出现人多地少或人少地多

3. 不利于以后根据人口变动进行土地调整

4. 有违社会公平

5. 影响社会稳定

6. 其他（请注明）________

B10e. 您所在村庄村支部书记和村民委员会主任是不是由同一个人担任？（单选）

1. 是

2. 不是

-1. [不知道]

B11a. 请您告诉我，各项收入有多少？

项目	**B8b.** 钱数（元）		
01. 总收入	记录：________	○ 不清楚	○ 不回答
02. 工资、奖金（包括提成、补贴等）等劳动报酬收入；兼职收入、业余劳务收入（如稿酬、课酬、各种临时帮工酬劳等）	记录：________	○ 不清楚	○ 不回答
03. 退休金（单位给的）	记录：________	○ 不清楚	○ 不回答
04. 养老保险金（社会保险机构给的）	记录：________	○ 不清楚	○ 不回答
05. 最低生活保障金、困难补助等社会救助收入； 村集体提供的福利收入（如分红、补贴等）	记录：________	○ 不清楚	○ 不回答
06. 个人农业经营纯收入（含各种农业补贴）	记录：________	○ 不清楚	○ 不回答
07. 经商办厂和投资所得利润和分红（持有本企业股份的职工也应填答）	记录：________	○ 不清楚	○ 不回答
08. 他人赠与及遗产继承收入	记录：________	○ 不清楚	○ 不回答
09. 金融投资理财收入（债券、存款、放贷等的利息收入，股票投资收入及股息、红利收入等）	记录：________	○ 不清楚	○ 不回答
10. 其他收入（请注明）________	记录：________	○ 不清楚	○ 不回答

【CAPI·软检查】完成分项收入填写后，CAPI 自动计算除“总收入”外的“分项收入总和”。CAPI 汇总展示“分项收入和”，当“总收入”比“分项收入总和”多 20%时，询问受访者是否遗漏了哪项收入。

【CAPI·赋值】选择“不清楚”，B11a 赋值“−1”，选择“不回答”，B11a 赋值“−2”。

B12. 您本人目前最主要的生活来源是什么？（单选）【出示示卡第 26 页】

1. 本人工资、劳动收入
2. 离退休金、养老金
3. 政府提供的最低生活保证金
4. 失业保险
5. 炒股、存款利息、房租等财产性收入
6. 靠其他家庭成员供养
7. 其他（请注明）________

C 部分：家庭经济情况

下面我们会问您一些您的家庭生产生活情况，例如家庭住房、收入等问题，如果您对这些问题不是很清楚，也可以由其他对上述情况熟悉的家人代为回答。

C1a. 您家目前有几套自有住房？

记录：□□套

○ [没有自有住房]→**跳问 C2**

○ [不清楚]→**跳问 C2**

○ [不回答]→**跳问 C2**

【CAPI·编码】受访者“[没有自有住房]”编码为“−8”，“[不清楚]”编码为“−1”，“[不回答]”编码为“−2”。

【CAPI·加载】C1a 有效值为 1~99，根据 C1a2 填写套数加载“自有住房”表格的套数，最多加载 20 套。

C1. 下面我想了解一下您家住房的基本情况。

【CAPI·硬检查】C1i 为多选题，设置选项 1 和选项 2 互斥。

自有住房	b. 建筑面积:（平方米）	c. 性质:【出示示卡第27页】 1. 商品房 2. 经济适用房/两限房 3. 原公房 4. 集资房 5. 小产权房 6. 安置房 7. 农村私有住房 8. 其他	d. 来源: 1. 自建 2. 购买 3. 继承或赠与 4. 拆迁补偿 5. 其他	e. 所在地区类型:【出示示卡第28页】 1. 直辖市城区 2. 省会城市城区 3. 地/县级市城区 4. 县城 5. 市/县城城区以外的镇 6. 农村	f. 购买（或自建）时间:（年） -1. [不知道]	g. 购买（或自建）时的价格:（万元）【请估算，不足1万元时按1万元填写】 -1. [不知道]	h. 房屋现值:（万元）【请估算，不足1万元时按1万元填写】 -1. [不知道]	i. 调查时此住房（多选题）:【出示示卡第29页】 1. 本人居住 2. 本人不住，家人或者其他亲属居住 3. 出租他人 4. 借与他人 5. 没人居住 6. 其他
第一套	□□□□	□	□	□	□□□□年 ○ [不知道]	□□□□万元 ○ [不知道]	□□□□万元 ○ [不知道]	□□□
第二套	□□□□	□	□	□	□□□□年 ○ [不知道]	□□□□万元 ○ [不知道]	□□□□万元 ○ [不知道]	□□□
第三套	□□□□	□	□	□	□□□□年 ○ [不知道]	□□□□万元 ○ [不知道]	□□□□万元 ○ [不知道]	□□□
第四套	□□□□	□	□	□	□□□□年 ○ [不知道]	□□□□万元 ○ [不知道]	□□□□万元 ○ [不知道]	□□□
…	…	…	…	…	…	…	…	…

【CAPI・赋值】选择“不知道”，C1f，C1g，C1h，赋值“-1”。

C2. 您目前所居住的这套住房性质是：【出示示卡第30页】

1. 自有住房

2. 政府提供的廉租房/公租房→**跳问 C3**

3. 借住亲友房→ **跳问 C3**

4. 租住私人房→ **跳问 C3**

5. 单位提供的集体宿舍→**跳问 C3**

6. 因拆迁政府提供的周转性住房→**跳问 C3**

7. 其他（请说明）________→**跳 问 C3**

–1. [不清楚]→**跳问 C3**

C2a. 您现在居住的是前面提到的哪套自有住房？ 　　　　**记录：□□套**

【CAPI·加载】若 C1a 记录数字为“1”，C2a 自动加载 1。

C3. 去年（2020 年），您的家庭总体的收支情况是：（单选）

1. 收大于支

2. 收支相抵

3. 收小于支

–1. [不好说]

C4a. 请您告诉我，去年（2020 年）您全家的生活消费支出情况：【出示卡第 31 页】

【CAPI·筛选】A1 表中全部家庭成员“目前工作状况（A1f）”中没有一个属于“7.学前儿童”，则不加载“14a. 用于学前儿童照料的家政服务支出”。

【CAPI·加载】默认加载一个“其他支出”，在填写第一个“其他支出”后，CAPI 加载第二个“其他支出”供访员备用，但“其他支出”不设置为“必答”。

项目	金额（元）		
01. 生活消费总支出	记录：________元	○ 不清楚	○ 不回答
02. 饮食支出（包括外出饮食支出；自产食品估算其价格，并计算在内）	记录：________元	○ 不清楚	○ 不回答
03. 衣着支出（衣服、鞋帽等）	记录：________元	○ 不清楚	○ 不回答
04. 缴纳房租的支出	记录：________元	○ 不清楚	○ 不回答
05. 购房当年首付（非 2020 年首付不计）	记录：________元	○ 不清楚	○ 不回答
06. 分期偿还房贷的支出	记录：________元	○ 不清楚	○ 不回答
07. 电费、水费、燃气（煤炭）费、物业费、取暖费	记录：________元	○ 不清楚	○ 不回答

续表

项目	金额（元）		
08. 家用电器、家具、家用车辆等购置支出	记录：________元	○ 不清楚	○ 不回答
09. 医疗保健支出（如看病、住院、买药等的费用，扣除报销部分）	记录：________元	○ 不清楚	○ 不回答
10. 通信支出（如固定电话/手机的话费、上网费等）	记录：________元	○ 不清楚	○ 不回答
11. 交通支出（如上下班等交通费及家用车辆汽油费、保养费、路桥费等）	记录：________元	○ 不清楚	○ 不回答
12. 教育支出（如学费、杂费、文具费、课外辅导费、在校住宿费等，但在校的饮食支出计入家庭饮食支出）	记录：________元	○ 不清楚	○ 不回答
13. 文化、娱乐、旅游支出	记录：________元	○ 不清楚	○ 不回答
14. 家政服务支出（说明：指的是受访者家庭的家政支出）	记录：________元	○ 不清楚	○ 不回答
14a. 其中，用于学前儿童照料的家政服务支出	记录：________元	○ 不清楚	○ 不回答
15. 赡养或者照料不在一起生活的亲属（如父母等老人）的支出	记录：________元	○ 不清楚	○ 不回答
16. 红白喜事支出；人情往来支出（如礼品、现金等）	记录：________元	○ 不清楚	○ 不回答
17. 保险支出（如个人缴纳的社会保险、人寿保险、重疾险、车险、商业医疗保险等）	记录：________元	○ 不清楚	○ 不回答
18. 其他支出（请注明）________	记录：________元	○ 不清楚	○ 不回答
19. 其他支出（请注明）________	记录：________元	○ 不清楚	○ 不回答

【CAPI·赋值】选择“不清楚”，C3a 赋值“–1”，选择“不回答”，C3a 赋值“–2”。

C4b. 请您告诉我，C4a 中记录的支出来自家庭表中哪几位成员？

【CAPI·加载】此处加载 A1 表家庭成员信息，仅保留家庭成员关系一列。

C5a. 请您告诉我，去年（2020 年）您全家的收入情况：

【CAPI·加载】默认加载“总收入”和一项“其他收入”，其余各项根据 C5a0 选择结果加载 C5a 的内容，只加载选中的收入。

项目	金额（元）		
01. 总收入	记录：________元	○ 不清楚	○ 不回答
02. 劳动报酬收入（含工资、奖金、津贴、节假日福利等；如有实物，请折价计算；注意不含退休金、养老金）	记录：________元	○ 不清楚	○ 不回答
03. 农业经营纯收入	记录：________元	○ 不清楚	○ 不回答
04. 经商办厂净收入	记录：________元	○ 不清楚	○ 不回答
05. 出售/出租房屋、土地收入	记录：________元	○ 不清楚	○ 不回答
06. 家庭金融投资理财收入（债券、存款、放贷等的利息收入，股票投资收入及股息、红利收入等）	记录：________元	○ 不清楚	○ 不回答
07. 家庭成员退休金、养老保险金、失业保险金、工伤保险金、生育保险金等社保收入	记录：________元	○ 不清楚	○ 不回答
08. 政府、工作单位和其他社会机构提供的社会救助收入（如最低生活保障、困难补助、疾病救助、灾害救助、学校奖学金/助学金、贫困学生救助等）	记录：________元	○ 不清楚	○ 不回答
09. 政府提供的生产经营补贴、政策扶持收入（如农业补助、税费减免等）	记录：________元	○ 不清楚	○ 不回答
10. 居委会、村委会提供的福利收入（如集体生产经营分红、非救助性补贴等）	记录：________元	○ 不清楚	○ 不回答
11. 赡养收入（不在一起生活的亲属提供的赡养收入）	记录：________元	○ 不清楚	○ 不回答
12. 其他收入（请注明）________	记录：________元	○ 不清楚	○ 不回答

【CAPI・赋值】选择“不清楚”，C4a 赋值“−1”；选择“不回答”，C4a 赋值“−2”；选择“不适用”，C4a 赋值“−8”。

C5b. 请您告诉我，C5a 中记录的收入来自家庭表中哪几位成员？

【CAPI・加载】此处加载 A1 表家庭成员信息，仅保留家庭成员关系一列。

【CAPI・分卷】C6a～C6e 组设置为 A 卷。

C6a. 您家目前有没有未还清的借贷或者贷款？（单选）

1. 有

2. 没有→**跳问 D1**

-1. [不清楚]→跳问 D1

C6b. 您家至今所欠的借债金额大概在哪个范围（不含利息）？（单选）

1. 1万元（含）及以下
2. 1万～2万元（含2万元）
3. 2万～5万元（含5万元）
4. 5万～10万元（含10万元）
5. 10万以上～20万元（含20万元）
6. 20万以上～30万元（含30万元）
7. 30万以上～50万元（含50万元）
8. 50万以上～100万元（含100万元）
9. 100万～200万元（含200万元）
10. 200万～500万元（含500万元）
11. 500万元以上

-1. [不清楚]

C6c. 这些借款来源于？（可多选）【出示示卡第33页】

1. 亲朋好友
2. 银行、信用社等渠道
3. 民间金融组织或职业借贷人（如钱庄、当铺等）
4. 互联网金融公司（如花呗、京东白条）
5. 网贷公司
6. 其他（请注明）________

C6d. 这些借债主要用于？（可多选）【出示示卡第34页】

1. 教育
2. 医疗
3. 购买住房/建房/装修
4. 买车
5. 购买奢侈品
6. 家庭成员婚嫁

7. 投资理财
8. 生产经营
9. 日常开销
10. 其他（请注明）________

C6e. 您感觉这些借款对家庭造成的经济压力？（单选）

1. 没有压力
2. 较小压力
3. 较大压力
4. 压力很大

-1. [不好说]

D 部分：生活状况

接下来我们想了解一下您在生活中是否遇到一些问题，以及您对生活的评价。

D1a. 在过去 12 个月中，您或您家庭遇到下列哪些生活方面的问题？（可多选）【出示示卡第 35 页】

1. 住房条件差，长期得不到改善
2. 子女教育费用高，难以承受
3. 养育子女负担过重
4. 家庭关系不和（如离婚、分居、婆媳关系不好等）
5. 医疗支出大，难以承受
6. 物价上涨，影响生活水平
7. 家庭收入低，日常生活困难
8. 家人无业、失业或工作不稳定
9. 赡养老人负担过重
10. 家庭人情支出大，难以承受
11. 遇到受骗、失窃、被抢劫等犯罪事件
12. 居住地区环境污染问题严重
13. 其他方面的生活压力和困难（请注明：______________）

14. 没有这些生活方面的问题

D2a. 过去一年里，您或家人遇到过以下哪些事情？（可多选）【出示示卡第 **36** 页】

1. 看病就医
2. 孩子上学
3. 求职就业
4. 提薪升职
5. 打官司
6. 经商办厂
7. 以上都没有→**【A 卷·跳问 D3b】【B 卷·跳问 D3a】**

D2. 如果遇到了，您或家人在办这件（类）事情时，托人说情或请客送礼了吗？如果您或家人托人说情或请客送礼了，那么请问最后这件（类）事情是否办成了？

【CAPI·加载】D2a 未选择的项目，D2b 和 D2c 相应项目直接编码为“–8”。

【CAPI·加载】在下表中加载 D2a 选中的项目。

【CAPI·编码】D2b 选择“有”，编码为“1”，选择“没有”，编码为“2”。

【CAPI·编码】D2c 选择“办成了”，编码为“1”，选择“正在办”，编码为“2”，选择“没办成”，编码为“3”。

	D2b. 您或家人在办哪些事情时，有没有托人说情或请客送礼了？	**D2c.** 请问最后事情是否办成了？（单选）
1. 看病就医	○ 有　○ 没有	○ 办成了　○ 正在办　○ 没办成
2. 孩子上学	○ 有　○ 没有	○ 办成了　○ 正在办　○ 没办成
3. 求职就业	○ 有　○ 没有	○ 办成了　○ 正在办　○ 没办成
4. 提薪升职	○ 有　○ 没有	○ 办成了　○ 正在办　○ 没办成
5. 打官司	○ 有　○ 没有	○ 办成了　○ 正在办　○ 没办成
6. 经商办厂	○ 有　○ 没有	○ 办成了　○ 正在办　○ 没办成

D3a. 请用 **1～10** 分，来表达您对以下项目的满意程度，**1** 分表示非常不满意，**10** 分表示非常满意：（每行单选）【出示示卡第 **37** 页】

【CAPI・分卷】随机 B 卷。

	非常不满意					非常满意				
1. 您的家庭关系	1	2	3	4	5	6	7	8	9	10
2. 您的家庭经济状况	1	2	3	4	5	6	7	8	9	10
3. 您的教育程度	1	2	3	4	5	6	7	8	9	10
4. 您的休闲/娱乐/文化活动	1	2	3	4	5	6	7	8	9	10
5. 您的社交生活	1	2	3	4	5	6	7	8	9	10
6. 总体来说，您对生活的满意度	1	2	3	4	5	6	7	8	9	10

D3b. 您是否同意以下说法。（每行单选）【出示示卡第 **38** 页】

【CAPI・分卷】随机 A 卷。

	很不同意	不太同意	比较同意	非常同意	[不好说]
1. 我感觉跟自己圈子/群体里的人关系非常好	1	2	3	4	−1
2. 我的圈子/群体让我感到安全踏实	1	2	3	4	−1
3. 社会上做好事的人并不图回报	1	2	3	4	−1
4. 我相信社会上大部分人是善良的	1	2	3	4	−1
5. 我对这个社会是有贡献的	1	2	3	4	−1
6. 对每个人来说，这个世界正在越变越好	1	2	3	4	−1
7. 总的来说，我是一个幸福的人	1	2	3	4	−1

D3c. 近半年，您是否遇到下列情况？（每行单选）【出示示卡第 **39** 页】

【CAPI・分卷】随机 A 卷。

【CAPI・跳问】仅询问目前有工作者，回答 B3 的受访者。

	从未发生	一年几次	每月几次	一周几次
1. 我下班后回家很累，没有精力再做家务（照顾孩子）	1	2	3	4
2. 我工作很忙，没有时间做家务（照顾孩子）	1	2	3	4
3. 做家务（照顾孩子）要花很多时间，我没有办法在工作上花费更多的时间	1	2	3	4
4. 因为要做家务（照顾孩子），我很难集中精力搞好工作	1	2	3	4

D4a. 您认为目前您本人的社会经济地位在本地大体属于哪个层次？（单选）【出示示卡第 40 页】

1. 上
2. 中上
3. 中
4. 中下
5. 下

-1. [不好说]

D4b. 您认为 5 年前，您本人的社会经济地位在本地大体属于哪个层次？（单选）【出示示卡第 40 页】

1. 上
2. 中上
3. 中
4. 中下
5. 下

-1. [不好说]

D4c. 您认为未来 5 年，您本人的社会经济地位在本地大体会属于哪个层次？（单选）【出示示卡第 40 页】

1. 上
2. 中上

3. 中

4. 中下

5. 下

−1. [不好说]

D4d. 您认为您目前的家庭经济状况，与五年前相比，是好了很多、好了一些、没变化、差了一些，还是差了很多？

1. 好很多

2. 好一些

3. 没变化

4. 差一些

5. 差很多

−1. [不知道]

D4e. 想想五年后，您估计您那时候的家庭经济状况会比现在好很多、好一些、没变化、差一些，还是差很多？

1. 好很多

2. 好一些

3. 没变化

4. 差一些

5. 差很多

−1. [不知道]

D4f. 与下列人的平均生活水平相比，您觉得自己的生活水平如何？【出示示卡第41页】

	好很多	好一些	差不多	差一些	差很多	[不知道]	[不适用]
1. 亲戚	1	2	3	4	5	−1	
2. 教育程度相同的同学	1	2	3	4	5	−1	−8
3. 同事	1	2	3	4	5	−1	−8

续表

	好很多	好一些	差不多	差一些	差很多	[不知道]	[不适用]
4. 邻居/村里人	1	2	3	4	5	−1	
5. 本县/市的人	1	2	3	4	5	−1	
6. 本省的人	1	2	3	4	5	−1	
7. 全国的人	1	2	3	4	5	−1	

D5a. 现在互联网比较普及，大家可以用手机和计算机上网，您平时上网（比如：用计算机或者手机看新闻、用微信等活动）吗？（单选）

1. 上网

2. 不上网→**【A 卷・跳问 D6a】【B 卷・跳问 D7a】**

D5b. 您上网进行下列活动的频率是：（每行单选）【出示示卡第 42 页】

	几乎每天	一周多次	一周至少一次	一月至少一次	一年几次	从不
1. 浏览时政信息（比如：看党政新闻）	1	2	3	4	5	0
2. 娱乐、休闲（比如：玩网络游戏/听音乐/看视频/读小说）	1	2	3	4	5	0
3. 聊天交友（比如：用微信/QQ 聊天交友等交友活动）	1	2	3	4	5	0
4. 商务或者工作（包括开网店、微商、网络主播、直播带货）	1	2	3	4	5	0
5. 学习教育	1	2	3	4	5	0
6. 网上购物/生活服务（比如：网购、外卖、地图导航、地图定位等）	1	2	3	4	5	0
7. 投资理财	1	2	3	4	5	0
8. 其他（请注明：_________）	1	2	3	4	5	0

D5c. 近 2 年来，您加入了以下哪些网上社交群/圈？【出示示卡第 43 页】

01. 亲人亲戚之间的社交群

02. 朋友之间的社交群

03. 邻居之间的社交群（例如：业主群、小区群、社区群）

04. 同事群

05. 宗教信仰群

06. 同乡群

07. 同学、校友群

08. 兴趣群（如文体娱乐群、购物群等）

09. 公益社团群（如家委会、志愿者、环保组织等）

10. 行业群、同行群、协会群（如商会、农村合作组织、专业学会、行业协会等）

11. 维权群

12. 其他群（请说明_______）

13. [以上都没有]

D6a. 在“**【CAPI 加载受访者居住区/县/县级市】**”，下列现象严重吗？（每行单选）【出示示卡第 **44** 页】

【CAPI·加载】加载受访者所在的区/县/县级市。

【CAPI·分卷】随机 A 卷。

	很严重	比较严重	不太严重	没有此现象	[不好说]
1. 空气污染	1	2	3	4	−1
2. 水质污染	1	2	3	4	−1
3. 噪声污染	1	2	3	4	−1
4. 其他环境污染（请注明）_______	1	2	3	4	−1

D6b. 请用 **1～10** 分来表达您对“**【CAPI 加载受访者居住区/县/县级市】**”的环境状况的满意程度，**1** 分表示非常不满意，**10** 分表示非常满意：

【CAPI·加载】加载受访者所在的区/县/县级市。

【CAPI·分卷】随机 A 卷。

	非常不满意					非常满意				[不好说]
D6b. 居住地的环境状况	1	2	3	4	5	6	7	8	9	10	−1

D7a. 您认为，以下哪方面最能体现一个人的价值？（单选）【出示示卡第45页】

【CAPI·分卷】随机B卷。

1. 个人能力很强
2. 能和周围大多数人和谐相处
3. 比别人更有权或更有钱
4. 家庭美满幸福
5. 拥有个人美貌和好身材
6. 有精神信仰
7. 能为社会作出贡献
8. 有好人品
9. 培养出优秀的孩子
10. 拥有健康的身体
11. 其他（请注明）________

−1. [不好说]

D7b. 遇到重要且紧急的困难时，您第一时间可以从下面哪类人或机构得到帮助？（单选）【出示示卡第46页】

【CAPI·分卷】随机B卷。

1. 恋人/配偶/伴侣
2. 本地的家人
3. 本地的亲戚（家人之外的直系和旁系亲属）
4. 外地的家人和亲戚
5. 生活社区里的熟人
6. 本地生活的朋友
7. 社会组织或社会服务机构

8. 工作单位/学校/社区/村（居）委会等相关部门

9. 政府部门

10. 我遇到问题基本上都能自己想办法解决

−1. [不好说]

D8a. 下面询问新冠疫情以来，您在以下方面的变化情况？【出示示卡第47页】

【CAPI · 分卷】随机 A 卷。

	增多/增强	没变化	减少/减弱	[不好说]
1. 注重身体锻炼和健康防护	1	2	3	−1
2. 关注自己和家人的心理健康	1	2	3	−1
3. 关注家庭和亲情	1	2	3	−1
4. 愿意相信陌生人的善意	1	2	3	−1
5. 相信中国会越来越好	1	2	3	−1
6. 关注生态和环境保护	1	2	3	−1

D9a. 近 1 年来，您或您家庭是否有过以下行为？（可多选）【出示示卡第48页】

【CAPI · 筛选】只询问城镇样本。

1. 餐饮外卖

2. 在线诊疗、在线就医咨询

3. 在线教育（不包括学校的线上教学）

4. 外出旅游

5. 上健身课或去健身房

6. 参观博物馆/科技馆/画展等

7. 购买贫困地区农产品

8. [以上都没有]

D9b. 以下说法是否符合您的想法？（每行单选）【出示示卡第 **49** 页】

【CAPI · 筛选】只询问城镇样本，A4a 选择 2、3、4 的样本。

	很不同意	不太同意	比较同意	非常同意	[不好说]
1. 消费中我最看重价格实惠	1	2	3	4	−1
2. 我在意所消费的商品或服务让我看起来有面子	1	2	3	4	−1
3. 我在意所消费的商品或服务符合我的品位或偏好	1	2	3	4	−1
4. 我偏爱国际知名品牌	1	2	3	4	−1
5. 我偏爱国产自主品牌	1	2	3	4	−1
6. 我关注消费的社会价值（比如消费帮扶弱势群体）	1	2	3	4	−1

E 部分：社会保障

接下来我们想了解一下您的社会保障情况，您对社会保障的评价。

【访问员注意】在提问 E1a 时，请先念读下面这句话：

近年来，政府为居民提供了各种各样的福利，如养老保险、医疗保险等，请问：

E1a. 您目前有没有政府提供的养老保险或退休金？（单选）

1. 有
2. 没有→**跳问 E2a**
3. 不知道有没有→**跳问 E2a**

E1b. 您有以下哪些政府提供的养老保障？（可多选）【出示示卡 **50** 页】

1. 城镇职工基本养老保险
2. 城乡居民社会养老保险
3. 退休金
4. 农村社会养老保险（新农保）

E2a. 您目前有没有政府提供的医疗保险或公费医疗？（单选）

1. 有

2. 没有→**跳问 E3a**

3. 不知道有没有→**跳问 E3a**

E2b. 您有以下哪些政府提供的医疗保障？（可多选）【出示示卡 51 页】

1. 城镇职工基本医疗保险

2. 城镇居民基本医疗保险

3. 公费医疗

4. 新型农村合作医疗保险（新农合）

5. 城乡居民大病保险

E3a. 您最近一次到医疗机构看病就医（不包含常规体检、核酸检测、药房买药）是哪一年？

记录：□□□□年

○ 从未去过医疗机构就医→**跳问 E4**

【CAPI·编码】如果访员选择“从未去过医疗机构就医”，E3a 编码为“–8”（不适用）。

【CAPI·跳问】E3a 选择“从未去过医疗机构就医”，跳问 E4。

E3b. 您【CAPI 加载 E3a 记录信息】**年最后一次看病就医是到下列哪类医疗机构？（单选）【出示示卡 52 页】**

【CAPI·加载】加载 E3a 记录的年份信息。

1. 村卫生室/社区卫生服务中心

2. 乡镇卫生院

3. 乡镇卫生院以上的公立医院

4. 私人诊所

5. 私立医院

6. 其他（请注明）________________

–1. [不知道]

E3c. 您【CAPI】加载 E3a 记录信息年这一次到医疗机构就医时，是否有下列问题？（每行单选）【出示示卡 **53** 页】

	非常严重	比较严重	不太严重	无此问题	[不好说]
1. 到诊所/医院太远	1	2	3	4	−1
2. 看病或手术预约时间太长	1	2	3	4	−1
3. 排队候诊时间太长	1	2	3	4	−1
4. 医疗费用太贵	1	2	3	4	−1
5. 医疗水平太低	1	2	3	4	−1

E4. 您目前有没有参加下列社会保障？【出示示卡 **54** 页】

	有	没有	不知道有没有
1. 失业保险	1	2	3
2. 工伤保险	1	2	3
3. 生育保险	1	2	3
4. 城乡最低生活保障（吃低保）	1	2	3

E5. 请用 **1～10** 分，来表达您对政府向老百姓提供的下列社会保障状况的评价，**1** 分表示非常不满意，**10** 分表示非常满意：（每行单选）【出示示卡第 **55** 页】

	非常不满意					非常满意					[不好说]
1. 养老保障	1	2	3	4	5	6	7	8	9	10	−1
2. 医疗保障	1	2	3	4	5	6	7	8	9	10	−1
3. 就业保障	1	2	3	4	5	6	7	8	9	10	−1
4. 城乡最低生活保障（低保）	1	2	3	4	5	6	7	8	9	10	−1
5. 政府提供的经济适用房、公租房、廉租房等基本住房保障	1	2	3	4	5	6	7	8	9	10	−1
6 总体来说的社会保障状况	1	2	3	4	5	6	7	8	9	10	−1

E6. 您是否同意以下的观点：（每行单选）【出示示卡第 56 页】

观点	很不同意	不太同意	比较同意	非常同意	[不好说]
a. 社会保障是政府的基本责任，不应当由普通百姓负担	1	2	3	4	−1
b. 现在的社会保障水平太低，起不到保障的作用	1	2	3	4	−1

F 部分：社会信任和社会公平

接下来我们想了解一下您对现在一些社会问题的看法。

F1a. 请问，您信任下列机构吗？（每行单选）【出示示卡第 57 页】

	很不信任	不太信任	比较信任	非常信任	[不好说]	[不适用]
01. 中央政府	1	2	3	4	−1	
02. 区县政府	1	2	3	4	−1	
03. 乡镇政府	1	2	3	4	−1	
04. 工、青、妇等群团组织	1	2	3	4	−1	
05. 所在工作单位/公司	1	2	3	4	−1	−8
06. 慈善机构	1	2	3	4	−1	
07. 新闻媒体	1	2	3	4	−1	
08. 医院	1	2	3	4	−1	
09. 法院	1	2	3	4	−1	
10. 公安部门	1	2	3	4	−1	

【CAPI·加载】只有“05. 所在工作单位/公司”加载[不适用]选项。

F1b. 请用 **1～10** 分，来表达您对现在人与人之间的信任水平的评价，**1** 分表示非常不信任，**10** 分表示非常信任：（单选）

	非常不信任					非常信任				
F1b. 现在人与人之间的信任水平	1	2	3	4	5	6	7	8	9	10

F2a. 您认为现在社会在以下方面存在的不公正待遇的情况是否严重：（每行单选）【出示示卡第 **58** 页】

	非常严重	比较严重	不太严重	无此问题	[不好说]
1. 年龄	1	2	3	4	−1
2. 性别	1	2	3	4	−1
3. 种族/民族	1	2	3	4	−1
4. 户口	1	2	3	4	−1
5. 宗教	1	2	3	4	−1
6. 教育程度	1	2	3	4	−1
7. 职业	1	2	3	4	−1
8. 家庭背景及社会关系	1	2	3	4	−1

F2b. 就您的个人信念来看，您是否能够接纳以下群体：（每行单选）【出示示卡第 **59** 页】

	非常不能接纳	不太能接纳	比较能接纳	非常能接纳	[不好说]
1. 婚前同居者	1	2	3	4	−1
2. 同性恋	1	2	3	4	−1
3. 乞讨要饭者	1	2	3	4	−1
4. 刑满释放者	1	2	3	4	−1
5. 有不同宗教信仰者	1	2	3	4	−1
6. 艾滋病患者	1	2	3	4	−1

F2c. 请用 **1～10** 分，来表达您对现在社会的宽容程度的评价，**1** 分表示非常不宽容，**10** 分表示非常宽容：（单选）

	非常不宽容					非常宽容				
现在社会的宽容程度	1	2	3	4	5	6	7	8	9	10

F2d. 您认为下列社会群体之间的社会冲突严重吗？（每行单选）【出示示卡第 **60** 页】

【CAPI・分卷】随机 A 卷。

	没有冲突	不太严重	比较严重	非常严重	[不好说]
1. 穷人与富人之间	1	2	3	4	−1
2. 老板与员工之间	1	2	3	4	−1
3. 不同种族/民族群体之间	1	2	3	4	−1
4. 不同宗教信仰群体之间	1	2	3	4	−1
5. 本地人与外地人之间	1	2	3	4	−1
6. 官员与老百姓之间	1	2	3	4	−1

F3a. 您觉得当前社会生活中以下方面的公平程度如何？（每行单选）【出示示卡第 **61** 页】

	很不公平	不太公平	比较公平	非常公平	[不好说]
1. 高考制度	1	2	3	4	−1
2. 公民实际享有的政治权利	1	2	3	4	−1
3. 司法与执法	1	2	3	4	−1
4. 公共医疗	1	2	3	4	−1
5. 工作与就业机会	1	2	3	4	−1
6. 财富及收入分配	1	2	3	4	−1
7. 养老等社会保障待遇	1	2	3	4	−1
8. 城乡之间的权利、待遇	1	2	3	4	−1

F3b. 请用 **1～10** 分，来表达您对现在社会总体公平公正情况的评价，**1** 分表示非常不公平，**10** 分表示非常公平：（单选）

	非常不公平					非常公平				
总体来说，您对现在社会总体公平公正情况的评价	1	2	3	4	5	6	7	8	9	10

G 部分：社会价值观和社会评价

下面我们想了解一下您对现在社会风气、地方政府工作等问题的评价。

G1a. 下列描述在多大程度上和您实际情况相符？（每行单选）【出示示卡 **62** 页】

【CAPI・分卷】随机 A 卷。

	很不符合	不太符合	比较符合	很符合	[不好说]
1. 即使可以选择世界上任何国家，我也更愿意做中国公民	1	2	3	4	−1
2. 当别人批评中国人的时候，我觉得像在批评自己	1	2	3	4	−1
3. 我经常因国家现存的一些问题而感到丢脸	1	2	3	4	−1
4. 我经常为国家取得的成就而感到自豪	1	2	3	4	−1
5. 如果有下辈子，我还是愿意做中国人	1	2	3	4	−1
6. 不管中国发生什么事情，即使有机会离开，我也会留在中国	1	2	3	4	−1

G1b. 您在多大程度上同意下面的说法？（每行单选）【出示示卡 **63** 页】

【CAPI・分卷】随机 B 卷。

	很不同意	不太同意	比较同意	非常同意	[不好说]
1. 即使可以选择世界上任何国家，我也更愿意做中国公民	1	2	3	4	−1
2. 别人批评中国时，就像在批评我自己	1	2	3	4	−1
3. 我为自己是个中国人感到自豪	1	2	3	4	−1
4. 总的来说，中国比其他大部分国家都好	1	2	3	4	−1
5. 中华民族文化优于其他文化	1	2	3	4	−1
6. 我国目前的政治制度是最适合中国国情的	1	2	3	4	−1

G2. 请用1～10分，来表达您对以下项目的评价，1分表示非常不好，10分表示非常好：（每行单选）

	非常不好					非常好				
G2a. 现在社会上人们普遍的道德水平	1	2	3	4	5	6	7	8	9	10
G2b. 现在社会上人们普遍的遵纪守法水平	1	2	3	4	5	6	7	8	9	10

G3a. 您认为【CAPI】加载当前样本所在县（县级市、区）政府下列方面的工作做得好不好？（每行单选）【出示示卡第64页】

	很不好	不太好	比较好	非常好	[不好说]
01. 提供医疗卫生服务	1	2	3	4	−1
02. 为群众提供社会保障	1	2	3	4	−1
03. 保护环境，治理污染	1	2	3	4	−1
04. 保障公民的政治权利	1	2	3	4	−1
05. 打击犯罪，维护社会治安	1	2	3	4	−1
06. 廉洁奉公，惩治腐败	1	2	3	4	−1
07. 依法办事，执法公平	1	2	3	4	−1
08. 发展经济，增加人们的收入	1	2	3	4	−1
09. 扩大就业，增加就业机会	1	2	3	4	−1
10. 政府信息公开，提高政府工作的透明度	1	2	3	4	−1
11. 有服务意识，能及时回应百姓的诉求	1	2	3	4	−1
12. 提供优质教育资源，保障教育公平	1	2	3	4	−1
13. 保障食品药品安全	1	2	3	4	−1
14. 丰富群众文体活动，发展文化体育事业	1	2	3	4	−1
15. 总的来说，地方政府的工作	1	2	3	4	−1

G4. 您认为当前我国存在的最重大社会问题是什么？（多选题，最多选3项）【出示示卡第65页】

【CAPI·选项】此题设置为多选题，但最多勾选3项。

【CAPI・编码】第一项变量名为 G4a，第二项变量名为 G4b，第三项变量名为 G4c。

01. 就业失业问题

02. 看病难、看病贵

03. 养老保障问题

04. 教育收费问题

05. 贫富差距过大问题

06. 物价上涨问题

07. 住房价格过高问题

08. 社会治安问题

09. 社会信任度下降

10. 贪污腐败问题

11. 环境污染问题

12. 食品药品安全问题

13. 征地、拆迁补偿不公问题

14. 进城农民工受到不公平待遇问题

15. 其他（请注明）________

G5a. 您觉得当前社会中以下方面的安全程度如何？（每行单选）【出示示卡第 66 页】

	很不安全	不太安全	比较安全	很安全	[不好说]
1. 个人和家庭财产安全	1	2	3	4	−1
2. 人身安全	1	2	3	4	−1
3. 交通安全	1	2	3	4	−1
4. 医疗安全	1	2	3	4	−1
5. 食品安全	1	2	3	4	−1
6. 劳动安全	1	2	3	4	−1
7. 个人信息、隐私安全	1	2	3	4	−1
8. 环境安全	1	2	3	4	−1
9. 总体上的社会安全状况	1	2	3	4	−1

G6. 请用 1～10 分，来表达您对现在社会的总体情况的评价，1 分表示非常不好，10 分表示非常好：（单选）

	非常不好					非常好				
总体来说，您对现在社会的评价	1	2	3	4	5	6	7	8	9	10

G7a. 您认为以下方面我们国家在世界上处于什么水平？【出示示卡第 67 页】

	下层水平	中下水平	中等水平	中上水平	上层水平	[不清楚]
1. 文化实力	1	2	3	4	5	−1
2. 经济实力	1	2	3	4	5	−1
3. 军事实力	1	2	3	4	5	−1
4. 国际地位	1	2	3	4	5	−1
5. 政府的执政能力	1	2	3	4	5	−1
6. 生态环境状况	1	2	3	4	5	−1

H 部分：社会参与和政治参与

下面我们想了解一下您的社会参与和政治参与的情况。

H1a. 目前您参加了下列哪些团体（包括网上和线下的团体）？（可多选）【出示示卡第 68 页】

1. 宗教团体
2. 宗亲会/同乡会
3. 校友会（校友群等）
4. 文体娱乐等兴趣组织
5. 民间自发组织的公益社团（如志愿者团体、业主委员会等）
6. 职业团体（如商会、农村合作组织、专业学会、行业协会等）
7. 维权组织
8. 其他团体（请注明）________

9. [以上都没有]

H2a. 最近 2 年，您是否参与过下列事情？（可多选）【出示示卡第 69 页】

1. 与他人或网友讨论政治问题

2. 向报刊、电台、网络论坛等媒体反映社会问题

3. 向政府部门反映意见（包括通过电话、邮件等形式）

4. 利用专业知识参与公共政策、公共事务论证会

5. 通过各种渠道对政府公布的政策发表个人意见

6. 出席政府部门组织的有关公共政策的听证会

7. 到政府部门上访

8. 参加所在村居/单位的重大决策讨论

9. 参加社区组织或者自发组织的社会公益活动，比如无偿献血、义务清理环境，为老年人、残疾人、病人提供义务帮助

10. 参加宗教活动

11. 参加线上/线下集体性维权行动

12. [以上都没有]

H3a. 请问您所在的【CAPI】加载当前样本所在 SSU（村/居名称）**最近一次的社区居委会/村委会选举是哪一年？**

记录：□□□□年

○ 当时不在此地居住→**跳问 H5a**

○ [不记得了]

【CAPI·编码】访员选择“当时不在此地居住”，H3a 编码为“-8”，选择“[不记得了]”，H3a 编码为“-1”。

H3b. 在【CAPI】加载当前样本所在 SSU（村/居名称）最近一次选举中，您投票了吗？

1. 投过票

2. 没投过→**跳问 H4**

3. 没有投票资格→**跳问 H5a**

H3c. 您了解这次社区居委会/村委会选举的候选人的下列哪些情况？（可多选）【出示示卡第 **70** 页】

1. 工作经历
2. 收入情况
3. 个人能力
4. 道德品质
5. 都不了解

H3d. 您认为这次社区居委会/村委会的选举公平吗？

1. 很不公平→**跳问 H5a**
2. 不太公平→**跳问 H5a**
3. 比较公平→**跳问 H5a**
4. 很公平→**跳问 H5a**

-1. [不知道]→**跳问 H5a**

H4. 您是否愿意参加下一次社区居委会/村委会选举？（单选）

1. 愿意参与
2. 不愿意参与

H5a. 在 **2015—2016** 年间“【**CPAI** 加载当前县/县级市/区】”一级的人大代表选举中，您投过票吗？

1. 投过票
2. 没投过→**跳问 H6a**
3. 没有投票资格→**跳问 H6a**
4. 当时不在此地居住→**跳问 H6a**

-1. [不记得了]→**跳问 H6a**

H5b. 您了解这次区县人大代表选举的候选人的下列哪些情况？（可多选）【出示示卡第 **70** 页】

1. 工作经历
2. 收入情况
3. 个人能力

4. 道德品质

5. 都不了解

H5c. 您认为这次区县人大代表的选举公平吗？

1. 很公平

2. 比较公平

3. 不太公平

4. 很不公平

-1. [不好说]

H6a. 您是否同意以下说法：（每行单选）【出示示卡第71页】

	很不同意	不太同意	比较同意	非常同意	[不知道]
1. 我关注村（居）委会的选举	1	2	3	4	-1
2. 在村（居）委会选举中，选民的投票对最后的选举结果没有影响	1	2	3	4	-1
3. 村（居）委会根本不在乎和我一样的普通村（居）民的想法	1	2	3	4	-1
4. 在我需要的时候，我能得到村居委会的帮助	1	2	3	4	-1
5. 我有能力和知识对政治进行评论	1	2	3	4	-1
6. 参与政治活动没有用处，对政府部门不能产生什么根本的影响	1	2	3	4	-1
7. 我对政治不感兴趣，不愿意花时间和精力在这上面	1	2	3	4	-1
8. 国家大事由政府来管，老百姓不必过多考虑	1	2	3	4	-1
9. 老百姓应该听从政府的，下级应该听从上级的	1	2	3	4	-1

I 部分：志愿服务

【CAPI・分卷】I 部分设置为 B 卷

下面向您了解一些您在志愿服务方面的情况

I1a．一般来说，我们所说的志愿服务是指自愿、无偿地为家庭成员之外的人或事物提供的劳动服务，不是捐钱、捐物、献血等捐赠行为。您本人在近一年以来参加过以下哪些志愿服务？（可多选）【出示示卡第 72 页】

01. 儿童关爱
02. 青少年辅导
03. 老年关怀
04. 妇女维权/保护
05. 扶助残障
06. 支教助教
07. 扶贫济困
08. 医疗护理
09. 法律援助
10. 环境保护
11. 抢险救灾
12. 国际援助
13. 其他（拥军优属、教育助学、心理咨询、大型社会活动等，请注明）________
14. 以上都没有→**跳问 I6**

I2a. 您近一年以来参加的志愿服务主要是由谁组织的？（可多选）【出示示卡第 73 页】

1. 个人发起
2. 工青妇等群团组织
3. 工作的单位/学校/组织/机构
4. 所在社区居（村）委会

5. 政府部门及其相关机构

6. 志愿服务组织

7. 其他（请注明）____________________

I3. 您近一年以来是否通过互联网络提供过志愿服务活动？

1. 是

2. 否

I4. 您参加的志愿服务是否要求具备某种专业知识或技能？

1. 全部需要

2. 大部分需要

3. 个别需要

4. 完全不需要

I5. 您是否参加过任何与志愿服务有关的培训？

1. 是

2. 否

I6. 您是否在志愿服务网站或其他组织登记注册过？

1. 是

2. 否

-1. [不知道]

I7a. 您认为，当前的志愿服务存在哪些不足之处（可多选）？【出示示卡第 74 页】

1. 志愿服务项目主要靠团组织分派，缺乏自主性

2. 计划不充分，组织者和志愿者疏于沟通

3. 志愿者缺乏热情

4. 缺乏稳固的资金支持

5. 形式主义，不讲求实际成效

6. 志愿者在志愿服务过程中不能获得个人成长

7. 没有什么不足

8. 不清楚

I8a. 近三个月以来，您参加过几次志愿服务活动？　　　　记录：□□次

【CAPI・加载】I1a 选中“14. 以上都没有”，不加载 I8a 和 I8b，否则加载 I8a。

【CAPI・跳问】若填写“0”，则跳问 I9a。

I8b. 这**【CAPI 加载 I8a 记录的数字】**次志愿服务活动大约多少小时？记录：□□□小时

I9a. 就您和您的家人来说，可能需要别人或组织提供的下列哪些方面的志愿服务？（可多选）**【出示示卡第 75 页】**

01. 儿童关爱
02. 青少年辅导
03. 老年关怀
04. 妇女维权/保护
05. 扶助残障
06. 支教助教
07. 扶贫济困
08. 医疗护理
09. 法律援助
10. 环境保护
11. 抢险救灾
12. 国际援助
13. 其他（拥军优属、教育助学、心理咨询、大型社会活动等，请注明）

____

14. 以上都不需要

【访问员注意：请给受访者派发感谢信和礼品，读出下句：】

访问到此结束，感谢您对我们工作的支持！祝您生活愉快！一切顺利！

附录 B　新兴青年群体组织认同调查问卷

尊敬的先生/女士：

您好！本调查问卷是为了就一个学术问题进行研究而开展的。您提供的回答会对我们的研究有帮助。希望您根据感受如实回答下述问题。本调查问卷仅作学术研究之用。问卷采取匿名的方式。我们保证绝不会将您的回答泄露出去，请您不要有任何顾虑。此外，答案没有对错、好坏之分，请您如实填写。本次问卷大概需要 10 分钟，衷心感谢您的支持和帮助！

敬祝

身体健康，万事如意！

新兴青年组织认同研究科研团队

一、背景信息

为了方便我们的研究分析，请您填写以下信息：

1. 性别：□男　　　□女

2. 年龄：

3. 学历：□中学及以下　□专科　□本科　□硕士　□博士

4. 工作经验：　年

5. 您的政治面貌（　　）

□中共党员　□共青团员　□民主党派　□群众

6. 您现在是否参加下面所列单位/组织（可多选）

□社区青年汇　□社会组织（行业协会、社会中介组织等线下组织）□民主党派或社会团体　□互联网平台组织　□其他组织（填空）　□没有参加任何单位/组织

二、组织社会化策略与组织认同关系相关问卷

下面是关于组织社会化策略与组织认同关系研究相关变量（组织社会化策略、职业认同、团队认同、组织文化认同、组织支持感及组织认同）的描述，请您根据组织内部自身对于变动情况的体验，按同意程度在相应数字后面的“□”打上对号“√”。数字的具体含义说明 1. 完全不同意：2. 较不同意：3. 中等同意：4. 很同意：5. 非常同意。

（一）组织社会化策略问卷

请根据组织内部自身对于变动情况的体验，对下述问题进行选择。

组织社会化：是员工学习在组织中有效表现的诀窍（涉及组织价值观、规范和行为模式等内容）的过程。

我被安排和其他组织成员一起，共同参与一些工作相关的培训活动	1□2□3□4□5□
所有的组织成员都进行相同的培训和学习过程	1□2□3□4□5□
我经历了一套专门为新成员设计的以获得完整的工作技巧和知识的培训	1□2□3□4□5□
在我完全熟悉本部门的工作程序和方法之前，我没有承担任何工作职责	1□2□3□4□5□
培训时，从一个任务到下一个任务的转换都有一个清晰的模式	1□2□3□4□5□
组织对我们职业生涯的规划都有清楚的说明，有清晰的步骤	1□2□3□4□5□
通过观察其他青年的经历，我可以预测我将来的职业历程	1□2□3□4□5□
我在组织内职业发展可能的方向和过程，组织都对我有较清楚的告知和交流	1□2□3□4□5□
几乎我所有的组织内的朋友都从个人的角度给予我支持	1□2□3□4□5□
先加入组织的成员会尽他们最大的努力来帮助我适应组织的环境	1□2□3□4□5□
我很少从组织中的老成员那里获得如何进行工作的指导	1□2□3□4□5□
从对老成员的观察中，我对于我在组织内所承担的角色获得了较清晰的理解	1□2□3□4□5□

（二）请根据单位/组织内部自身对于变动情况的体验，对下述问题进行选择。

职业认同：你对于职业的认同程度。

我十分肯定自己的职业选择	1□2□3□4□5□
作为一个职业成员能很好地反映我的个性	1□2□3□4□5□
我喜欢为我的职业生涯工作，特别是为职业而工作	1□2□3□4□5□
我不情愿从事我的职业	1□2□3□4□5□
有时候，我宁愿不说我的生涯起点或职业	1□2□3□4□5□
我的职业是被别人认可的	1□2□3□4□5□
我为职业而工作是绝对必要的	1□2□3□4□5□

（三）团队认同问卷，请根据单位/组织内部自身对于变动情况的体验，对下述问题进行选择；

团队认同：你对于团队的认同程度。

我在情感上对团队有依赖感	1□2□3□4□5□
我对团队有强烈的归属感	1□2□3□4□5□
在我看来，团队的问题就是我自己的问题	1□2□3□4□5□
我感觉团队就像自己家一样	1□2□3□4□5□

（四）组织文化认同问卷

请根据单位组织内部自身对于变动情况的体验，对下述问题进行选择。

组织文化认同：你对于组织文化的认同程度。

我清楚地了解我们组织文化的内涵	1□2□3□4□5□
我可以说出本组织文化的优点和特点	1□2□3□4□5□
我对组织宣传的各种典型人物或事迹很熟悉	1□2□3□4□5□
我很熟悉本组织的品牌形象和宣传词	1□2□3□4□5□
我清楚地了解本组织所提倡的价值观	1□2□3□4□5□

续表

我非常欣赏我们组织的文化价值观	1□2□3□4□5□
认为组织提倡的价值观，正好也是我的做事准则	1□2□3□4□5□
我很喜欢本组织的工作氛围	1□2□3□4□5□
我很赞赏我们组织的品牌形象	1□2□3□4□5□
我为我们组织的文化感到自豪和光荣	1□2□3□4□5□
我愿意为我们组织的文化建设贡献心力	1□2□3□4□5□
我对外主动宣扬自己组织的品牌形象	1□2□3□4□5□
我活跃地为组织的各种文化活动出谋划策	1□2□3□4□5□
我积极地参与组织的文化活动	1□2□3□4□5□
我会主动地维护组织的品牌形象	1□2□3□4□5□
我认为自己与组织是命运共同体	1□2□3□4□5□
我觉得自己与组织有共同的目标，共同成长	1□2□3□4□5□
我把组织当作自己的家	1□2□3□4□5□
我自觉遵守组织的一切制度与规范	1□2□3□4□5□
我的穿着与言谈举止，都努力与组织文化的要求相一致	1□2□3□4□5□

（五）组织认同问卷

请根据单位/组织内部自身对于变动情况的体验，对下述问题进行选择。

组织认同：你对于组织的认同程度。

当有人指责我所在的组织时，我感觉就像在指责自己一样	1□2□3□4□5□
我非常在意别入对我所在组织的评价	1□2□3□4□5□
我经常用“我们”来描述我所在的组织而不是用“他们”	1□2□3□4□5□
我认为，我所在的组织的成功就是我的成功	1□2□3□4□5□
当有人赞扬我所在的组织时，我感觉就像赞扬自己一样	1□2□3□4□5□
假如我所在的组织因某事被媒体批评，我会感觉很尴尬	1□2□3□4□5□

（六）组织支持感问卷

请根据单位组织内部自身对于变动情况的体验，对下述问题进行选择。

组织支持感：你能感受到组织关心与支持的程度。

注意到工作出色的成员	1□2□3□4□5□
工作中不会有机会就利用你	1□2□3□4□5□
同意合理地改变工作条件要求	1□2□3□4□5□
看重你的工作目标价值观	1□2□3□4□5□
工作中遇到问题给予帮助	1□2□3□4□5□
让你担当最适合的工作	1□2□3□4□5□
提供晋升的机会	1□2□3□4□5□
使你工作充满兴趣	1□2□3□4□5□
帮助你发挥职业潜能	1□2□3□4□5□
重视你提出的意见	1□2□3□4□5□
认为留住你对组织的作用不小	1□2□3□4□5□
挽留离开的成员	1□2□3□4□5□
认为成员离开是不小的损失	1□2□3□4□5□
不轻易开除成员	1□2□3□4□5□
对成员采取其他措施而不开除	1□2□3□4□5□
为你的成就而骄傲	1□2□3□4□5□
成员离开后可再招回	1□2□3□4□5□
奖励额外工作	1□2□3□4□5□
偶尔因私人原因缺勤应给予理解	1□2□3□4□5□
提供特殊帮助	1□2□3□4□5□
关心你的生活状态	1□2□3□4□5□
利润多时会为成员增加福利	1□2□3□4□5□
考虑成员收入的问题	1□2□3□4□5□
做决策时要考虑你的利益	1□2□3□4□5□

参考文献

[1] 马克思恩格斯选集：第一卷 [M]. 北京：人民出版社，2012.

[2] 列宁全集：第十六卷：1907 年 6 月—1908 年 3 月 [M]. 北京：人民出版社，2017.

[3] 毛泽东选集：第三卷 [M]. 北京：人民出版社，1991.

[4] 邓小平文选：第二卷 [M]. 北京：人民出版社，1994.

[5] 中共中央文献研究室. 邓小平年谱：1975—1997：上 [M]. 北京：中央文献出版社，2004.

[6] 中共中央文献研究室. 邓小平年谱：1975—1997：下 [M]. 北京：中央文献出版社，2004.

[7] 刘少奇选集：上卷 [M]. 北京：人民出版社，1985.

[8] 刘少奇选集：下卷 [M]. 北京：人民出版社，1985.

[9] 李维汉. 回忆与研究：上 [M]. 北京：中共党史出版社，2013.

[10] 李维汉. 回忆与研究：下 [M]. 北京：中共党史出版社，2013.

[11] 江泽民文选：第一卷 [M]. 北京：人民出版社，2006

[12] 江泽民文选：第二卷 [M]. 北京：人民出版社，2006.

[13] 江泽民文选：第三卷 [M]. 北京：人民出版社，2006.

[14] 习近平. 论党的青年工作 [M]. 北京：中央文献出版社，2022.

[15] 中共中央文献研究室. 习近平关于青少年和共青团工作论述摘编[M]. 北

京：中央文献出版社，2017.
［16］中共中央文献研究室．十二大以来重要文献选编：上［M］．北京：中央文献出版社，2011
［17］中共中央文献研究室．十三大以来重要文献选编：上［M］．北京：中央文献出版社，2011.
［18］中共中央文献研究室．十五大以来重要文献选编：下［M］．北京：中央文献出版社，2011
［19］中共中央文献研究室．十六大以来重要文献选编：中［M］．北京：中央文献出版社，2011.
［20］中共中央文献研究室．十六大以来重要文献选编：下［M］．北京：中央文献出版社，2011.
［21］中共中央文献研究室．十八大以来重要文献选编：上［M］．北京：中央文献出版社，2014.
［22］中共中央党史和文献研究院中央档案馆. 中国共产党重要文献汇编：第十卷（一九二七年一月——九二七年五月）［M］. 北京：人民出版社，2022.
［23］本书编写组. 中华全国工商业联合会简史（1953—2013）［M］. 北京：中华工商联合出版社，2013.
［24］习近平. 在庆祝中国人民政治协商会议成立65周年大会上的讲话[N]. 人民日报，2014-09-22（2）.
［25］习近平. 巩固发展最广泛的爱国统一战线 为实现中国梦提供广泛力量支持［J］. 统一论坛，2015（3）：3-4.
［26］习近平. 切实保持和增强政治性先进性群众性 开创新形势下党的群团工作新局面［N］. 人民日报，2015-07-08（1）.
［27］习近平. 代表广大青年、赢得广大青年、依靠广大青年 让广大青年敢于有梦、勇于追梦、勤于圆梦［N］. 人民日报，2018-07-03（01）.
［28］习近平. 毫不动摇鼓励支持引导非公有制经济发展 支持民营企业发展并走向更加广阔舞台［N］. 人民日报，2018-11-02（01）.
［29］习近平. 在庆祝中国共产主义青年团成立 100 周年大会上的重要讲话

［N］. 人民日报，2022-05-11（01）.
［30］习近平. 高举中国特色社会主义伟大旗帜 为全面建设社会主义现代化国家而团结奋斗：在中国共产党第二十次全国代表大会上的报告［N］. 人民日报，2022-10-26（01）.
［31］中共中央国务院印发《党和国家机构改革方案》［N］. 人民日报，2023-3-17（01）.
［32］切实肩负起新时代新征程党赋予的使命任务 充分激发广大青年在中国式现代化建设中挺膺担当［N］. 人民日报，2023-06-27（01）.
［33］习近平. 完整、准确、全面贯彻落实关于做好新时代党的统一战线工作的重要思想［N］人民日报，2024-01-16（01）.
［34］中共中央关于进一步全面深化改革 推进中国式现代化的决定［N］. 人民日报，2024-7-22（01）.
［35］共青团北京市委员会. 北京青年高质量发展报告：北京共青团和青少年工作课题研究［M］. 北京：中国青年出版社，2022.
［36］陈光金. 中国青年发展报告：No. 1 社会融入与社会参与［M］. 北京：社会科学文献出版社，2018.
［37］陈光金. 中国青年发展报告：No. 6 依托互联网平台的新职业青年发展状况［M］. 北京：社会科学文献出版社，2022.
［38］张海东，王星. 中国新的社会阶层发展研究报告：No. 1 结构化、组织化与实践创新［M］. 北京：社会科学文献出版社，2023.
［39］王彦斌. 中国组织认同［M］. 北京：社会科学文献出版社，2012.
［40］王彦斌. 管理中的组织认同：理论建构对转型期中国国有企业的实证分析［M］. 北京：人民出版社，2004.
［41］中国教育科学研究院国际与比较教育研究所. 新科技革命：全球数字化教育在行动［M］. 北京：科学出版社，2020.
［42］方旭光. 政治认同的逻辑［M］. 北京：中国社会科学出版社，2018.
［43］徐军. 当代中国自由择业知识分子及其政治参与研究［M］. 武汉：武汉大学出版社，2018.

［44］刘纯明．当代中国新社会阶层政治参与研究［M］．北京：清华大学出版社，2015．
［45］赵竹茵．中国社会新阶层发展问题研究［M］．厦门：厦门大学出版社，2017．
［46］丛龙峰．组织的逻辑［M］．北京：机械工业出版社：2020．
［47］莫荣．我国新就业形态发展、规范与对策研究［M］．北京：中国劳动社会保障出版社，2024．
［48］莫容．就业蓝皮书：中国就业发展报告（2022）［M］．北京：社会科学文献出版社，2022．
［49］莫容．就业蓝皮书：中国就业发展报告（2023）［M］．北京：社会科学文献出版社，2023．
［50］麦可思研究院．2023 年中国本科生就业报告［M］．北京：社会科学文献出版社，2023．
［51］麦可思研究院．2023 年中国高职生就业报告［M］．北京：社会科学文献出版社，2023．
［52］中国统一战线理论研究会新的社会阶层人士统战工作理论江苏研究基地．新力量 新领域 新探索：新的社会阶层与统战工作研究［M］．南京：河海大学出版社，2018．
［53］宋华忠．新社会阶层的兴起与中国共产党领导权实现路径［M］．上海：上海人民出版社，2014．
［54］闫宇平．中国新就业形态劳动关系研究［M］．北京：中国工人出版社，2021．
［55］吴磊．新形态就业者：职业认同的前因、后果及利益相关者研究［M］．青岛：中国海洋大学出版社，2022．
［56］龚维斌．社会治理新论［M］．北京：人民出版社，2021．
［57］车文博．弗洛伊德主义原理选辑：上卷［M］．沈阳：辽宁人民出版社，1988．
［58］孙信，姜立，马东升．新的社会阶层统战工作概论［M］．北京：中央编

译出版社，2007.
［59］吴彤．自组织方法论研究［M］．北京：清华大学出版社，2001.
［60］吴波．现阶段中国社会阶级阶层分析［M］．北京：清华大学出版社，2004.
［61］江苏省社会主义学院．新的社会阶层组织化研究［M］．南京：河海大学出版社，2019.
［62］滕飞．组织社会化策略对员工组织认同的影响机制研究［M］．北京：首都经济贸易大学出版社，2018.
［63］林尚立．中国共产党与人民政协［M］．上海：东方出版中心，2011.
［64］希克．第三条道路：马克思列宁主义理论与现代工业社会［M］．张斌，译．北京：人民出版社，1982.
［65］莫利，罗宾斯．认同的空间：全球媒介、电子世界景观和文化边界［M］．南京：南京大学出版社，2001.
［66］廉思．当代中国新兴青年群体发展调研报告［M］//陈光金，中国青年发展报告：No.1 社会融入与社会参与．北京：社会科学文献出版社，2018.
［67］李俊，蔡宇宏．新时期统一战线制度研究［M］．北京：华文出版社，2008.
［68］张荣．互联网时代的社会认同整合机制研究［M］．北京：人民出版社，2018.
［69］科尔曼，社会理论的基础中［M］．邓方，译．北京：社会科学文献出版社，1990.
［70］魏钧．组织契合与认同研究：中国传统文化对现代组织的影响［M］．北京：北京大学出版社，2008.
［71］李友梅，肖瑛，黄晓春．社会认同：一种结构视野的分析 以美、德、日三国为例［M］．上海：上海人民出版社，2007.
［72］中共中央马克思恩格斯列宁斯大林著作编译局．列宁全集：第十六卷（1907 年 6 月—1908 年 3 月）［M］．北京：人民出版社，2017.
［73］闫东．中国共产党与民间组织关系研究［M］．北京：中央编译出版社，2011.
［74］邓国胜．非营利组织评估［M］．北京：社会科学文献出版社，2001.

［75］李俊，蔡宇宏．新时期统一战线制度研究［M］．北京：华文出版社，2008.
［76］吴辉．公民社会的兴起与党的建设［J］．理论前沿，2004（10）：29–31.
［77］中央统战部八局课题组，中共中央统战部．开拓新的社会阶层人士统战工作新局面［J］．中央社会主义学院学报，2017（4）：46–50.
［78］为奋进新征程凝聚共识汇聚力量：新的社会阶层人士统战工作实现创新发展呈现崭新局面［N］．光明日报，2022–7–26（02）.
［79］黄天柱．新时代参政党建设的整体态势与路径选择［J］．统一战线学研究，2018，2（5）：41–57.
［80］赵雷鹰，郭园庚．网络新兴青年群体现状及共青团引导工作［J］．中国青年社会科学，2018，37（3）：53–59.
［81］李路路，冯泽鲲，唐丽娜．阶层结构变革与国家治理体系创新［J］．社会学评论，2020，8（3）：63–71.
［82］李路路．“新社会阶层”：谱系·变革·挑战［J］．统一战线学研究，2017（4）：5–16.
［83］陈洪涛，王名．社会组织在建设城市社区服务体系中的作用：基于居民参与型社区社会组织的视角［J］．行政论坛，2009，16（1）：67–70.
［84］康晓强．社区社会组织与社区治理结构转型［J］．北京工业大学学报（社会科学版），2012，12（3）：22–25.
［85］任士敏．民主党派社会基础的历史考察［J］．江苏省社会主义学院学报，2012（1）：34–41.
［86］李春玲，刘保中，李闯．新兴青年群体：新的社会阶层中的新力量［J］．中央社会主义学院学报，2021（5）：62–70.
［87］邓希泉．巩固和扩大党执政的青年群众基础［J］．中国党政干部论坛，2019（11）：81–82.
［88］胡洁．基础、生成与建构：从社会记忆到社会认同［J］．天津社会科学，2020（5）：151–156.
［89］廉思，卢垚，冯丹．新的社会阶层面临的挑战、发展的趋势以及对策思考［J］．青年学报，2017（1）：45–51.

［90］郁建兴，李慧凤．社区社会组织发展与社会管理创新：基于宁波市海曙区的研究［J］．中共浙江省委党校学报，2011，27（5）：40–46．

［91］杨贵华．对当前我国社区民间组织建设的思考［J］．科学社会主义，2005（2）：63–65．

［92］耿云．我国城市社区社会组织的发展困境及其对策［J］云南行政学院学报，2013，15（6）：102–104．

［93］朱松岭．新就业形态：概念、模式与前景［J］．中国青年社会科学，2018，37（3）：8–14．

［94］张成刚．就业发展的未来趋势，新就业形态的概念及影响分析［J］．中国人力资源开发，2016（19）：86–91．

［95］郭元凯．新形势下我国新兴青年群体的特征变化、风险挑战及对策思考［J］．中国青年研究，2022（1）：53–59．

［96］苏雪梅，葛建华．组织认同理论研究述评与展望［J］．南大商学评论，2007（4）:149–162．

［97］李培林．加强对新的社会阶层的研究［J］．中央社会主义学院学报，2021（5）：55–61．

［98］孙健敏，焦海涛，赵简．组织支持感对工作投入与工作家庭冲突关系的调节作用［J］．应用心理学，2011，17（1）：31–35．

［99］杨勇，刘子琪，曹井柱．心理弹性、工作重塑对创造力和创意实施行为的作用机制：基于服务业情境研究［J］．东北大学学报（社会科学版），2020，22（3）：29–37．

［100］康晓强．社区社会组织与社区治理结构转型［J］．北京工业大学学报（社会科学版），2012，12（3）：22–25．

［101］TAJFEL H. Differentiation between social groups：studies in the social psychology of intergroup relations［M］. London：Academic Press，1978.

［102］EISENBERGER R, HUNTINGTON R, HUTCHISON S, et al. Perceived organizational support［J］. Journal of Applied Psychology，1986（71）：500–507.

［103］ FLORES．Contexts which shape and reshape new teachers' identities：A multi-perspective study［J］．Teaching and Teacher Education，2006，22（2）：219–232．

［104］ ALLEN N J，MEYER J P．The measurement and antecedents of affective, continuance，and normative commitment to the organization［J］．Joumal of Occupational Psychology，1990，63：1–18．

［105］ ASHFORTH B E，SAKS B E．Socialization tacties：Longitudinal effects on newcomer adjustlnent［J］．Academy of Management Joumal，1996，39（1）：149–178．